Streifzüge durch das Hohe Venn

Dieses Buch ist den vielen Menschen gewidmet, die aus Not auf Wanderschaft sind.

DANKSAGUNG

Dieses Buch hätte ohne die Hilfe vieler Menschen nicht entstehen können.

Zunächst einmal möchte ich dem Hause Ternell und dem Verlag Meyer & Meyer danken, die das Buchprojekt initiiert und unterstützt haben.

Für ihre Begleitung in der Phase der Auswahl der Wanderungen und der Aufzeichnung der Wege mit dem GPS-Gerät möchte ich mich bei Melanie, Angi, Julia und ganz besonders bei Sabine bedanken, die bei Regen, Hitze und Kälte viele Kilometer mit mir gewandert sind.

Auch möchte ich mich für die Anregungen und Korrekturen meiner Fotografielehrerin Bori (foto-eff.jimdo.com) und bei Norbert für die nicht unerhebliche Hilfe beim Korrekturlesen bedanken.

Martina Kasch

STREIFZÜGE DURCH DAS HOHE VENN

21 Touren rund um Ternell, das Brackvenn, die Wesertalsperre, das Polleurvenn und Botrange

Mit einem Beitrag von Dieter Schneider

Meyer & Meyer Verlag

Streifzüge durch das Hohe Venn

Bibliografische Information der Deutschen Bibliothek

Die Deutsche Bibliothek verzeichnet diese Publikation in der Deutschen Nationalbibliografie; detaillierte bibliografische Details sind im Internet über <http://dnb.ddb.de> abrufbar.

2., überarbeitete Auflage 2023

Auckland, Beirut, Dubai, Hägendorf, Hongkong, Indianapolis, Kairo, Kapstadt, Manila, Maidenhead, Neu-Delhi, Singapur, Sydney, Teheran, Wien

Member of the World Sport Publishers' Association (WSPA)

Gesamtherstellung: Print Consult GmbH, München

MIX
Papier | Fördert gute Waldnutzung
FSC www.fsc.org FSC® C084279

ISBN 978-3-8403-7790-7

E-Mail: verlag@m-m-sports.com

www.aachen-buecher.de

INHALT

1 EINLEITUNG ... 10
Vorwort zur 2. Auflage ... 14

2 ENTWICKLUNG DES HOHEN VENNS ... 22
2.1 Die Geschichte des Hohen Venns - geologische Aspekte ... 22
2.2 Die Entwicklung des Wandergebiets seit der Quartärzeit ... 23
2.3 Der Einfluss des Menschen auf die Landschaft des Hohen Venns ... 29
2.4 Einige Aspekte der politischen und gesellschaftlichen Entwicklung in der Region ... 32

3 DAS HOHE VENN HEUTE ... 42
3.1 Hoch- und Niedermoore ... 43
3.2 Hochmoore ... 43
3.3 Das Niedermoor ... 48
3.4 Die natürlichen Wälder im Hohen Venn ... 51
3.5 Die Heiden im Hohen Venn ... 53
3.6 Die Holzproduktionswälder im Hohen Venn ... 56

4 GEFÄHRDUNG DES HOHEN VENNS UND NATURSCHUTZ ... 60
4.1 Nachhaltigkeit im Hohen Venn (von Dieter Schneider) ... 63

5 DIE WANDERUNGEN ... 76
5.1 Wanderungen im Einzugsbereich von Ternell ... 85
Wanderung 1: Ternell - Kutenhart - Reinartzhof - Ternell ... 89
Wanderung 2: Ternell - am Rande des Kutenhartvenns - Getzbach - Ternell ... 101
Wanderung 3: Abstieg zur Hill ... 107
Wanderung 4: Ternell - Herzogenhügel - Ternell ... 113
Wanderung 5: Plattes Venn und Nahtsief ... 127
Wanderung 6: Plattes Venn und Brackvenn vom Grenzweg aus ... 135
Wanderung 7: Am Allgemeinen Venn entlang ... 145
Wanderung 8: An der Grenze entlang zwischen Mützenich und Brackvenn ... 157
Wanderung 9: Durch Wald und Moorlandschaft ... 165
Wanderung 10: Vom Platten Venn zum Herzogenhügel ... 171

5.2 Wanderungen im Einzugsbereich von Botrange und Baraque Michel ... 179
Wanderung 11: Naturlehrpfad Polleurvenn ... 183
Wanderung 12: Von Baraque Michel zum „Kreuz der Verlobten" ... 189
Wanderung 13: Von Baraque Michel zum Neûr Lowé ... 197
Wanderung 14: Baraque Michel - Brücke Marie-Anne Libert - Botrange ... 207
Wanderung 15: Baraque Michel - Signal de Botrange - Baraque Michel ... 215
Wanderung 16: Von Signal de Botrange zum Naturparkzentrum Botrange ... 221
Wanderung 17: Kleine Runde von Baraque Michel zu Noir Flohay ... 225

5.3 Wanderungen im Bereich Wesertalsperre und Besucherzentrum Wesertalsperre ... 228

Wanderung 18: Rund um die Wesertalsperre ... 233
Wanderung 19: Der „Walderlebnispfad“ an der Eupener Talsperre ... 239
Wanderung 20: Leichte Familienwanderung ... 247
Wanderung 21: Entlang Weser und Eschbach ... 253

5.4 Zu Fuß von Aachen ins Hohe Venn als QR-Code ... 261

6 TIPPS FÜR DIE ENTDECKUNG EIGENER TOUREN ... 264

ANHANG ... 266
1 Literatur- und Quellenverzeichnis ... 266
2 Internetquellen ... 268
3 Bildnachweis ... 270

Zusätzliche Wanderungen als PDF zum Download:

https://download.m-m-sports.com/extras/Streifzuege_Hohes_Venn/Zusatzmaterial.pdf

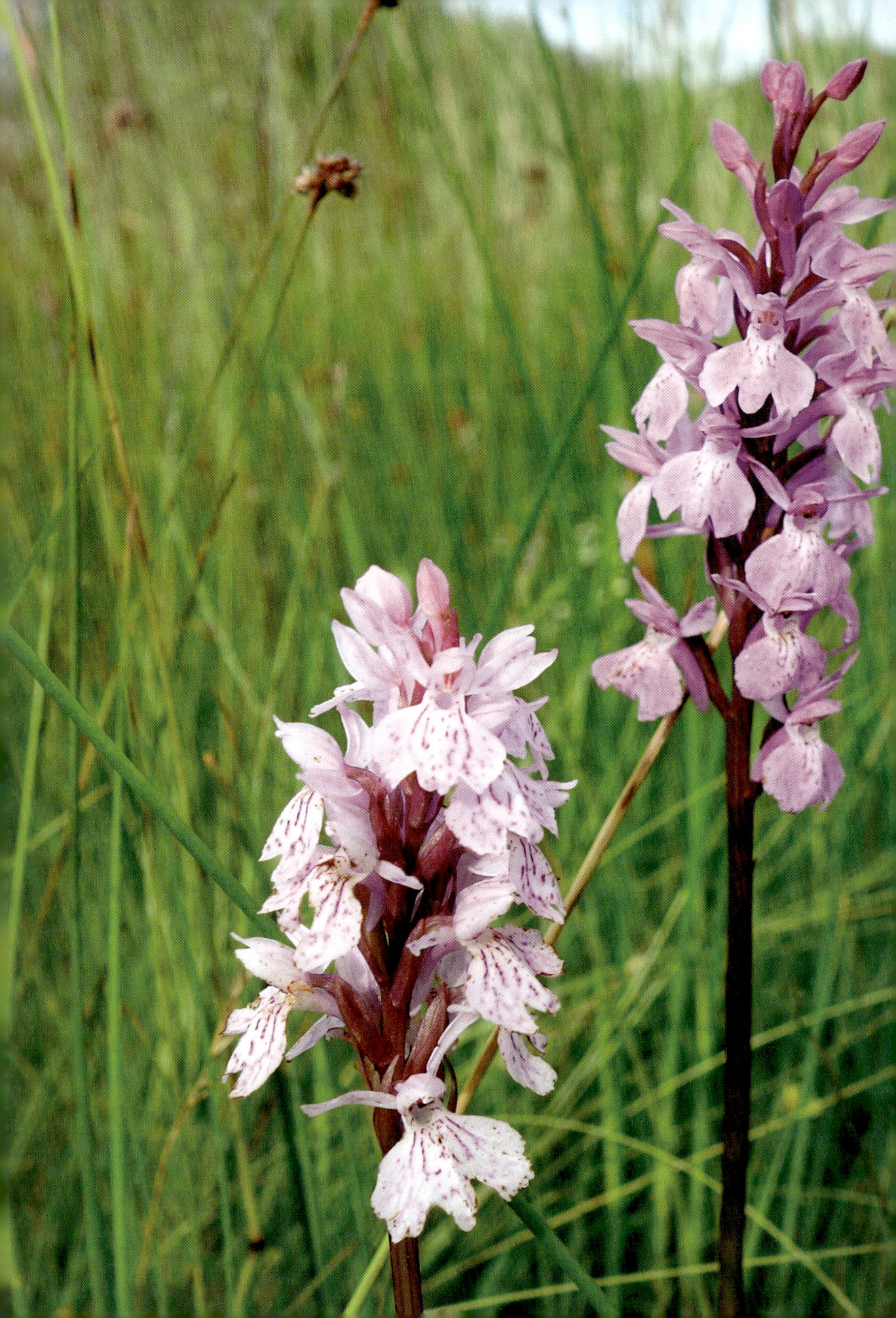

1 Einleitung

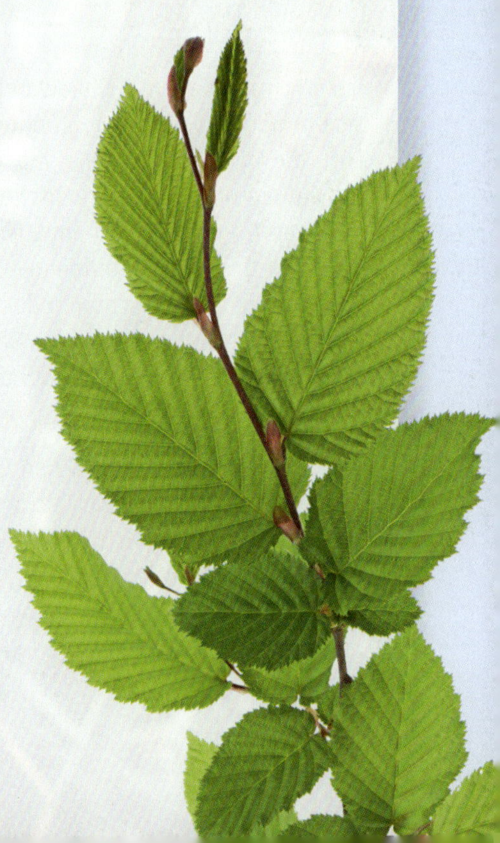

1 EINLEITUNG

Mit diesem Buch möchte ich Ihnen einen Einblick in ein in Europa einzigartiges Stück Natur geben. Es ist in Zusammenarbeit mit dem ***Naturzentrum Haus Ternell*** in Eupen entstanden. Ich habe dort mein Naturführer-Diplom absolviert und mache seitdem Führungen durch das Wandergebiet. Mein Schwerpunkt sind englischsprachige ausländische Gäste und ich durfte bisher Reisende aus vielen Ländern begleiten. ***Haus Ternell*** ist im Sinne des sanften Tourismus mit den verschiedenen Forstämtern des Wandergebietes im Austausch. Weitere Informationen zum Naturzentrum finden Sie im weiteren Text und auch unter
» www.ternell.be

Ich möchte vor allem Genusswanderer erreichen, die die Natur, durch die sie sich bewegen, wirklich wahrnehmen wollen, wie die besondere Frische der Luft, die ungewohnte Stille, manchmal durchbrochen vom Zwitschern der Schwalben oder dem melodischen Schrei eines Mäusebussards. Vielleicht möchten Sie einfach mal am Ufer eines der Vennbäche sitzen und das Geplätscher des Wassers aufnehmen oder sich an den kleinen, oft unauffälligen Pflanzen, wie Flechten, oder an den verschiedenen Moosen erfreuen. Da das Hohe Venn geologische Besonderheiten aufweist, kann man hier die verschiedensten Gesteine bewundern, aber auch ein Schmetterling oder die Beobachtung von Libellen kann Freude bereiten.

Sie werden die Region zwischen Eupen, Roetgen und Monschau erforschen und auch die Gegend um Botrange und Baraque Michel im Wallonischen Venn kennenlernen. Ich habe die Wanderungen so gestaltet, dass man sich, je nach Bedürfnis und Möglichkeiten, die passende Route aussuchen kann. Manchmal möchte man einfach an einem Nachmittag oder nach Feierabend eine leichte Wanderung durch schöne Natur machen oder einen gemütlichen Familienausflug mit Kinderwagen und an anderen Tagen reizt einen eine längere, anspruchsvolle Strecke, die sowohl Kondition als auch Trittsicherheit erfordert. Die meisten Wanderungen sind Halbtageswanderungen, es sind aber auch kurze Spaziergänge dabei, die sich als eine schöne Runde nach Feierabend oder als Teil eines größeren Ausflugs eignen bzw. für Menschen passend sind, die vielleicht nicht so lange Touren machen wollen. Ich habe jeweils beschrieben, wo schöne, naturnahe Spielplätze zu finden und wo Hunde (an der Leine) erlaubt sind.

Hinzugefügt habe ich eine Strecke von Aachen aus ins Wandergebiet, sodass Sie über mehrere Etappen auch zu Fuß bis nach Eupen, Monschau-Mützenich und Baraque Michel gelangen können.

Naturkundliche Informationen hat fast jede Wanderung zu bieten, sei es durch die Natur selbst oder durch sehr gut gemachte, entsprechende Informationstafeln, die im Wandergebiet aufgestellt sind.

Einige Wanderungen kann man abkürzen oder erweitern. Soweit das der Übersichtlichkeit diente, habe ich sie als getrennte Wanderungen beschrieben. Viele der Wanderungen sind auch zu größeren Strecken kombinierbar.

Ich persönlich finde das Venn im Frühjahr und im Herbst am schönsten, da die Vegetation dann besonders farbenfroh ist, im Frühjahr mit seinen Pastelltönen und im Herbst mit den kräftigen, bunten Farben. Auch war das Wetter in den letzten Jahren in diesen Jahreszeiten meist stabiler als im Hochsommer, wo es beispielsweise 2016 sehr häufig Gewitter gab. Einige meiner schönsten Wandertouren im Venn habe ich auch im tiefen Winter gemacht.

Die hier vorgestellten Wanderungen bin ich von Frühjahr bis Herbst 2016 noch einmal abgegangen und habe sie mit GPS aufgezeichnet. Aufgrund der teilweise harten Witterungsbedingungen, Starkregen, Kälte und heftige Stürme und auch immer noch der Folgen des Waldbrandes 2011, bei dem 5,7 km Stege und viele Brücken, vor allem im Wallonischen Venn, verbrannt sind, gibt es immer wieder umfangreiche Arbeiten im Wandergebiet. Stege werden erneuert, umgelegt oder abgebaut, Wege umgeleitet oder gesperrt, teilweise werden auch neue Wege angelegt und Markierungen verändert.

Auch fallen Waldstücke, besonders Fichten mit ihren flachen Wurzeln, dem Sturm zum Opfer oder werden gefällt und der Wanderer geht vielleicht 2017 nicht mehr durch den Fichtenwald, den ich 2016 beschrieben habe. Ich habe mich bemüht, die Wege anhand von Merkmalen zu beschreiben, die möglichst wenig veränderlich sind. Außerdem sind meine Beschreibungen häufig redundant, sodass Sie verschiedene Anhaltspunkte haben, um sich zu orientieren.

Auch ist es sinnvoll, zusätzlich zu meinem Wanderführer noch eine Wanderkarte zur Hand zu haben. Passende Karten bekommen Sie in den Naturzentren und auch in den Informationsbüros, auf die ich weiter unten hinweise.

Auf den ersten Seiten dieses Buchs gebe ich einen kleinen Einblick in die geschichtlichen und naturkundlichen Hintergründe in dieser Region. Dann folgt die Beschreibung der Wanderungen.

Ich bin die Wanderungen mit jeweils einer meiner Freundinnen und da, wo Hunde erlaubt sind, mit meinem Hund abgegangen.

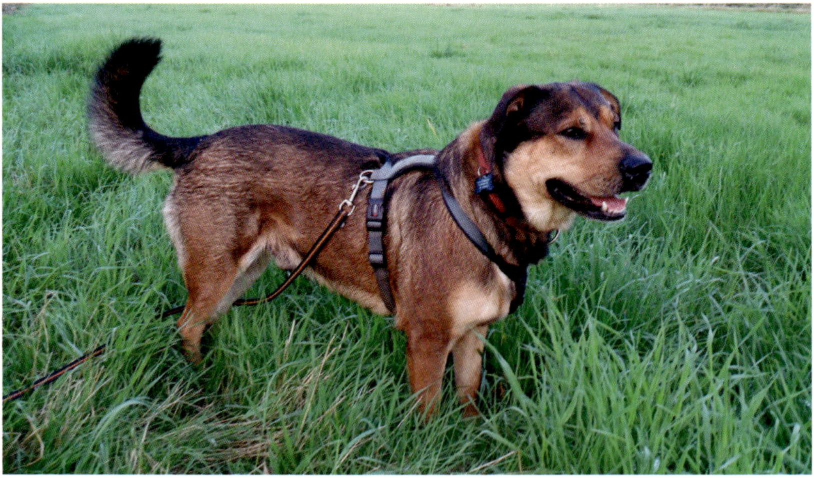

Mein Wanderbegleiter Finn

Uns hat das sehr viel Spaß gemacht. Ich hoffe, auch Ihnen werden diese Wege Freude bereiten. Wenn Sie einige der vorgeschlagenen Wanderungen gemacht haben, werden Sie die Gegend bald so gut kennen, dass Sie sie mit Hilfe einer entsprechenden guten Karte auf eigene Faust weiter erforschen können, was ja oft noch spannender ist.

BESONDERE ROUTEN SIND DURCH FOLGENDE HINWEISE GEKENNZEICHNET:

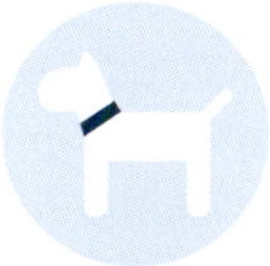

Diese Wanderung ist eine besonders schöne Hunderoute.

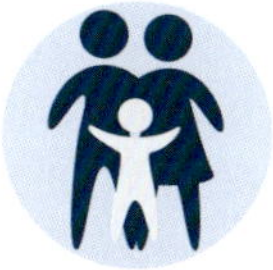

Diese Wanderung ist für Familien mit Kindern zu empfehlen.

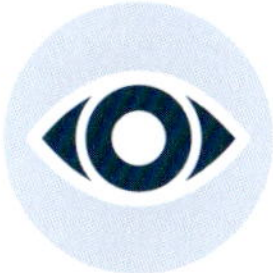

In dieser Wanderung befindet sich ein sehr schöner Aussichtspunkt.

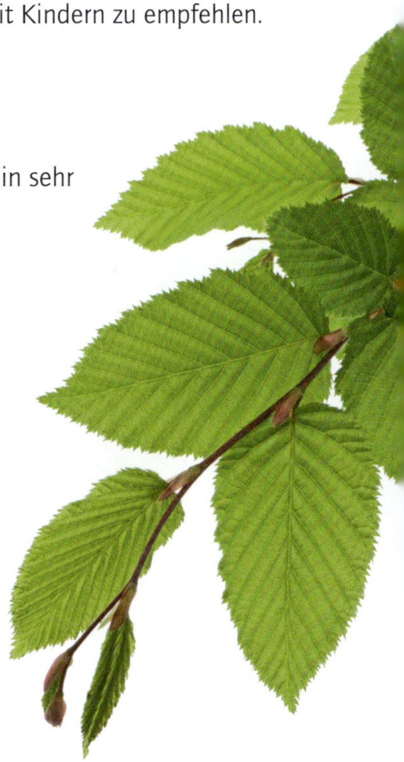

VORWORT ZUR 2. AUFLAGE

Seitdem ich die 1. Auflage dieses Buches geschrieben habe, hat sich im Hohen Venn – und darüber hinaus – einiges verändert. Auch Eupen und das Hohe Venn waren durch die extremen Überflutungen im Sommer 2021 stark betroffen. Häuser waren überschwemmt, mussten teilweise sogar abgerissen werden, Brücken wurden weggerissen, Bäume entwurzelt und aufgrund von Erdrutschen waren Wege unpassierbar. Natürlich wurden auch viele der für das Hohe Venn typischen Stege zerstört. In vielen Gebieten war über Monate hinweg der Zutritt verboten und auch während ich dieses schreibe, im Spätsommer 2022 sind einige Wanderwege gesperrt. Auch viele Brücken auf der Strecke von Eupen Unterstadt bis zur Wesertalsperre waren zerstört und die Reparaturarbeiten sollen teilweise bis ins Jahr 2024 hinein dauern.

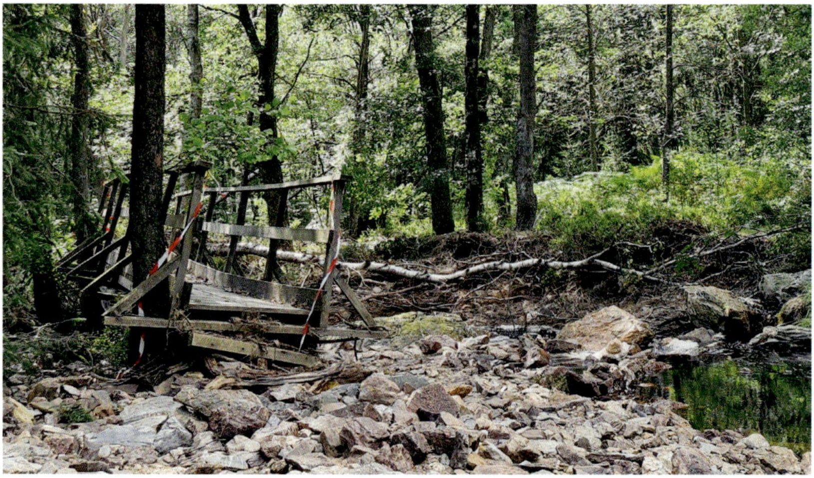

Zerstörte Brücke nach den Überschwemmungen 2021

Im dann folgenden sehr heißen und trockenen Sommer 2022 haben wir soweit irgend möglich die Routen überprüft und teilweise geändert. Da die Forstverwaltung einige Wege gänzlich gesperrt hatte, haben wir eine Wanderung ersetzen müssen.

Im gesamten Wandergebiet sind zur Orientierung neue Wegmarkierungen angebracht worden. Für das Eupener Gebiet, den Bereich der Wesertalsperre und beim Naturzentrum Haus Ternell ist ein Knotenpunktsystem entwickelt worden, bei dem Wegabschnitte mit Zahlen beschrieben werden. Hiermit ist die Orientierung sehr einfach. Da, wo es sinnvoll war, habe ich die Knotenpunkte für meine Wegbeschreibungen übernommen. Im wallonischen Venn und bei Botrange sind die Wege mit farbigen Symbolen markiert, wie z. B. einem blauen Rechteck. Auch das erleichtert die Orientierung und ich habe es da, wo es möglich war, übernommen.

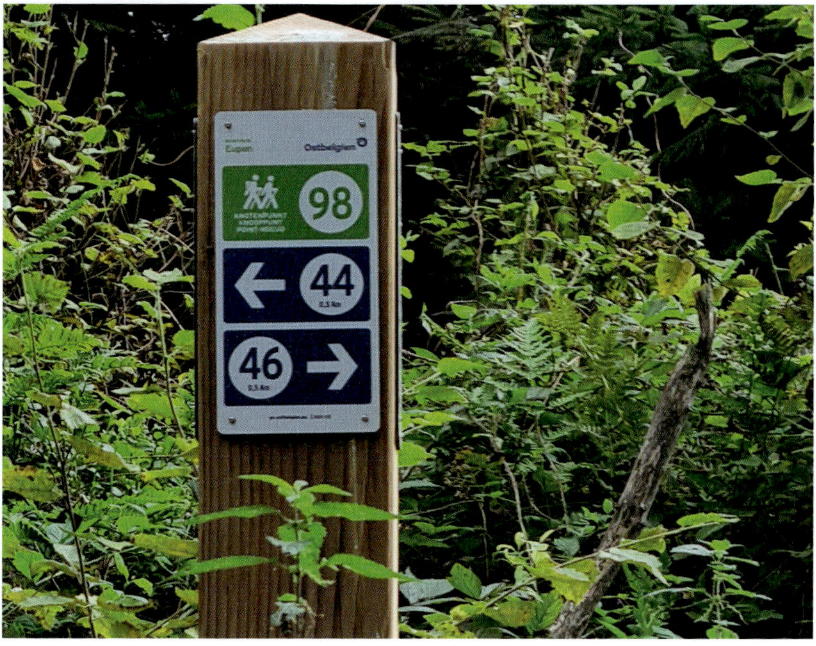

Oben steht der aktuelle Knotenpunkt, die Ziffern mit den Pfeilen zeigen den Weg zu den anderen Knotenpunkten.

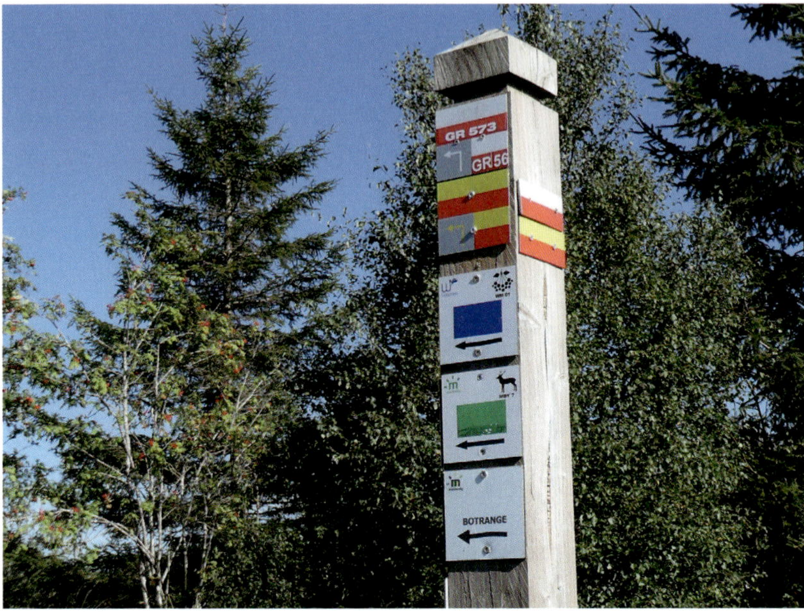

Markierung mit farbigen Symbolen wie z.B. bei der weiter unten beschriebenen Wanderung 15

Da Sie das Buch ja frühestens im Frühjahr 2023 in den Händen halten werden, ist es durchaus möglich, dass sich einige Streckenverläufe bis dahin wieder geändert haben. Daher möchte ich Ihnen ans Herz legen, sich, bevor Sie eine sehr lange Wanderung planen, im Naturparkzentrum Botrange ›› www.botrange.be Tel. 0032 (0) 80440300 oder Naturzentrum Haus Ternell ›› www.ternell.be, Tel. 0032 (0) 87 552313 zu informieren, ob die Strecke begehbar ist. Sie können sich auch im Internet unter ›› www.hautefagnes.de oder unter der Hotline Tel. 0032 (0) 80447273 erkundigen, ob die rote Fahne gehisst ist, was bedeutet, dass man in bestimmten Bereichen nicht gehen darf.

Seit über zwei Jahren warten wir auf die Herausgabe einer neuen detaillierten Wanderkarte für das Hohe Venn. Bis dahin kann man sich mit den Karten „Eupener Land und das Göhltal" (Knotenpunktsystem) und „Am Fuße des Venns" (farbige Symbole als Wegmarkierung) behelfen. Beide Karten werden von der Tourismusagentur Ostbelgien ›› www.ostbelgien.eu herausgegeben und sind u.a. in den oben erwähnten Naturzentren zu erhalten.

Es gibt mittlerweile auch eine App, in der Wanderungen im Hohen Venn beschrieben sind: Sie heißt: GO Ostbelgien.

Die Entwicklung im Hohen Venn ist sicher dynamischer als in manch anderen Wandergebieten. Die dortige Natur mit den vielfältigen typischen Landschaften hat aber immer seinen ganz besonderen Reiz.

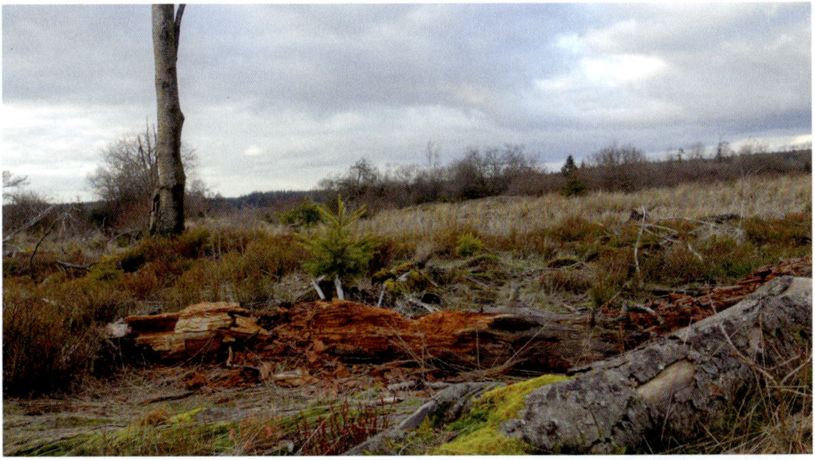

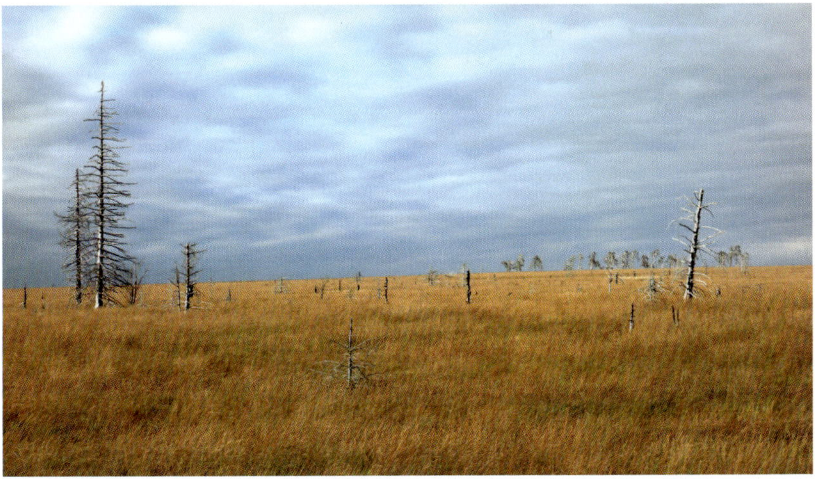

Deshalb wünsche ich Ihnen viel Freude bei der Erkundung dieses in Europa einzigartigen Naturschutzgebietes.

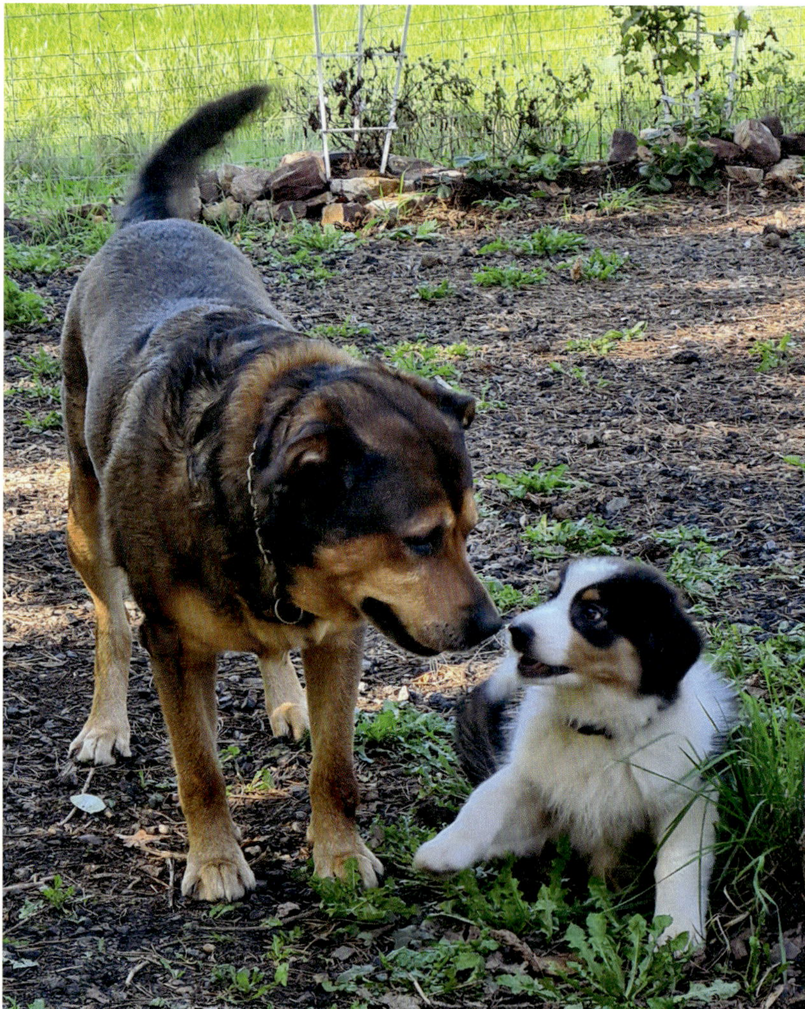

Mein alter Wanderbegleiter „Finn" hat Gesellschaft bekommen: „Susie".

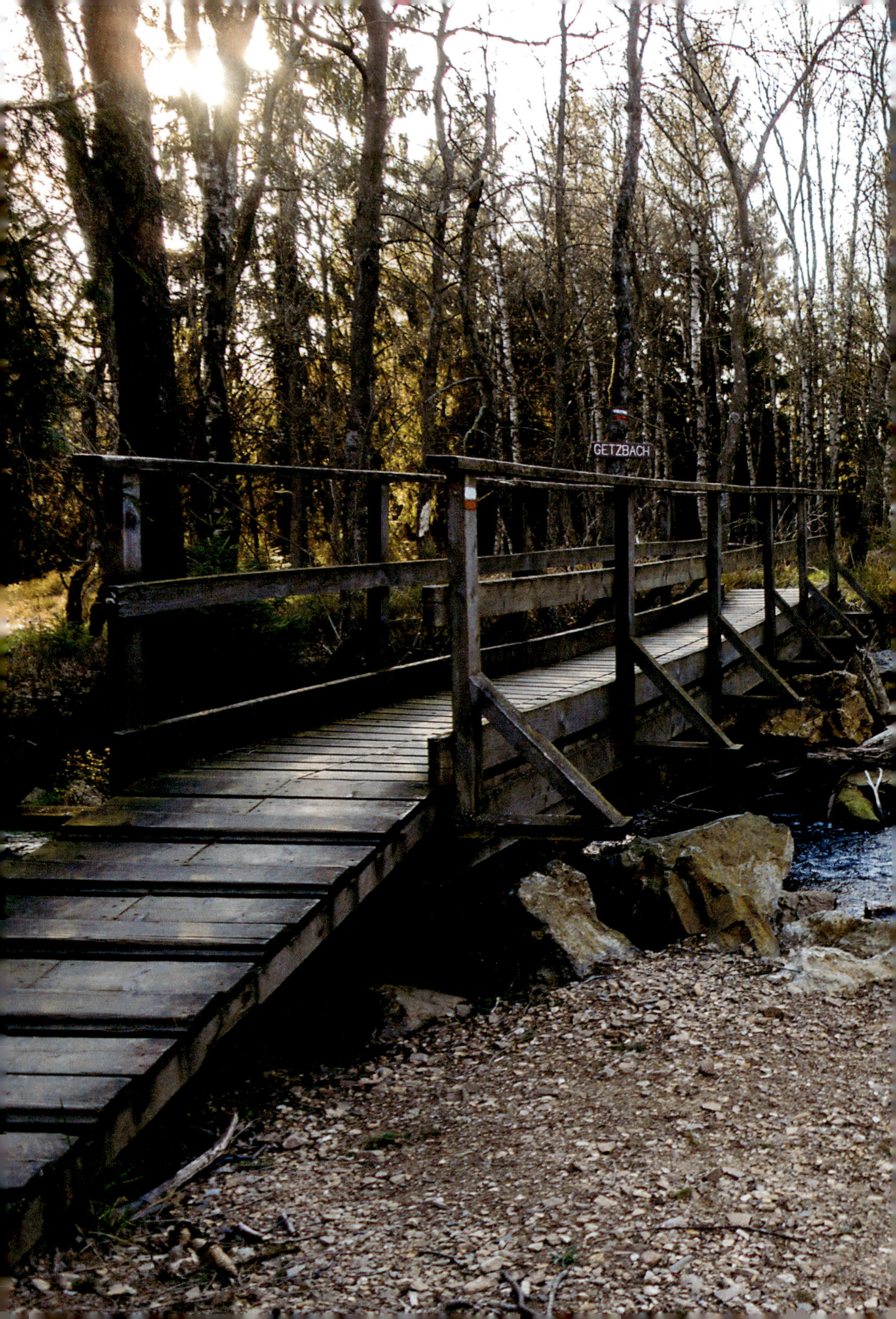
GETZBACH

2 Entwicklung des Hohen Venns

2.1 Die Geschichte des Hohen Venns – geologische Aspekte

2.2 Die Entwicklung des Wandergebiets seit der Quartärzeit

2.3 Der Einfluss des Menschen auf die Landschaft des Hohen Venns

2.4 Einige Aspekte der politischen und gesellschaftlichen Entwicklung in der Region

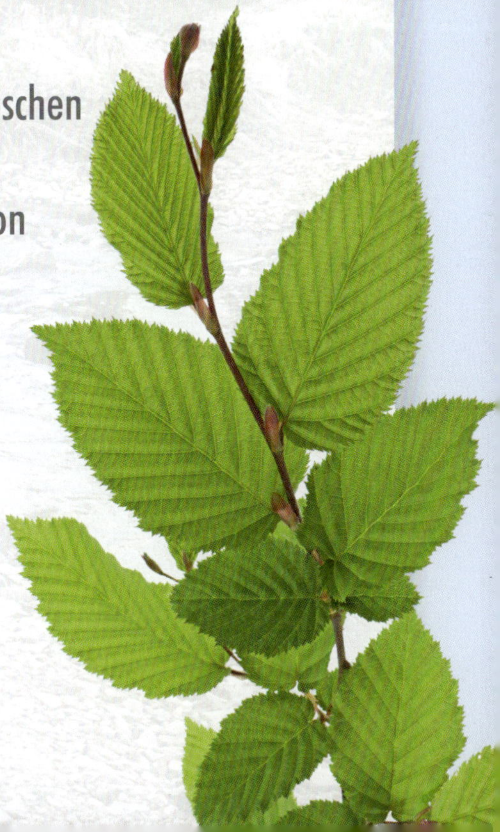

2 ENTWICKLUNG DES HOHEN VENNS

Das Hohe Venn erstreckt sich von Eupen bis Malmedy einerseits und von Spa bis Mützenich andererseits. Im Norden wird es durch die Weser und im Süden durch die Warche begrenzt. Der höchste Punkt des Venns liegt im Osten mit 694 m über dem Meeresspiegel (NN) bei Botrange. Es handelt sich um eine Hochebene, die aus Hochmooren, Niedermooren, Heideflächen und Wäldern besteht. Das Wort **Venn** bedeutet **Moor**, **Sumpf** oder **Torfland** und stammt von dem gotischen **fani** oder dem lateinischen **fania**.

2.1 DIE GESCHICHTE DES HOHEN VENNS – GEOLOGISCHE ASPEKTE

Das Hohe Venn gehört geologisch zum linksrheinischen Teil des Rheinischen Schiefergebirges, zu den angrenzenden Ardennen, zur Eifel und zum südlich gelegenen Hunsrück. Bei den folgenden Betrachtungen beziehe ich mich insbesondere auf das oben eingegrenzte Gebiet des Hohen Venns, teilweise auch auf die Ardennen und die benachbarte Eifel.

Bei den Ardennen handelt es sich um eines der ältesten Gebirgsmassive Europas, welches wesentlich älter als beispielsweise die Alpen oder der Himalaya ist. Die ältesten Steine dieses Gebiets und des Hohen Venns entstammen der Kambriumzeit vor 540-500 Millionen Jahren. Damals bedeckte ein Meer große Teile Europas. Aus dessen sandigen und tonigen Ablagerungen entstanden die durch mehrere spätere gebirgsbildende Prozesse stark verformten und gefalteten kambrischen Gesteine.

Der größte Anteil der hiesigen Gesteine stammt aus der Devonzeit vor 410-365 Millionen Jahren. Die heutigen Ardennen waren zur Devonzeit Teil eines Gebirges, das aus den Ablagerungen der Kambriumzeit hervorgegangen war. Davon südlich gab es eine Senkungszone, in der zeitweilig ein flaches Meer war. In diese Senkungszone wurde durch die Flüsse eines Kontinents (Old-Red-Kontinent) rötlicher Gesteinsschutt transportiert.

Durch Druck und schließlich auch Temperatur wurde im Laufe der Zeit aus den Sedimenten Lockergestein, dann Festgestein, z. B. werden aus sandigen Lockergesteinen Sandsteine und schließlich, wenn Druck und Temperatur weiter zunehmen, kommt es zur Gesteinsumwandlung (Metamorphose): Aus Sandstein wird Quarzit und aus den früheren Tonschlammablagerungen wird schließlich Tonschiefer.

Diese beiden Gesteinsarten sind im Hohen Venn häufig zu finden und prägen neben anderen Einflussfaktoren, wie beispielsweise gebirgsbildende Prozesse (z. B. Hebung der Ardennen seit der Tertiärzeit), Verwitterung und Klima, später die Entwicklung der typischen Landschaft des Hohen Venns.

2.2 DIE ENTWICKLUNG DES WANDERGEBIETS SEIT DER QUARTÄRZEIT

Die Quartärzeit ist das jüngste Erdzeitalter; es begann nach der „Internationalen Stratigraphischen Kommission" (ICS) vor ca. 2,6 Millionen Jahren. Das Quartär umfasst das gesamte letzte Eiszeitalter. **Eiszeit** wird zwar umgangssprachlich oft synonym mit **Kaltzeit** verwendet, definiert aber eine Periode der Erdgeschichte, in der mindestens ein Pol der Erde vergletschert ist, wie seit ca. 2,7 Millionen Jahren die Antarktis und die Arktis.

Während dieser Zeit gab es drei „Kaltzeiten", d. h., Zeiträume mit im Durchschnitt tieferen Temperaturen als in den Zeitabschnitten mit durchschnittlich höheren Temperaturen, den sogenannten *Warmzeiten*. Zurzeit, während des Holozäns, das vor etwa 11.700 Jahren mit der Erwärmung des Klimas begann, befinden wir uns in einer Warmzeit innerhalb des aktuellen Eiszeitalters, der pleistozänen Eiszeit.

Während der Kaltzeiten wurden riesige Wassermassen als Inlandeis gebunden und in der Folge sank der Meeresspiegel teilweise über 120 m. Die aus Skandinavien nach Mitteleuropa eindringenden Eismassen erreichten Belgien zwar nicht, jedoch herrschte phasenweise Dauerfrostklima.

Während der letzten Kaltzeit war das hiesige Gebiet eine kalte Gesteinswüste, die fast keine Vegetation hatte. In dieser tundraartigen Landschaft gab es häufige und starke Stürme, die feines Gesteinsmehl, den sogenannten *Löss*, transportierten, was für die spätere Entstehung des Venns eine große Rolle spielt. Als mit dem Schmelzen der letzten Eislinsen vor ca. 10.000 Jahren die letzte Kaltzeit zu Ende ging und das Klima milder und regnerischer wurde, wurde ein Teil dieses Löss weggespült und an tieferen Stellen abgelagert und vermischte sich mit dem verwitterten Tonschiefer. Dadurch entstand eine undurchdringliche Ton-Lehm-Schicht. Hierdurch und durch die Schichten des Quarzitgesteins wurde später die Entstehung der Moore möglich.

Mit Beginn der nachkaltzeitlichen Periode erwärmte sich in ganz Westeuropa das Klima. Ausgehend von den südlicheren Gegenden, verbreitete sich allmählich wieder der Wald. Ca. 8.000 v. Chr. wurden die ersten Birken heimisch und später entwickelte sich auf den durchlässigeren und nicht so feuchten Lehmböden eine Art Taiga, ein ausgedehnter und lichter Wald, der vor allem aus Birken und Kiefern - später auch Tannen - bestand.

Im **präborealen** Zeitabschnitt (8.300 bis 6.700 v. Chr.) lebten im Wandergebiet Braunbären, Elche, Wisente und Edelhirsche. Die **Palsen** bzw. **Lithalsen** füllten sich aufgrund der Niederschläge mit Wasser und wurden durch Wasserpflanzen besiedelt. Uferpflanzen, vor allem Binsen und Seggen, wuchsen an den Rändern.

PALSEN UND LITHALSEN

Hierbei handelt es sich um Frosthügelreste. Im Hohen Venn kann man auf einer Höhe von 500 bis 700 m NN Reste von periglazialen Hügeln finden. Diese sind zumeist rundliche Becken von bis zu 50 m Durchmesser. Früher hielt man diese Becken für ehemalige Fischteiche oder Vulkankrater. Nach wissenschaftlichen Untersuchungen der Universität Lüttich sprach man in den 1950er-Jahren von **Pingos**, was allerdings 1974 revidiert wurde. Seitdem spricht man bei den Frosthügelresten im Hohen Venn von **Palsen** bzw. **Lithalsen**. Im Wandergebiet werden Sie immer wieder sehr anschauliche, weiterführende Erklärungen hierzu auf Informationstafeln finden.

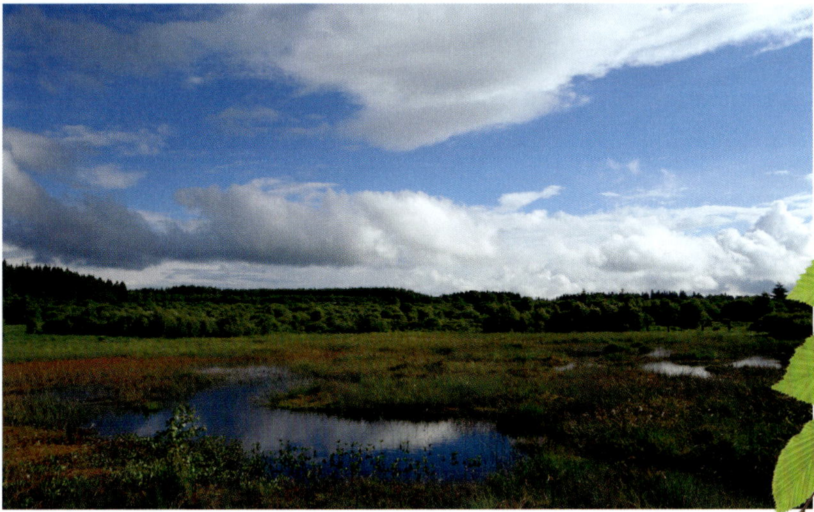

Palsen bzw. Lithalsen im Platten Venn

Um die Palsen herum breiteten sich Bärlapp, Farne und Heidebüschel aus. Auf den undurchlässigen und feuchten Ton-Lehm-Böden entstand ein Birken-Sumpf-Wald.

Im **borealen** Zeitabschnitt (6.700-5.500 v. Chr.) verbreitete sich der schattentolerante Haselstrauch. Er bildete im Birken-Kiefern-Wald allmählich einen Unterwuchs. Die Kiefer wurde allmählich von den Laubbäumen verdrängt. Weil in den Palsen die Nährstoffe zur Neige gingen, starben die Wasserpflanzen ab. Torfmoose, die in äußerst nährstoffarmer Umgebung leben können, siedelten sich hier an. Dadurch begann in den Palsen die Entwicklung der Hochmoore.

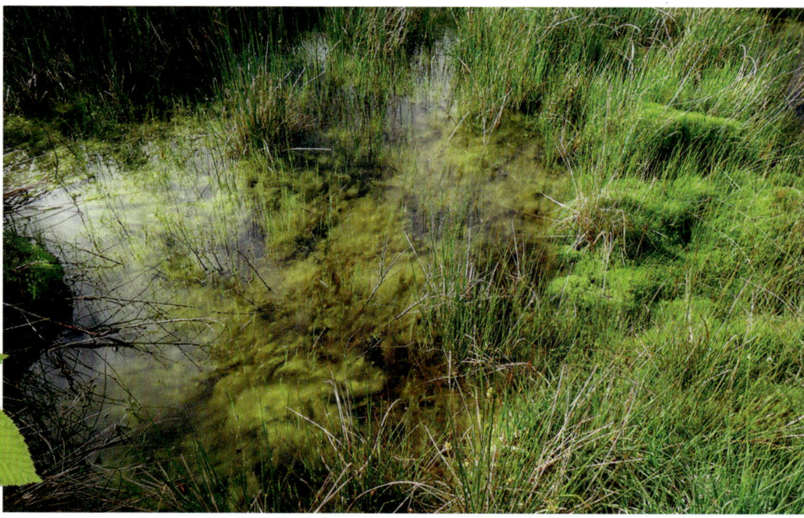

Torfmoose

Während des **Atlantikums** (5.500-1.400 v. Chr.) wurde es während der ersten Hälfte ca. 3-4° C wärmer als heute. Die Niederschläge wurden häufiger. Auf den trockeneren Hochebenen entstand ein gemischter Eichenwald, in dem auch die Ulme, der Haselstrauch, die Linde und Esche wuchsen. In den sumpfigen Gebieten gab es neben den Birken auch die Schwarzerlen.

Elch, Wisent und Bären waren meist nach Norden in die kälteren Regionen gezogen und die Tiere der heutigen Fauna breiteten sich in den Laubwäldern aus, zuzüglich denen, die später durch den Menschen wieder vertrieben oder ausgerottet wurden, wie z. B. der Wolf.

In den feuchten Niederungen der Hochebenen entwickelte sich ein dichter Torfmoosteppich und das entstehende Hochmoor sog den ursprünglichen Birkenbruchwald allmählich trocken. Während der zweiten Hälfte des Atlantikums entstanden im Hochmoor die **Bulten** (kleine Hügel, die aus Tormoosen bestehen) und die **Schlenken** (Senken, in denen das Wasser stehen bleibt). Diese Bulten und Schlenken sind auch heute noch im Wandergebiet zu sehen.

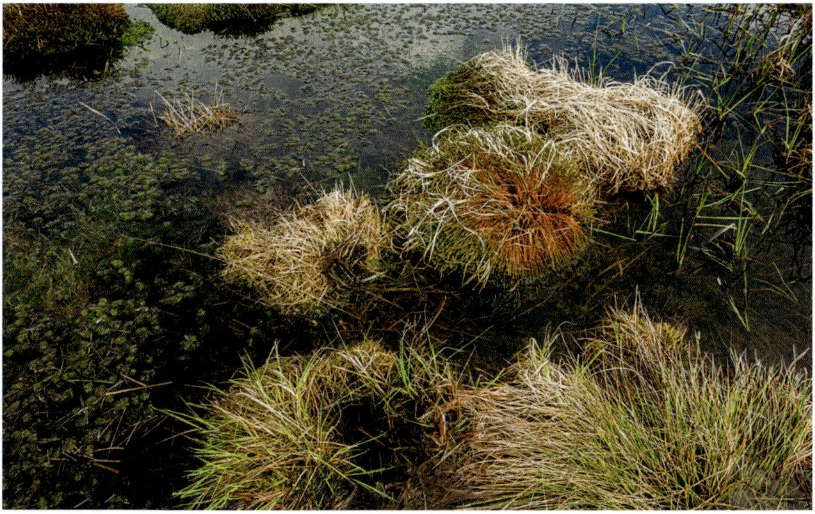

Bulten und Schlenken

In dieser Zeit begann die in dieser Region wichtige Buche, sich im gemischten Eichenwald zu verbreiten. Hinzu kam die Linde, wohingegen die Erle weniger bedeutend wurde.

Aus den Pollendiagrammen ist an den ersten Kulturpflanzen und Kulturbegleitern zu ersehen, dass ca. 2.500 v. Chr. die ersten Menschen auf dem Plateau des Hohen Venns waren.

POLLENDIAGRAMM

Da das Moor einen niedrigen Säuregehalt hat und praktisch keinen Sauerstoff enthält, werden die Pollenkörner der Samenpflanzen, die während der Blütezeit auf den Boden fallen, kaum abgebaut. Hinzu kommt, dass die Pollenkörner eine extrem resistente Außenwand haben. Aufgrund der Resistenz der Pollenkörner bzw. von deren Außenwänden und der Bedingungen im Moor ist es möglich, durch die Analyse der Pollenrückstände in den verschiedenen Schichten des Hochmoores eine Art historischen Kalender zu erstellen, der bei der Moorentstehung beginnt und bei der Beendigung der Moorbildung abschließt.

Die verschiedenen Torfschichten können entweder mithilfe eines Bodenbohrers untersucht werden oder indem man einen alten Torfstich begutachtet. Durch Zählen des Blütenstaubs in den verschiedenen Schichten kann man letztendlich ein **Pollendiagramm** erstellen. Dieses Pollendiagramm erlaubt es dann, die Vegetationsgeschichte zu ermitteln.

In der **subborealen** Periode (1.400-800 v. Chr.) kühlte sich das Klima ab und die Niederschläge nahmen ab. An einigen trockenen Stellen wurde das Hochmoor von Heidegewächsen überwuchert. Da, wo es noch trockener war, siedelten sich wieder Birken an. Weil in weiten Bereichen das Torfmoos weiterhin aktiv blieb, konnte sich das Hochmoor auch in dieser Periode weiter entwickeln.

Der heutige Zeitabschnitt wird **Subatlantikum** (Beginn 800 v. Chr.) genannt. Das Klima wurde wieder milder und die Niederschläge nahmen zu.

Dort, wo es eine gute Wasserabfuhr gab, setzte sich der Buchenwald durch, der hauptsächlich aus Buche, Eiche und Birke bestand. Auf schlechter entwässerten Böden konnte die Buche nicht wachsen. Hier standen vorwiegend Eiche und Birke.

Das Hochmoor wurde unter diesen Klimabedingungen sehr aktiv und wölbte sich uhrglasförmig auf.

2.3 DER EINFLUSS DES MENSCHEN AUF DIE LANDSCHAFT DES HOHEN VENNS

Wie oben schon beschrieben, ist seit spätestens 2.500 v. Chr. die Anwesenheit des Menschen im Wandergebiet nachweisbar. Der Einfluss auf die Natur war jedoch noch gering.

Aus verschiedenen Indikatoren ist ersichtlich, dass später die Kelten, Römer und Franken in dieser Region lebten. Sie griffen z. B. insofern in die Natur ein, dass sie Bäume fällten oder Vieh weiden ließen. Vorwiegend diente die Gegend des Hohen Venns während der Römer- und der Frankenzeit jedoch als Jagdgebiet. Ca. 745 n. Chr. wurde der erste Heerweg, die ***Via Mansuerisca***, nach neueren Untersuchungen durch die Franken (nicht, wie zunächst angenommen, durch die Römer) gebaut. Der Weg verläuft durch das Venn und verbindet Trier und Maastricht.

Der Mensch begann zwischen 800 und 1200 n. Chr., sich am Rande der Hochebene des Moors niederzulassen. Um zu überleben, nutzte er den Wald als Lieferant für Bau- und Brennholz. Er ließ sein Vieh im Wald weiden. Als Streu für den Stall wurden Blätter und Zweige gesammelt. Um Roggen und Buchweizen anbauen zu können, wurde der Wald gefällt und abgebrannt. Da die nährstoffarmen Böden schnell auslaugten, mussten die Äcker lange ruhen und es wurden immer wieder neue Waldstücke urbar gemacht.

Auf den ruhenden Äckern entstanden Heideflächen: Auf den trockenen Lehmböden wuchs Heidelbeere, Rauschbeere und gewöhnliches Heidekraut, auf den nassen Ton-Lehm-Böden, mit einer Torfschicht, die weniger als 50 cm dick war, entstanden moorige Heidefelder. Hier wuchsen Glockenheide und Pfeifengras.

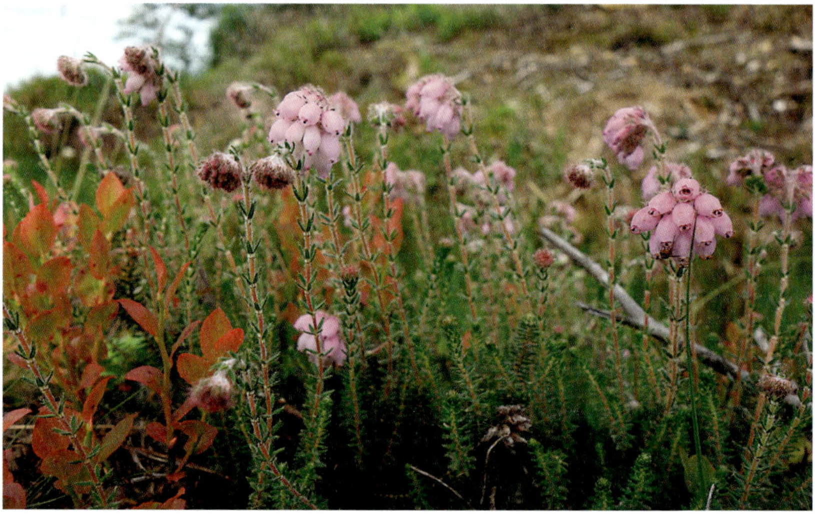

Glockenheide

Die Heideflächen wurden von den Bauern regelmäßig abgemäht, damit das Heu im Winter an das Vieh verfüttert werden konnte. Eine weitere Nutzung der Heide war die „Torfbrandkultur": Die nassen Böden wurden durch das Anlegen von Gräben entwässert, danach die Torfschicht abgestochen, getrocknet und im Frühjahr verbrannt. In die daraus entstehende mineralhaltige Asche säte der Bauer Roggen und Buchweizen. In regelmäßigen Abständen (alle fünf Jahre) wurde ein neues Stück Boden gerodet und das zuvor bebaute ließ man ruhen. Diese Ackerbaumethode hatte am Ende des 18. Jahrhunderts ihren Höhepunkt und ihre Auswirkungen auf die Landschaft sind bis heute im Venn zu sehen.

Von den Hochmooren wurde von den Bewohnern der Venndörfer folgendermaßen Gebrauch gemacht: Das Torfmoos wurde zusammengeharkt und getrocknet als Streu verwendet. Der zuvor gestochene und dann getrocknete Torf wurde als Brennstoff benutzt. In einer Zeitspanne von 400 bis 500 Jahren wurden so mindestens 200 ha Hochmoorfläche vernichtet. Erst in den 60er-Jahren des 20. Jahrhunderts wurde mit dem Torfstechen endgültig aufgehört.

Diese Vernichtung des Moores durch das Torfstechen ist nicht rückgängig zu machen. Auf den abgegrabenen Torfböden entstanden moorige Heideflächen. Hier siedeln Glockenheide, Rasensimse, Wollgras und in großem Umfang Pfeifengras. An den nassesten Stellen befinden sich nun Niedermoore. Hier wachsen Seggen, Binsen, das Sumpf-Fieberklee, das Sumpf-Veilchen und das dunkelrote Blutauge.

Durch die Zerstörung des natürlichen Abflusssystems begann das restliche Hochmoor auszutrocknen und in der Folge siedelten sich besonders in den Randgebieten Heidegewächse und Birken an.

Ein weiterer schwerwiegender Eingriff des Menschen in die Natur geschah durch das Herstellen der Holzkohle, die zwischen dem 16. und 18. Jahrhundert ihren Höhepunkt erreicht hatte. Hierfür wurden massiv Buchenwälder gefällt. Auch der Eichenbestand ging durch den Menschen stark zurück. Die Eichenrinde wurde z. B. in Eupen in der Lederindustrie zum Gerben von Tierfellen benutzt.

Durch die Umwälzungen des 19. Jahrhunderts (Industrialisierung, Steinkohle etc.) veränderte sich die Nutzung der Vennböden durch den Menschen wieder, insbesondere da die Nachfrage nach Bauholz im Gegensatz zu dem zuvor stark begehrten Brennholz stark gestiegen war. Ab Ende des 19. und zu Beginn des 20. Jahrhunderts legte man große Stücke Hochmoor und moorige Heideflächen trocken und bepflanzte sie mit Nadelbäumen. Bei den ersten Anpflanzungen seit Mitte des 19. Jahrhunderts versuchte man es mit Waldkiefern, die aber der winterlichen Schneelast nicht standhalten konnten.

Seit 1870 begann man, in großem Umfang Fichten zu pflanzen, da sie geeigneter schienen. Da Fichten mit ihren Flachwurzeln jedoch nicht zu nass stehen dürfen, wurden die Böden in einem großen Umfang entwässert. Der Grundwasserspiegel wurde dadurch deutlich gesenkt, wodurch das Moor-Ökotop stark gestört wurde. Auf den Heiden begann das Pfeifengras, sich immer mehr auszubreiten. Die trockene Streu des Pfeifengrases war und ist immer wieder für Brände verantwortlich. Deren Triebe sind aber besser gegen Feuer geschützt als beispielsweise die der Glockenheide, sodass sich das Pfeifengras auch durch diesen Umstand auf Kosten anderer Arten immer weiter ausbreitet.

Bei diesen in regelmäßigen Abständen entstehenden Bränden ist auch die Torfschicht der Hochmoore ein sehr guter Brennstoff. Auf den verbrannten Moorböden wächst zunächst das Gemeine Widertonmoos, dann Ohr-Weide und Zitterpappel und es folgen Eberesche, Birken und Eichen. Eine Wiederkehr des Eichen-Birken-Waldes auf den verbrannten Moorflächen folgt.

Als man ab 1957 begann, die Natur im Venn unter Schutz zu stellen, gab es noch ca. 4.000 ha Moor, davon ca. 150 ha teilweise abgegrabenes und entwässertes Hochmoor und der größte Teil bestand aus moorigen Pfeifengrasflächen.

2.4 EINIGE ASPEKTE DER POLITISCHEN UND GESELLSCHAFTLICHEN ENTWICKLUNG IN DER REGION

Da die Wanderungen auch entlang der deutsch-belgischen Grenze verlaufen und die Gegend eine höchst wechselhafte Geschichte hat, möchte ich Ihnen auch einige politische bzw. gesellschaftliche Hintergründe der Region erläutern.

Das Hohe Venn liegt, wie ja bekannt, in Ostbelgien. Es handelt sich hierbei um das Gebiet, das 1920 durch den Versailler Vertrag vom Deutschen Reich abgetrennt und nach einer fünfjährigen Übergangszeit in den belgischen Staatenverband eingegliedert wurde. Es beinhaltet das Gebiet um Eupen, Malmedy, St. Vith und Kelmis, früher auch ***Neutral-Moresnet*** genannt.

Belgien selbst ist eine seit 1830 bestehende, konstitutionelle Monarchie. Bis 1970 war Belgien ein Einheitsstaat, d. h., alle wichtigen Entscheidungen für das gesamte Land wurden vom zentralen Parlament getroffen und es gab auch nur einen Haushalt. Seit 1970 ist Belgien in drei Regionen und drei Gemeinschaften unterteilt. Seit 1993 ist Belgien laut Verfassung ein Föderalstaat mit diesen Gemeinschaften bzw. Regionen, die jeweils eigene Parlamente und Regierungen haben, wobei die Parlamente von der Bevölkerung gewählt werden. Die Rolle des Königs begrenzt sich auf die föderale Ebene, wobei sie eher in einer Art „moralischen Autorität" besteht.

Bei den Regionen handelt es sich um geografische Gebiete, wobei die Flämische Region, die Wallonische Region, zu der auch das Hohe Venn gehört, und die Region Brüssel unterschieden werden. Die Befugnisse der Regionen liegen z. B. in der Raumordnung, Umweltschutz, Landwirtschaft, Forstwirtschaft und Betriebsgenehmigungen.

Die Grundlage der Gemeinschaften ist die Sprache und die Kultur. Das Gebiet der jeweiligen Gemeinschaften ist nach den Sprachen festgelegt worden. Die ***Flämische Gemeinschaft*** umfasst das Gebiet, in dem niederländisch gesprochen wird sowie die niederländischsprachigen Einwohner der Region Brüssel-Hauptstadt. Die ***Französische Gemeinschaft*** umfasst den Teil des Landes, in dem französisch gesprochen wird sowie die Menschen in den zweisprachigen Zonen Brüssels, die französisch sprechen. Die ***Deutschsprachige Gemeinschaft*** umfasst den Teil Belgiens, in dem die Bevölkerung deutsch spricht.

Brüssel hat eine besondere Situation, da die zweisprachige Zone Brüssels gleichzeitig zu zwei Gemeinschaften gehört. Die Befugnisse der Gemeinschaften liegen z. B. in der Kultur, Medien, Tourismus, Sport und Unterrichtswesen.

Für *Haus Ternell* und seine Aktivitäten im Hohen Venn sind somit die Wallonische Region als auch die ***Deutschsprachige Gemeinschaft*** zuständig, sowohl was finanzielle Zuwendungen z. B. für Naturschutz und Unterrichts- bzw. Ausbildungszwecke, als auch, was gesetzliche Bestimmungen betrifft.

Die Geschichtsschreibung Belgiens beginnt in seiner römischen Epoche. Der Name ***Belgien*** geht auf Julius Caesar zurück, der 57 bis 51 v. Chr. die Gebiete des heutigen Belgiens erobert hatte. Er nannte die damals in diesem Gebiet lebenden keltischen Stämme ***Belgae***, was sich von ***belgus = aufgeblasen*** oder ***gebläht*** ableitet und auf den stämmigen Körperbau der hiesigen Menschen anspielte.

Nach dem Zerfall des Römischen Reiches gehörte das Gebiet zum Reich der Franken. Später herrschte das Haus Burgund. Im Hoch- und Spätmittelalter war der Reichtum Flanderns u. a. aufgrund der Tuchverarbeitung eine Basis für den Aufstieg Burgunds. Die burgundischen Herzöge bildeten die Vorläufer der heutigen Regionen.

Durch Vermählung Marias von Burgund mit dem Erzherzog Maximilian gelangten Brabant, Flandern und die übrigen niederländischen Provinzen an das Haus Habsburg. Durch Erbfolge und Vermählungen fielen die Gebiete an die spanische und an die österreichische Linie.

1794 wurde das Land von Frankreich besetzt. 1815 war die entscheidende Schlacht gegen Napoleon bei Waterloo. Nach dem Wiener Kongress 1815 wurden die habsburgischen Niederlande mit den nördlichen Niederlanden zusammengeführt. Die Bevölkerung des heutigen Belgiens fühlte sich benachteiligt, sowohl, was die Sprache angeht, die Religion, da sie Katholiken waren, im Gegensatz zu den protestantischen Niederländern und auch aufgrund wirtschaftlicher und sozialer Gesichtspunkte. Eupen bzw. Ostbelgien wurde durch den Wiener Kongress dem Königreich Preußen zugeordnet.

Im August 1830 begann in Brüssel der Aufstand, der schließlich zur Unabhängigkeit von den Niederlanden und zur Gründung des belgischen Staates führte: Nach dem Ende der Aufführung der Oper „Die Stumme von Portici" zog das Publikum aus dem Theater und schloss sich einer zufällig vorbeikommenden Demonstration von Arbeitern an. Es bildete sich eine Menschenmenge, die schließlich den Justizpalast und weitere Institutionen stürmte.

Am 4. Oktober 1830 wurde von einer provisorischen Regierung in Brüssel die Unabhängigkeit Belgiens verkündet.

Im Ersten Weltkrieg fiel das Deutsche Reich ohne Kriegserklärung in das neutrale Belgien ein, um weiter letztlich Frankreich anzugreifen. Damit verstießen die Deutschen gegen das Völkerrecht. Im Verlaufe des Krieges wurden viele belgische Städte zerstört. Die deutschen Truppen gingen brutal mit der Zivilbevölkerung um, es kam zu Massakern an Zivilisten in belgischen Städten. Ca. 40.000 belgische Zivilisten wurden zur Zwangsarbeit nach Deutschland deportiert und Zehntausende mussten zwangsweise an der deutschen Westfront arbeiten.

Belgien gehörte am Ende des Krieges zu den Siegermächten und annektierte als Reparationszahlung das heutige Ostbelgien vom Deutschen Reich. Auch mit der deutschen Zivilbevölkerung wurde hart umgegangen. Die

Bewohner mussten entweder die belgische Staatsangehörigkeit annehmen oder, wenn sie Deutsche bleiben wollten, mussten sie das Land verlassen. Einige Ortschaften, wie z. B. Lichtenbusch, wurden in diesem Zusammenhang geteilt. Viele Menschen flüchteten in das benachbarte Aachen.

Auch im Zweiten Weltkrieg wurde die Neutralität Belgiens am 10. Mai 1940 durch deutsche Truppen verletzt. Vorübergehend kam es wieder zur Annektierung des hiesigen Gebiets. Ende 1944 kam es zur Ardennenoffensive, bei der viele Ortschaften zerstört wurden. Nach Ende des Krieges fiel das Gebiet wieder zurück an Belgien.

In ***Eupen***, in direkter Nachbarschaft des Hohen Venns liegend, ist der Regierungssitz der ***Deutschsprachigen Gemeinschaft***. Seit etwa 1554 wurde Eupen wegen seiner Tuchmacherei bekannt. Wie Monschau profitierte Eupen vom kalkarmen, weichen Wasser der Region. Die Eigenschaften des Wassers bewirkten, dass man zum Waschen der Stoffe sehr viel weniger Reinigungsmittel brauchte als bei härterem Wasser.

Die Tuche wurden in den ersten Jahren in Heimarbeit produziert, wobei die Rohstoffe, grobe Wolle aus den heimischen Schafherden und feineres Material aus spanischen Importen, in Heimarbeit gesponnen und gewebt wurden. Ab dem 19. Jahrhundert entwickelte sich dann die Tuchindustrie, die aufgrund der Veränderung der politischen Verhältnisse, der Verlegung der Grenzen und der Inflation ab 1920 zurückging, bis 1972 das letzte Unternehmen schließen musste. Das heutige Kabelwerk Eupen stammt noch aus dieser Zeit und war ursprünglich eine Seilerei. Heute ist der Tourismus ein wichtiger Wirtschaftszweig Eupens.

Auf deutscher Seite an der Grenze des Wandergebiets liegt Monschau bzw. Monschau-Mützenich.

Monschau ist eine Stadt, die zwischen den Berghängen des Hohen Venns liegt. Sie besteht seit 1972 aus den Ortsteilen Höfen, Imgenbroich, Kalterherberg, Konzen, der ursprünglichen Stadt Monschau, Rohren und Mützenich. Die genaue Herkunft des Namens Monschau ist nicht feststellbar. Bis 1918 hatte Monschau verschiedene Namen und Schreibweisen, zuletzt **Montjoie**. Durch kaiserlichen Erlass wurde der Ort 1918 dann **Monschau** genannt.

Wichtig für die Entwicklung Monschaus wie auch Eupens ist, dass im Dreißigjährigen Krieg (1618-1648) sehr viele protestantische Flüchtlinge und Tuchmacher auf der Suche nach Religionsfreiheit in die Region kamen. Zunächst wurden auch hier die Tuche im Umland in Heimarbeit hergestellt. Die industrielle Monschauer Feintuchproduktion wurde von dem Ende des 16. Jahrhunderts aus Aachen zugewanderten protestantischen Tuchmacher Arnold Schmitz begründet. Wolle wurde daraufhin europaweit importiert und die Fabrikanten erzielten hohe Gewinne.

Die Textilindustrie erreichte im 18. Jahrhundert ihren Höhepunkt. Im 19. Jahrhundert kam es zu einem Niedergang der Textilindustrie, wozu unter anderem die preußische Zollpolitik und der verspätete Anschluss der Stadt an das Eisenbahnnetz beitrug. 1982 stellte die letzte Textilfabrik Monschaus, die Streichgarnspinnerei *Rheinische Wollwerke Monschau*, den Betrieb ein.

Heute spielt auch für Monschau der Tourismus eine wichtige Rolle.

Auf dem Gebiet der Stadt und in der Umgebung Monschaus sind Relikte aus dem Zweiten Weltkrieg und dem Kalten Krieg zu finden. Es gibt noch zahlreiche Bunkerruinen und Panzersperren des ehemaligen Westwalls zu sehen.

Mützenich ist der Stadtteil Monschaus, der direkt an der belgisch-deutschen Grenze unseres Wandergebiets liegt. Aufgrund des Verlaufs der Vennbahntrasse ist Mützenich praktisch eine Exklave. Durch die Bestimmungen des Versailler Vertrages 1920 sind sowohl die Vennbahntrasse als auch einige zuvor zu Mützenich gehörende Waldgebiete zum belgischen Hoheitsgebiet geworden. Im Gelände sind neben der Vennbahntrasse die Grenzsteine zu finden. Nach dem Zweiten Weltkrieg plante Belgien zunächst, die durch die Vennbahn entstandene Exklave zu annektieren. 1949 wurden diese Pläne jedoch wieder fallen gelassen.

VENNBAHN

Von den Städten und Kreisen Malmedy, Monschau, Eupen und Stolberg wurde seit 1873 eine Bahnstrecke gefordert, die sowohl diese Orte miteinander verbindet als auch bis nach Luxemburg reicht. Die preußische Regierung beschloss, dies umzusetzen und 1889 wurde der Betrieb dieser Strecke von der Preußischen Staatsbahn aufgenommen. Richtung Luxemburg wurde Kohle und in Gegenrichtung Eisenerz transportiert. Für die Menschen der strukturschwachen Wirtschaftsräume Westeifel und Hohes Venn bot die Vennbahn die Möglichkeit, die Arbeitsplätze in der Aachener Industrie zu erreichen.

Nachdem aufgrund des Versailler Vertrags 1920 die preußischen Kreise Eupen und Malmedy an Belgien abgetreten wurden, wechselte durch den neuen Grenzverlauf die Strecke zwischen dem deutschen Reichsgebiet und Belgien. Belgien konnte sich mit dem Argument durchsetzen, dass diese Strecke für Malmedy und Eupen von besonderer wirtschaftlicher Bedeutung sei und erreichte 1920, dass Belgien ab Raeren Eigentümerin der gesamten Strecke einschließlich ihrer Bahnhöfe wurde. Dadurch entstanden bei Roetgen und Monschau fünf deutsche Exklaven.

Im Zusammenhang mit der Weltwirtschaftskrise ging das zuvor hohe Verkehrsaufkommen bei der Vennbahn zurück. Im Zweiten Weltkrieg wurde die Vennbahn besonders durch die Ardennenoffensive (Winter 1944: Drei deutsche Armeen gingen gegen die 12. amerikanische Armeegruppe zum Angriff über. Die deutschen Gruppen wurden nach sechs Wochen Kampf und extremen Verlusten auf beiden Seiten zurückgeschlagen. Nach der Ardennenoffensive stand der Zusammenbruch der deutschen Wehrmacht unmittelbar bevor.) teilweise zerstört. Sie wurde nicht wieder vollständig aufgebaut.

Da die Auslastung weiter sank, wurde die Strecke 1989 stillgelegt. Auch der spätere Versuch, die Vennbahn als Museumsbahn für den Tourismus zu verwenden, musste 2001 eingestellt werden. Heute sind Teile der Strecke zu einem Radwanderweg umgebaut worden.

In der Nachkriegszeit schmuggelte fast die gesamte männliche Jugend in dieser Gegend Kaffee von Belgien nach Deutschland.

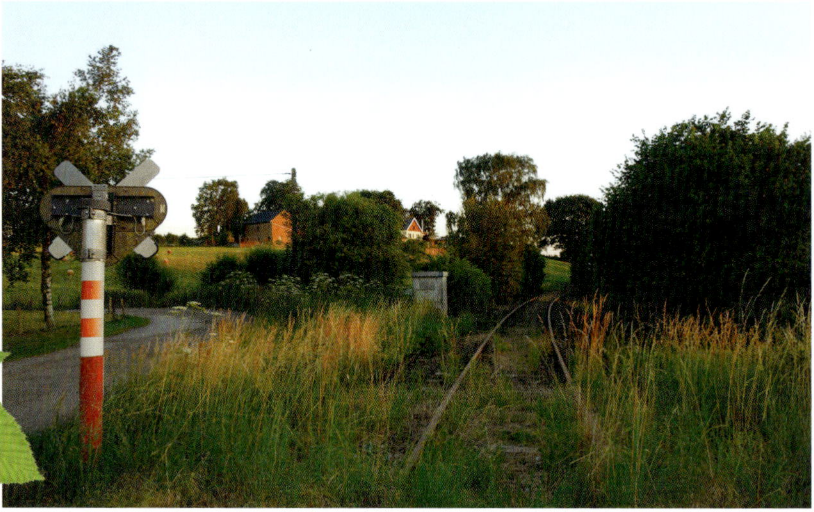

Vennbahntrasse in Kettenis (Wanderung 24)

Der Name Mützenich könnte auf eine römische Ansiedlung hinweisen: ***Mutiniacum***. Auf dem Gemeindewappen ist ein römischer Helm zu sehen. Dies hat seinen Ursprung darin, dass 1783 in der Nähe im Venn die Leiche eines römischen Legionärs in voller Rüstung gefunden wurde.

Ein beliebtes Ziel für Wanderer 1 km nördlich des Ortes ist „Kaiser-Karls-Bettstatt". Dies ist ein großer Quarzitblock, auf dem Kaiser Karl der Legende nach ein Nachlager aufgeschlagen haben soll, als er sich auf der Jagd in der Gegend verirrte. Dieser Quarzitblock liegt auch auf unseren Wanderrouten und kann besichtigt werden.

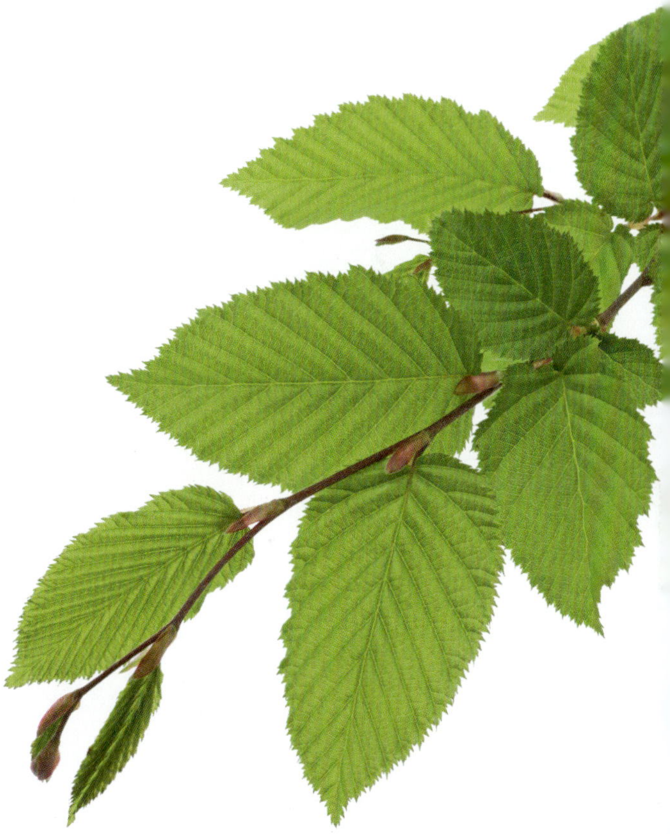

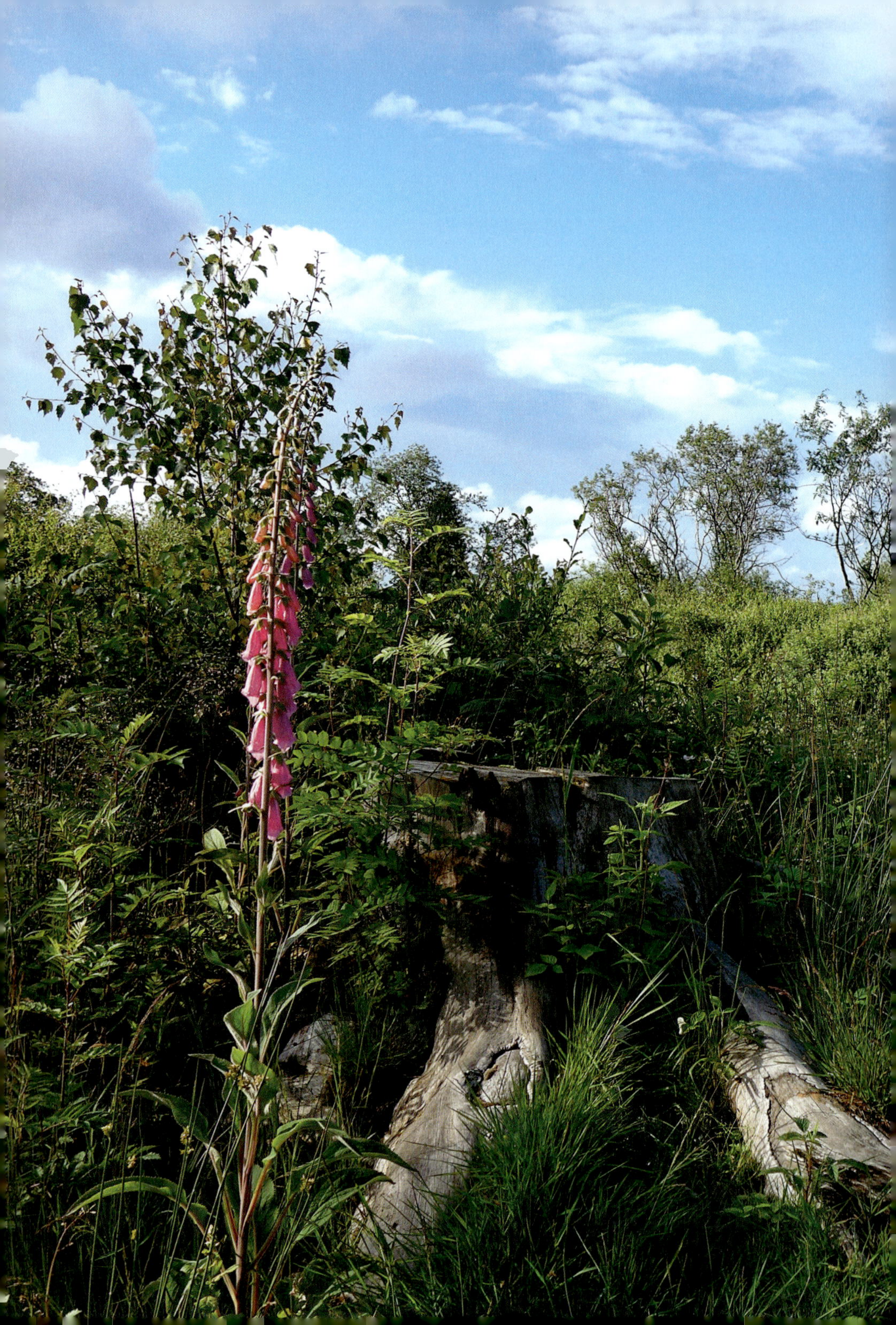

3 Das Hohe Venn heute

3.1 Hoch- und Niedermoore

3.2 Hochmoore

3.3 Das Niedermoor

3.4 Die natürlichen Wälder im Hohen Venn

3.5 Die Heiden im Hohen Venn

3.6 Die Holzproduktionswälder im Hohen Venn

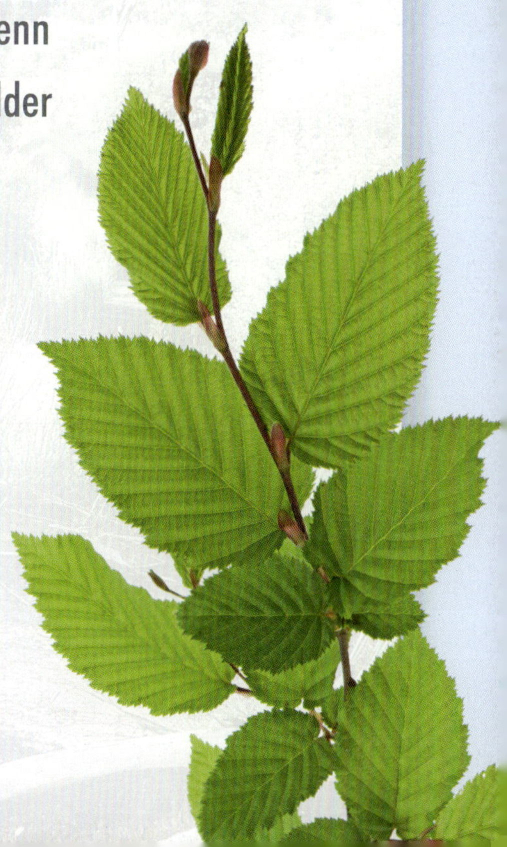

3 DAS HOHE VENN HEUTE

Die Hoch- und Niedermoore, Heideflächen und Wälder des Hohen Venns sind in einem unterschiedlichen Ausmaß vom Menschen geprägt worden.

Hier liegen natürliche Landschaften, d.h. Landschaften, die sich im Laufe der Zeit selbst gebildet haben und auf die der Mensch keinen oder kaum Einfluss genommen hat. Hierbei handelt es sich vor allem um die Hochmoore, die eine Oberfläche von ca. 150 ha einnehmen. Auch die Birken- und Erlenbruchwälder, Eichen-Birken-Wälder und Buchenwälder werden zu den Landschaften mit wenig menschlicher Einflussnahme gezählt. Bei den hiesigen Niedermooren handelt es sich um relativ junge, halbnatürliche Landschaften. Die Heidegebiete beeinflusste der Mensch noch mehr. Sie werden auch zu den halbnatürlichen Landschaften gezählt und haben die ehemaligen Eichen-Birken-Wälder und Buchenwälder ersetzt.

Die Nadelwälder des Hohen Venns sind vollständig durch den Menschen entstanden. Sie waren und sind noch zum großen Teil Holzproduktionswälder. Wie schon zuvor beschrieben, wurde besonders die Fichte seit Mitte des 19. Jahrhunderts in großem Maße im Hohen Venn angepflanzt.

Das Klima im Hohen Venn ist durch einen sehr großen Niederschlagsreichtum und niedrige Durchschnittstemperaturen geprägt.

Der Niederschlagsreichtum entsteht dadurch, dass die vom Westen herangeführten ozeanischen Luftmassen beim Massiv von Stavelot aufsteigen müssen. Da die Luft umso weniger Wasser speichern kann, je kälter sie ist, kann die beim Hochsteigen vor dem Vennmassiv abkühlende Luft das in ihr gebundene Wasser nicht mehr halten. So entstehen Niederschläge, im Sommer Regen, im Winter Schnee. Mit Niederschlagssummen bis über 1.400 mm gehört das Hohe Venn zu den niederschlagreichsten Gebieten Mitteleuropas.

Der Jahrestemperaturdurchschnitt im Hohen Venn liegt nur bei 6-7° C. Es gibt ca. 200 Tage Regen, 70 Tage Schnee, 134 Tage Frost und im Durchschnitt nur 20 Sonnentage.

Aufgrund dieser Bedingungen ist die Vegetationsperiode im Hohen Venn ca. 1,5 Monate kürzer als in der Umgebung. Die Temperaturen und die im Venn vorkommenden Pflanzenarten bewirken, dass die Wasserverdunstung weniger als ein Drittel der Niederschlagssumme beträgt.

Auch die Topografie des Hohen Venns unterstützt seine hohe Wasserspeicherkapazität. Das Oberflächenwasser kann aufgrund der plateauartigen Form des Venns kaum abfließen. Die Böden bestehen, wie oben schon beschrieben, aus beinahe wasserundurchlässigem Ton-, Schiefer- und Quarzitgestein.

Die oben beschriebenen Faktoren einschließlich der so entstandenen positiven Wasserbilanz, das kühl-feuchte Klima und die Art der Vegetation haben schließlich zur Entstehung der Moore geführt.

3.1 HOCH- UND NIEDERMOORE

Moore können dann entstehen, wenn die Produktion von pflanzlichem Material höher als dessen Abbau ist. Das nicht zersetzte Material vertorft und stapelt sich im Laufe der Zeit. Bei einem pflanzlichen Gebiet, das eine Torfschicht von mindestens 30 cm hat, redet man von einem ***Moor***.

Torf wird definiert als ein Boden, der mehr als 75 % nicht zersetztes organisches Material enthält.

3.2 HOCHMOORE

Wenn die Torfschicht so hoch ist, dass die Verbindung zum Grundwasser verloren gegangen ist, spricht man von einem **Hochmoor**. Das Moor ist somit vom nährstoffreichen Grund- oder Überströmungswasser isoliert und nur noch auf das nährstoffarme Regenwasser angewiesen. Wichtig hierbei ist das Auftreten der Torfmoose, die für die Bildung des Hochmoors verantwortlich sind.

Unter den oben beschriebenen Bedingungen entwickelte sich zunächst am Fuße der Bäume ein dicker Moosteppich. Wegen Sauerstoffmangel und zunehmender Versäuerung starben dann die Bäume und andere Pflanzen langsam ab und machten dem weiteren Wachstum von Torfmoosen Platz. Die Torfmoose wachsen nach oben und sterben als Folge von Lichtmangel an der Unterseite ab. Sowohl das saure und kalte Moorwasser als auch der Mangel an Sauerstoff bewirken, dass die abgestorbenen Torfmoose kaum zersetzt werden. Dies hat zur Folge, dass die Torfschicht immer weiter wächst. Sie nimmt im Hohen Venn jährlich um ca. 1 mm zu, was bedeutet, dass eine 1 m starke Torfschicht 1.000 Jahre alt ist.

Die Torfmoose sind optimal an die Bedingungen eines Hochmoors angepasst, indem sie Nährstoffe aus dem Regenwasser herauslösen können. Das Wasser, das nach diesem Prozess aus den Torfmoosen abfließt, ist sehr sauer und nährstoffarm.

Torfmoose verfügen über eine extrem hohe Wasserspeicherkapazität. Sie können bis zum 25-Fachen ihres Trockengewichts an Wasser speichern. Eine weitere wichtige Eigenschaft der Torfmoose ist, dass sie säureresistent sind, was ja bei dem basenarmen Untergrund und der Säure, die sie selbst produzieren, wichtig ist. Normalerweise braucht organisches Material sowohl Sauerstoff als auch Bodenorganismen (Edaphon), um zersetzt und mineralisiert zu werden. In einem sauren Milieu können diese Organismen aber nicht überleben, sodass das Material nicht zersetzt werden kann, sondern, wie oben schon beschrieben, immer mehr Torf entsteht.

Bei einem Hochmoor beträgt die Torfschicht mindestens 80 cm. Der pH-Wert liegt bei 3,5-4.

Die Torfschichten erreichen im Hohen Venn bis zu 8 m Dicke. Da im Hochmoor die Pflanzen ausschließlich durch Regenwasser gespeist werden, darf das Gebiet nie trocken fallen. Deshalb müssen die Niederschläge relativ gleichmäßig über das Jahr verteilt sein, was im Venn der Fall ist.

Ein noch lebendes, wachsendes Hochmoor ist durch eine Struktur von hohen Bulten und tiefen Schlenken gekennzeichnet. Dies entsteht dadurch, dass die Torfmoose an feuchten Stellen schneller wachsen. Sie bilden dann kissenartige Erhebungen von 0,5-3 m Durchmesser. Je höher die Bulten wachsen, desto schwerer wird die Versorgung des Mooses mit Wasser. Dies hat zur Folge, dass das Wachstum bei einer Höhe von ca. 0,5 m wegen Wassermangel stagniert und der Bultscheitel langsam austrocknet und anderen Pflanzen die Möglichkeit des Wachstums bietet.

Die Vertiefungen neben den ***Bulten*** werden ***Schlenken*** genannt. In ihnen ist wiederum ein größerer Wasservorrat, sodass nun hier die Torfmoose schneller wachsen können. Es entsteht ein Kreislauf, bei dem aus Schlenken Bulten werden und aus Bulten Schlenken.

In diesem Milieu und unter diesen Bedingungen können nur spezialisierte Pflanzen leben. Auch ist das Hochmoor Lebensraum für spezielle, teils bedrohte Tierarten. Um den Rahmen dieses Buches nicht zu sprengen, sollen hier nur einige wichtige Vertreter genannt werden:

Auf den Bulten im Hochmoor herrscht das Torfmoos vor. Auf den Torfmoosbulten sind typische Bewohner die Moosbeere und die Rosmarinheide. Beide gehören zur Heidefamilie. Die sauren, dunkelroten Beeren des kleinen, immergrünen Moosbeerenstrauchs sind erst nach dem ersten Frost genießbar. Die Rosmarinheide ist giftig, dennoch werden die Blätter in geringem Umfang vom Birkhuhn gefressen.

Vor allem im Mai und Juni ist der weiße Flaum des scheidigen Wollgrases zu sehen, das in dichten Büscheln auf den Bulten wächst. Die Blütezeit ist schon Anfang März. Im Frühjahr sind die Blütenähren die Hauptnahrungsquelle des Birkhuhns.

Das schmalblättrige Wollgras hat, im Gegensatz zum scheidigen Wollgras, mehrere Blütenähren. Es blüht erst im Mai und die Flaumhaare sind Ende Mai, Anfang Juni zu sehen. Im Hochmoor wächst es in den nassen Schlenken, im Niedermoor und in der Heide sucht es sich sehr nasse Stellen.

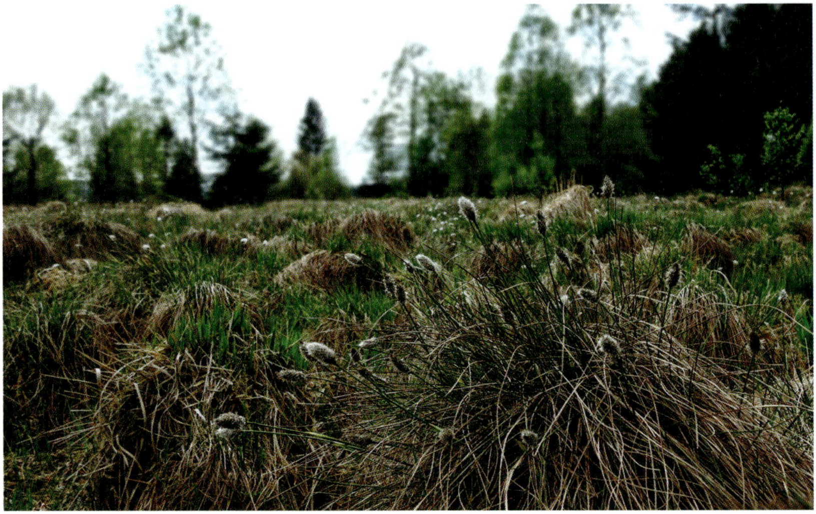

Bulten und Schlenken mit Wollgras

Eine sehr bemerkenswerte Pflanze im Gebiet des Hohen Venns ist der mittlere und der rundblättrige Sonnentau. Die Pflanze hat sich insofern an die Nährstoffarmut des Hochmoors angepasst, als dass sie Insekten fängt und verdaut. Ihre Blätter sind mit einer Art Drüsenhaaren ausgestattet, die eine klebrige Flüssigkeit ausscheiden, die wie Tautropfen aussieht. Hierdurch werden durstige Insekten angezogen und getäuscht.

Wenn das Insekt mit der klebrigen Flüssigkeit in Kontakt gekommen ist, werden dessen Eiweiße durch die in den „Tautropfen" enthaltenen Verdauungsenzyme gespalten und in verdaubare Verbindungen umgewandelt. Es sind nur noch die nicht verdaubaren Teile der Tiere übrig, wenn sich das Blatt nach einigen Tagen wieder öffnet. „Opfer" des Sonnentaus sind Mücken, Fliegen, Käfer, aber auch Libellen und Schmetterlinge.

Von den Insekten im Hochmoor sind die Libellen die artenreichsten. Beispielhaft seien hier genannt die Hochmoor-Mosaikjungfer, die kleine Moosjungfer und die Speer-Azurjungfer. In der Nähe von ehemaligen Palsen, die z. B. durch Torfstechen zu Tümpeln mit offenem Wasser geworden sind, sind die Plattbau- und die Vierflecklibelle zu finden.

Von den Schmetterlingen ist der nördliche Perlmuttfalter nur im Hochmoor zu finden. Nachdem die Weibchen im Sommer ihre Eier gelegt haben und kurz darauf die jungen Raupen geschlüpft sind, suchen sie einen Torfmoosbult auf und verbringen dort den gesamten Winter.

Im Torfmoos des Hochmoors leben auch die Larven der Hochmoor-Schwebfliege. Die ausgewachsenen Schwebfliegen haben einen schwarzen, orange-gelb gestreiften Hinterleib. Sie sind von Anfang Mai bis Anfang Oktober zu sehen.

Im feuchten Hochmoor ist auch die Waldeidechse verbreitet. Die Jungen schlüpfen direkt nach der Eiablage vollständig entwickelt aus dem Ei. Die Aktivitätsperiode der Waldeidechse ist von März bis Oktober. Im Winter sind die Temperaturen zu niedrig für sie und sie sucht für die Überwinterung einen frostfreien Unterschlupf. Im Schwanz, den die Waldeidechse bei Bedrohung abstößt, legt sie für die Winterzeit Fettreserven an.

Auch der Grasfrosch, der in verschiedenen Biotopen zu finden ist, kann im Hochmoor gefunden werden. Er legt seine Eier z. B. in einer nassen Schlenke ab.

Der auffälligste Vogel des Hochmoors ist das Birkhuhn. Der eigentliche Lebensraum des Birkhuhns waren natürliche Landschaften wie das Hochmoor und moorige Birkenwälder. Erst als die natürlichen Hochmoore in ganz Westeuropa zerstört wurden, wich das Birkhuhn in die halbnatürlichen Landschaften, die Heidegebiete, aus. Das Birkhuhn war schon in der kaltzeitlichen Taiga in den Ardennen beheimatet. Damals gab es dort Heidegewächse und vereinzelte Birken sowie Nadelbäume. Aufgrund seines gut isolierenden Federkleides, das sogar die Beine bedeckt und seines Verdauungsapparats, der sogar die Verdauung von Holz ermöglicht, konnte das Birkhuhn in dieser kargen und kalten Gegend überleben.

Nach Ende der letzten Kaltzeit siedelten sich die zurückgebliebenen Birkhühner in unseren entstehenden Hochmooren an. Ihre Nahrung war das scheidige Wollgras, aber auch Moos- und Krähenbeeren. Auch heute besteht immer noch ein großer Teil der Nahrung der Birkhühner aus dem scheidigen Wollgras. Eine sehr wichtige – und bei hohem Schnee die einzige – Nahrungsquelle sind die sehr eiweißreichen Birkenkätzchen. Neben weiteren pflanzlichen Nahrungsquellen, wie z. B. den Knospen und Früchten der Eberesche, nimmt das Birkhuhn im Sommer auch tierische Nahrung wie Schnecken, Insekten und Ameisenpuppen auf.

Im Winter schützen sich die Birkhühner vor dem Frost, indem sie sich in den Schnee fallen lassen und damit eine Art Iglu bauen. Die Temperatur in diesen Nesthöhlen bleibt bei konstant um -5° C. Die Birkhühner verlassen diese Höhle im Winter nur morgens für 1-2 Stunden, um Nahrung zu suchen. Wenn Birkhühner z. B. durch Skiläufer wiederholt gestört werden, flüchten sie und verbrauchen dabei so viel Energie, dass sie den Verlust durch Nahrungsaufnahme nicht mehr kompensieren können und sterben.

Seit mindestens 20 Jahren ist die Population der Birkhühner im Hohen Venn dramatisch zurückgegangen. Durch die Lebensweise, den Lebensraum und die Ernährungsgewohnheiten sind die Vögel für die heutigen Veränderungen sehr anfällig. Der zunehmende Betrieb in den Venngebieten, die Flächenverminderung, das wechselhafte Klima mit teils strengen, oft nasskalten Wintern und manchmal kalten, nassen Sommern sowie die Vermehrung der natürlichen Feinde des Birkhuhns (Fuchs, Rabenkrähe, Wildschweine und andere) werden als Ursache des Birkhuhnsterbens vermutet.

Seit einigen Jahren werden die Balz- und Brutgebiete der Birkhühner in den Monaten Mai und Juni gesperrt, sodass die Vögel bei der Brut und Aufzucht der Jungvögel nicht gestört werden. Aufgrund der sehr geringen verbliebenen Anzahl der Birkhühner ist jedoch ein Aussterben in unserer Region zu befürchten.

3.3 DAS NIEDERMOOR

Bei Niedermooren ist die Torfschicht 30-80 cm dick und der pH-Wert liegt bei 5-6. Die Entstehung der Niedermoore hängt mit dem Bodenrelief zusammen, ist also topogen, und nicht so sehr mit dem Klima. Sie hängen vom Überströmungsgrund oder Quellwasser ab. Im Venn haben sich vor allem an den Randzonen der Hochmoore, an kleinen Quellen und Bachläufen mit schlechter Wasserabfuhr Niedermoore gebildet. Da das Niedermoor Kontakt zum Grundwasser hat, herrscht hier, abgesehen vom Stickstoff, kein Mangel an Mineralien, sodass die Fauna und Flora hier artenreicher sein kann als im Hochmoor.

Auch hier sei nur exemplarisch auf einige typische Bewohner der Niedermoore in unserer Region hingewiesen:

Auf mäßig nährstoffreichem, saurem Grund wachsen Seggen- und Binsenarten, wie die Igel-Segge, die spitzblütige Binse und die Flatterbinse. Bei sehr großer Nährstoffarmut verbreiten sich die Schnabelsegge und das gekrümmte Torfmoos. Wenn der Untergrund nährstoffreicher ist, können das Sumpf-Fieberklee, der Schlangenknöterich, das Blutauge und das Sumpf-Veilchen gefunden werden.

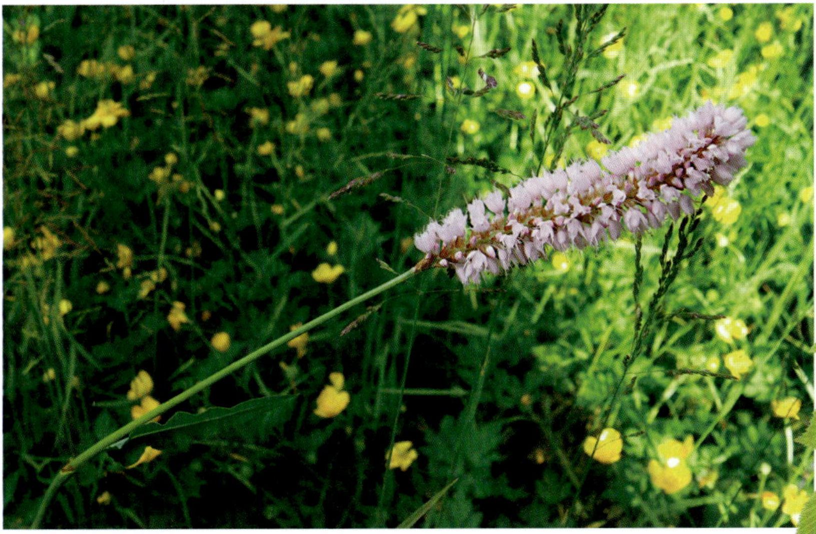

Schlangenknöterich und im Hintergrund Blutwurz

An Stellen, die mit Wasser übersättigt sind, ist der Beinbrech zu finden, der ein Liliengewächs ist und auffällige gelbe Blüten hat.

Von den Moosen sind auch im Niedermoor in erster Linie Torfmoose vorhanden, aber auch andere Blattmoose, wie z. B. das Gemeine Widertonmoos.

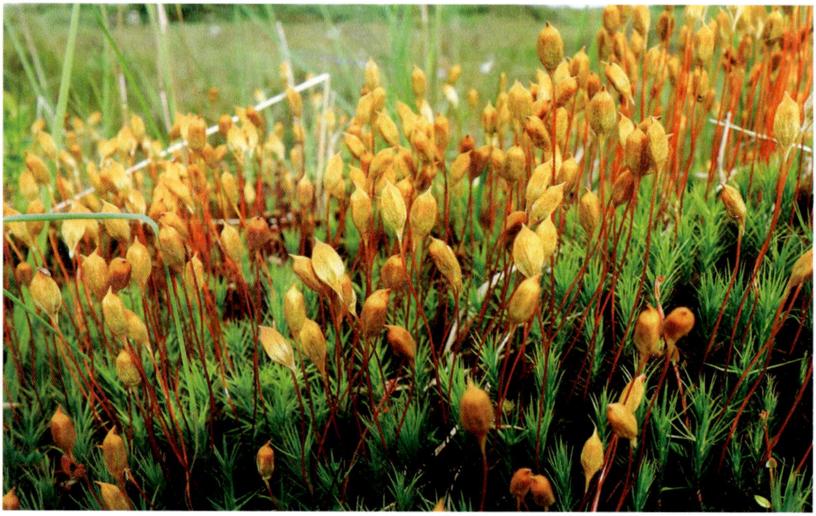

Widertonmoos

Niedermoore bieten für viele Insekten einen Lebensraum, vor allem für Libellen und Schmetterlinge. Beispielhaft seien hier der Blauschillernde Feuerfalter, der Große und Kleine Feuerfalter und der Perlmutfalter genannt.

Eine interessante, hier ansässige Spinnenart ist die Gerandete Jagdspinne. Es handelt sich hierbei um eine große Wolfsspinne, die ihre Beute sowohl auf dem Land als auch im Wasser jagt. Ihre Beutetiere sind Libellen und Wasserjungfern. Auffallend ist, dass das Weibchen ihren Eikokon zwischen den Kiefern trägt. Zur Zeit des Schlüpfens der Jungen hängt die Mutter den Kokon zwischen die Pflanzen und spinnt ein Zelt darum herum. Nach der zweiten Häutung verlassen die Jungen dann das schützende Zelt.

Von den Vögeln sind im Niedermoor des Hohen Venns die Rohrammer, die Bekassine und das Braunkehlchen zu Hause. Die Rohrammer lebt in den Mooren mit Seggen und Binsen, die Bekassine in kleinen Sumpfgebieten entlang der Rur und das Braunkehlchen braucht feuchte Wiesen mit reichlichen Sitzplätzen und Ausguckposten, wie z. B. frei stehende Sträucher.

3.4 DIE NATÜRLICHEN WÄLDER IM HOHEN VENN

Im Hohen Venn gibt es nur noch sehr wenige und kleine natürliche Wälder. Hierbei handelt es sich um sumpfige Birken- und Erlenwälder und um einige Eichen-Birken-Wälder und Buchenwälder.

Der Birkenbruchwald wächst in den Randgebieten der Hochmoore bei einem Torfboden von ca. 1-1,5 m Dicke. Bei diesem lichten Wald herrscht die Karpatbirke vor, weiterhin wachsen hier die Hängebirke, bei entsprechendem Grundwasserspiegel auch die Schwarzerle und die Ohrweide. Wenn der Torfboden dünner wird, wächst zunehmend die Stieleiche. In der dichten Kräuterschicht des Birkenbruchwaldes wachsen Hochmoorpflanzen, wie z. B. Beinbrech, Rosmarinheide, Pfeifengras in großen Mengen, Siebenstern, Rauschbeere und Blaubeere. An Moosen findet man dort vor allem Torfmoose und Widertonmoose.

Bei einem Torfboden von weniger als 80 cm Dicke und einem hohen Grundwasserspiegel, also auf den Niedermooren, ist der Erlenbruchwald mit Schwarzerlen, Moorbirken, Ohrweiden und Faulbäumen zu finden. Die Kräuterschicht wird von Sumpf-Reitgras und der Langjährigen Segge beherrscht. Zusätzlich zum Pfeifengras wachsen hier auch weitere typische Niedermoorpflanzen, wie sie oben schon beschrieben sind. Auch hier sind bei den Moosen die Torfmoose vorherrschend.

Bei einer Dicke des Torfbodens bis zu 50 cm oder, wenn er ganz fehlt, gibt es andere Waldtypen. Auf feuchten Ton-Lehm-Böden sind manchmal noch natürliche Eichen-Birken-Wälder zu finden, die vor allem aus Stieleichen, Birken und Zitterpappeln bestehen. Leider herrscht auf diesem Bodentyp häufig der nicht natürliche Pfeifengrasbewuchs vor oder hier sind angepflanzte Fichtenwälder.

Wenn die Lehmböden noch trockener sind, wächst ein Eichen-Birken-Wald, der aufgrund menschlicher Einflussnahme den ursprünglichen Buchenwald verdrängt hat. Dies sind Niederwälder, in denen die Traubeneiche dominiert und auch die Hängebirke, die Vogelbeere und auch noch die Buche zu finden sind. Natürliche Buchenwälder sind im Hohen Venn nur noch an einigen Stellen zu finden. Viele Buchenwälder sind, nachdem das massive Fällen der Buchenwälder seit dem 18. Jahrhundert wieder eingeschränkt worden ist, gepflanzt worden oder haben sich semispontan entwickelt.

Es soll wieder nur exemplarisch auf einige Pflanzen hingewiesen werden, die in letzteren Waldtypen wachsen, wie den auffälligen zweijährigen giftigen Roten Fingerhut. Auch Farne, wie der ausgesprochen häufig vorkommende Adlerfarn, aber auch der Dornige Wurmfarn und der Rippenfarn sind hier heimisch. Wieder gibt es eine dicke Moosschicht, in der das Gabelzahnmoos sehr häufig vorkommt.

Aus der Klasse der Vögel sind in den sumpfigen Birken- und Erlenwäldern der Fitis und der Zilpzalp, der Birkenzeisig und die Weidenmeise zu Hause. In den Eichen-Birken-Wäldern und in den Buchenwäldern sind der Kleiber und der Baumläufer anzutreffen. Sie halten sich das ganze Jahr im Hohen Venn auf und fühlen sich sowohl in Laub- als auch Nadelwäldern wohl.

In den Laubwäldern des Hohen Venns sind vor allem der Buntspecht, aber auch der Kleinspecht und der Schwarzspecht zahlreich vertreten. Der Schwarzspecht nistet gern in Buchenwäldern, ernährt sich aber von Borkenkäferlarven, die er in Fichtenwäldern findet.

Seitdem alle Greifvögel unter Naturschutz gestellt wurden, hat die Habichtspopulation in den Wäldern des Hohen Venns einen deutlichen Zuwachs zu verzeichnen. Auch das Vorkommen der Hohltaube hat parallel mit dem Schwarzspecht, der passende Nisthöhlen für diese schafft, deutlich zugenommen.

Für die in den Ardennen vorkommenden größeren Säugetiere (Wildschwein, Hirsch, Reh, Dachs, Fuchs etc.) bietet das Naturschutzgebiet des Hohen Venns einen wichtigen Zufluchtsort, da in den umliegenden Gebieten gejagt wird. Dadurch konnte sich der Bestand der Wildkatzen in den letzten Jahren etwas erholen.

3.5 DIE HEIDEN IM HOHEN VENN

Die Heiden im Hohen Venn gehören, wie die meisten Gebiete dort, zu den halbnatürlichen Landschaften, d. h. Landschaften, die zwar durch Eingriffe des Menschen wie Beweidung, Mähen u. Ä. beeinflusst sind, wo aber die Zusammensetzung von Flora und Fauna größtenteils natürlich ist.

Die moorigen und die trockenen Heiden ersetzen ehemalige natürliche Eichen-, Birken- und die Buchenwälder.

Auf nassen Böden mit einer Torfschicht von weniger als 50 cm oder wo die Torfschicht ganz fehlt, wächst vor allem das Pfeifengras, aber auch die Rasensimse. Auch ist hier das scheidige Wollgras zu finden. Auf nassen Flecken, die nicht vom Pfeifengras überwuchert sind, kann man die Gemeine Glockenheide finden, die die Kernart für trockene und moorige Heiden ist. Auch der tiefblaue Lungenenzian und einige Orchideen, wie das Venn-Knabenkraut, sind dort zu finden.

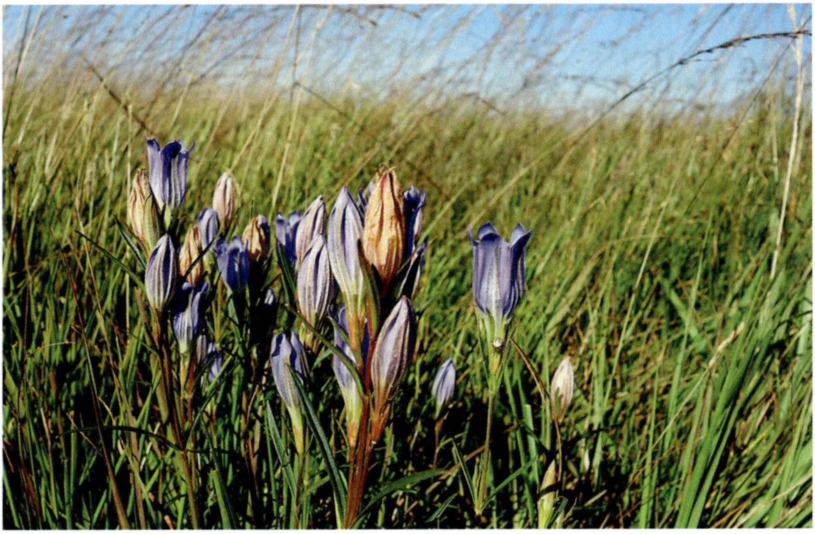

Lungenenzian

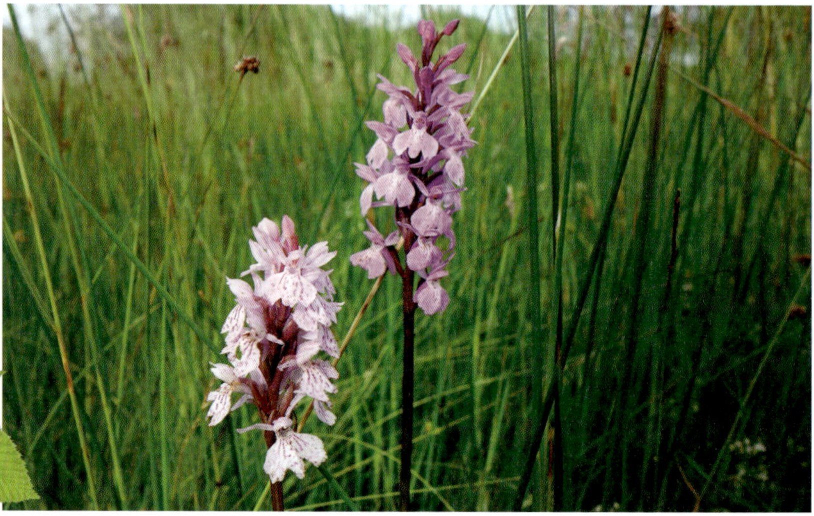

Knabenkraut

Auch Torfmoose kommen in den moorigen Heiden in großen Mengen vor. Von den Lebermoosen ist die häufigste Art das Nacktkelchmoos. Maximal 1,5 m hoch ist die Kriechweide, die in den moorigen Heiden wächst. Sowohl die trockenen Wälle der ehemaligen Frosthügel als auch höher gelegene Stellen mit trockenen Lehmböden und einem guten Wasserhaushalt werden von der Hochheidegesellschaft beherrscht.

Hier wächst in großen Mengen das Heidekraut. Weiterhin wachsen hier die Heidelbeere, die Preiselbeere und die Rauschbeere. Wichtige Pflanzen dieser Landschaft sind die Mitglieder der Ginsterfamilie, von denen der Besenginster der Kräftigste ist. Drahtschmiele und da, wo es feuchter ist, das Pfeifengras, sind wichtige Vertreter der Gräser. Auch gedeiht hier der Blutwurz und das Harz-Labkraut.

In der trockenen Hochheide wachsen viele Moose und Flechtenarten. Häufig vorkommende Moose sind das Gemeine Widertonmoos, das Schöne Widertonmoos, das Besen-Gabelzahnmoos und das Zypressen-Schlafmoos. Eine sehr schöne Flechtenart ist die Becherflechte.

Die Heide ist reich an Spinnen und Insekten, von denen die Kreuzspinne hier stellvertretend genannt werden soll, die große, radförmige Netze spinnt. Aus der Ordnung der Käfer sei hier der Feld-Sandläufer aufgeführt, der sowohl als Larve als auch als Käfer Insekten jagt. Von den ansässigen Schmetterlingsarten seien das Große Nachtpfauenauge und der Kleine Moorbläuling erwähnt.

Die Welt der Amphibien und Reptilien wird in den moorigen Heiden durch die Waldeidechse, den Grasfrosch, die Gewöhnliche Kröte und auch die Ringelnatter repräsentiert. Bei der ungefährlichen Ringelnatter handelt es sich um eine Schlange, wohingegen die auch in der Heide anzutreffende Blindschleiche eine Eidechsenart ohne Beine ist.

In der Heide leben aus der Klasse der Säugetiere kleinere Nagetiere, wie die Waldmaus, die Waldspitzmaus und die Gelbhalsmaus. Rotfuchs, Mauswiesel und Iltis als deren natürliche Feinde halten die Nagetierpopulation in Schranken.

Weidetiere, wie Rehe und Rothirsche, leben ebenfalls in der Heide. Sie verschmähen aber das Pfeifengras, das sich so weit ausbreitet, dass in anderen Gegenden schon Schafe (Heideschnucken) ausgesetzt werden, die das harte Pfeifengras vertragen können.

In den grasigen Heideflächen ist der Wiesenpieper die häufigste Vogelart. In Heideflächen mit mehr Baumbewuchs findet man den fast identisch aussehenden Baumpieper. Der Gesang unterscheidet sich jedoch stark. Bei der Balz beginnt der Wiesenpieper seinen Flug vom Boden aus und singt erst, wenn er fast oben in der Luft ist, wohingegen der Baumpieper als Startplatz einen Baum nimmt und direkt anfängt zu singen.

Weitere interessante Vögel sind hier das Schwarzkehlchen und der Raubwürger. Sie sitzen gern auf vereinzelten Bäumen oder Sträuchern und lauern dort auf ihre Opfer, die beim Schwarzkehlchen aus Insekten bestehen, wohingegen der Raubwürger auch Vögel, Mäuse und Eidechsen frisst.

In der Dämmerung oder auch tagsüber geht die Sumpfohreule auf Jagd. Sie nistet nur in manchen Jahren im Hohen Venn und baut dann ihr Nest in einer Mulde zwischen dem Pfeifengras. Weitere hier jagende Taggreifer sind der Mäusebussard und der Habicht.

Ab November und in der zweiten Märzhälfte ist der Zug der Kraniche über dem Venn zu beobachten. Aufgrund der hier sehr abwechslungsreichen Nahrung, wobei die Kraniche sowohl Pflanzen bzw. Früchte (Blaubeere, Moosbeere, Grashalme, Blätter) als auch Tiere (Insekten, Schnecken, Spinnen, Frösche, Eidechsen) fressen, nutzen die Kraniche die moorigen Heiden als Rastplatz.

3.6 DIE HOLZPRODUKTIONSWÄLDER IM HOHEN VENN

Im Hohen Venn wurden, wie oben schon beschrieben, wegen des hohen Holzbedarfs seit Mitte des 19. Jahrhunderts sehr viele Fichtenwälder angepflanzt. Es handelt sich bei diesen Wäldern somit um Kulturlandschaften, die ausschließlich durch den Menschen angepflanzt wurden. Fichten wurden in trockenen Heiden, nach Dränung (Entwässerung) auch im echten Hochmoor gepflanzt.

Trotz des Engagements der Naturschützer und der Unternaturschutzstellung vieler Gebiete und der rückläufigen Nachfrage nach Fichtenholz und der Sturmschäden werden weiterhin Fichten aufgeforstet. Eine wichtige Rolle spielt die große Nachfrage nach Weihnachtsbäumen. Aufgeforstet werden z. B. feuchte Wiesen, kleine, nicht geschützte Moorgebiete und auch Laubwald, wo Baumschulen entstehen.

Durch die künstlichen Fichtenanpflanzungen entstehen Bedrohungen für die bestehenden Moorgebiete. Sie stören den Wasserhaushalt, indem sie dem Boden große Mengen Wasser entziehen. Samen der Fichten gelangen in die moorigen Heiden oder an die Ränder der Hochmoore und keimen dort.

Der Pflanzenwuchs ist in diesen Wäldern ziemlich artenarm. Der Unterwuchs besteht hauptsächlich aus feinem Gras, der Drahtschmiele. Weiterhin wachsen Blaubeer- und Preiselbeersträucher und viele Farne, wovon der Adlerfarn und der Wurmfarn am häufigsten vorkommen.

Ein typischer Nadelwaldvogel ist der Fichtenkreuzschnabel, der mit seinem gekreuzten Schnabel die Samen aus den Fichten herausholt. Sonstige typische Bewohner der Fichtenwälder sind das Sommer- und das Wintergoldhähnchen. Seit 1865 wurde die Tannenmeise in den Fichtenwäldern des Hohen Venns gesichtet, darüber hinaus existieren hier die Hauben- und die Schwanzmeise. Von den Arten der Nachtvögel ist der Rauhfußkauz zu erwähnen, der sich bevorzugt von Mäusen und Wühlmäusen ernährt.

In der Forstwirtschaft gibt es in den letzten Jahren Bemühungen, Naturschutz und wirtschaftliche Interessen bzw. Notwendigkeiten besser in Einklang zu bringen. Es werden Schutzzonen eingerichtet, in denen der Wald sich wieder auf eine natürliche Art verjüngen kann. Aufgrund der langen Wachstumszeit eines Waldes werden erst nachfolgende Generationen vom Umdenkprozess in der Fortwirtschaft im Sinne des Naturschutzes profitieren können.

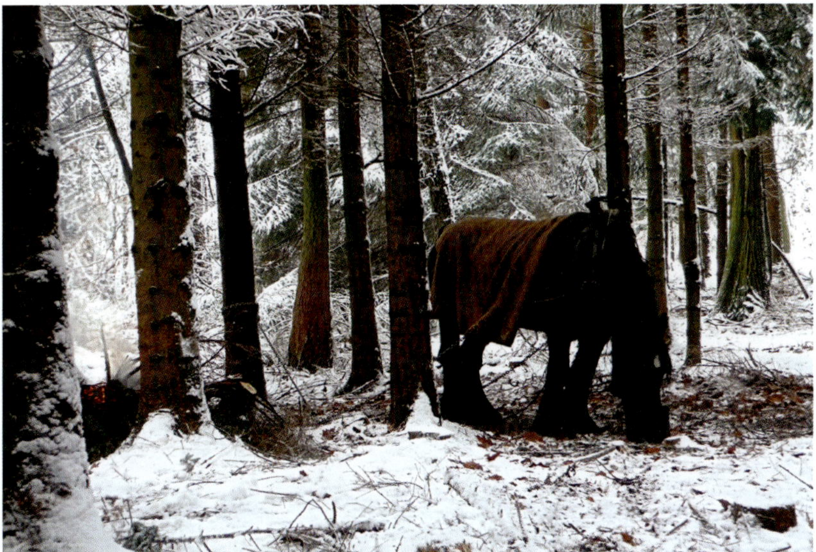

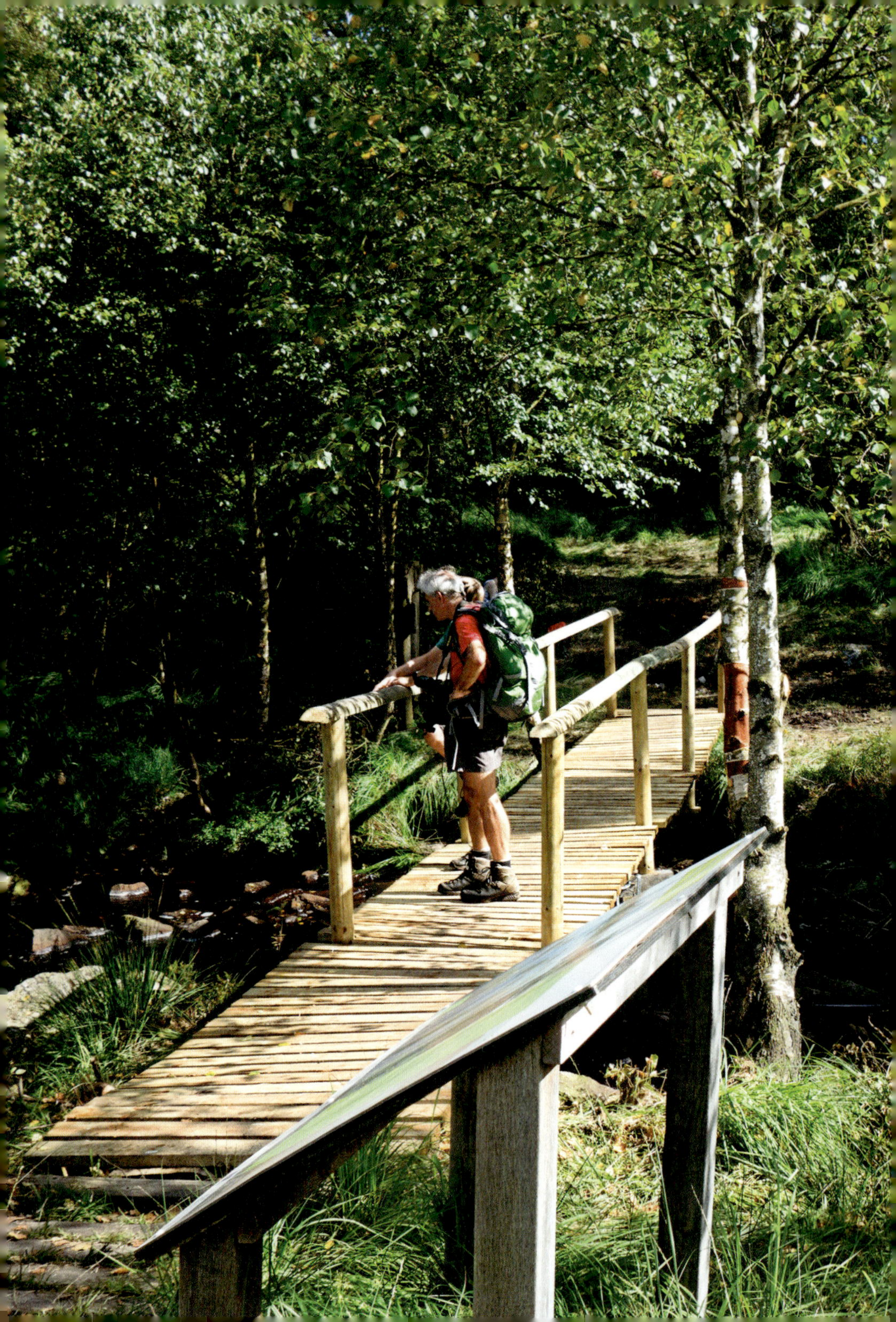

4 Gefährdung des Hohen Venns und Naturschutz

4.1 Nachhaltigkeit im Hohen Venn

(von Dieter Schneider)

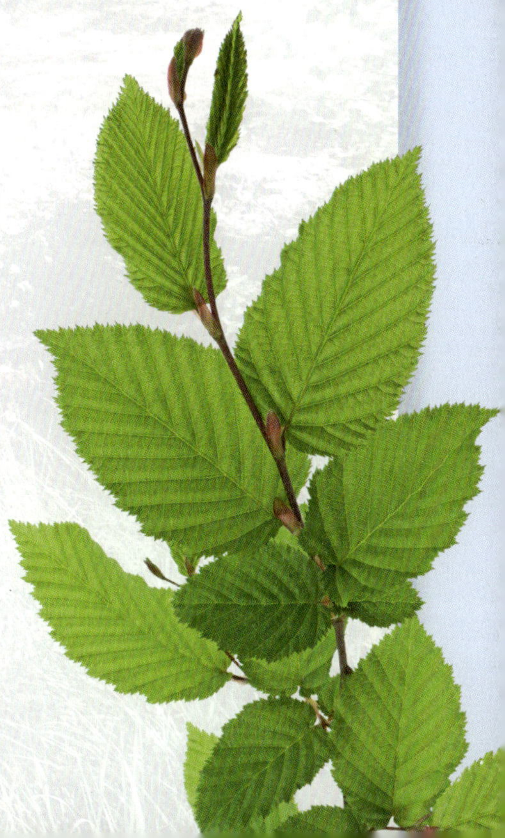

4 GEFÄHRDUNG DES HOHEN VENNS UND NATURSCHUTZ

Das Hohe Venn ist ein sehr schönes, aber auch ökologisch äußerst anfälliges Gebiet und der Wunsch, die Natur dieses Gebiets zu erhalten, steht teilweise im Widerspruch zu ökonomischen Interessen, wie Tourismus, Wasserversorgung oder Holzproduktion.

Hauptsächlich an den Flechten, die zwar einerseits Überlebenskünstler sind, andererseits aber stark auf Umweltveränderungen reagieren, können Wissenschaftler die sich auf das Venn auswirkenden Luftverunreinigungen erkennen. Da Flechten keine Wurzeln haben und somit alle benötigten Stoffe hauptsächlich aus dem Regenwasser aufnehmen, reagieren sie stärker auf Verunreinigungen der Luft als z. B. höhere Pflanzen, die über Wurzeln verfügen und hiermit entsprechend Wasser aufnehmen.

Flechten dienen damit als Bioindikatoren und taugen zur Überwachung der Umwelt. Flechten leiden vor allem unter SO_2, das letztlich zu saurem Regen führt. Diese Luftverunreinigung stammt vor allem aus den deutschen Industriegebieten rund um die Ruhr.

Was den Tourismus betrifft, wird versucht, dem Interesse der Menschen an der Natur Rechnung zu tragen und gleichzeitig das Venn nicht weiter zu schädigen.

Häufig verursachen Menschen durch Unachtsamkeit Brände im Hohen Venn, wobei es natürlich auch andere, natürliche Ursachen wie Blitzschlag gibt. Es gab immer wieder verheerende tage- bis wochenlange Brände, die aufgrund des gut brennbaren Torfs nur sehr schwer gelöscht werden konnten. Der Schaden an der Natur ist in der Regel nicht wiedergutzumachen.

Am Ostermontag, dem 25. April 2011, gegen 17 Uhr ist der letzte Großbrand im Hohen Venn ausgebrochen. Laut Presseberichten soll es der größte Brand seit 60 Jahren gewesen sein. Es wurden vor allem im Bereich Baraque Michel ungefähr 1.300 Hektar vernichtet. Auch wurden alle Stege und Brücken im dortigen Wandergebiet zerstört. Einige Wege sind wegen der neu gebauten Brücken und Stege erst seit diesem Jahr (2016) wieder begehbar. Verkohlte Baumgruppen sind bis heute zu sehen.

Die Brandursache war wahrscheinlich Unachtsamkeit. An diesem schönen Ostertag gab es viele Besucher. Auch ich war, ohne davon zu wissen, während des Brandes im Venn unterwegs. Meine Begleiterin und ich haben uns zwar über die über uns kreisenden Hubschrauber gewundert, aber sonst nichts bemerkt, obwohl wir nicht weit vom Brandherd entfernt waren, da der Wind in die andere Richtung blies.

Das Venn war wegen der Trockenheit für Wanderer gesperrt, konnte aber in den Randbereichen begangen werden. In der folgenden Nacht war das Feuer bis weit nach Eupen zu sehen. Es war eine riesige Feuerwalze, die sich durch die Natur fraß. Da ich direkt am Waldrand des Wandergebietes lebe und die Verantwortung für 14 Pferde hatte, war es ganz schön stressig, weil ich nicht absehen konnte, wie weit sich das Feuer noch ausbreiten wird. Durch die intensive gemeinsame Arbeit der Feuerwehren der Region konnte der Brand nach ein paar Tagen gelöscht werden.

Aufgrund der Brandgefahr, aber auch wegen der anderen Auswirkungen des Publikumsverkehrs, ist das Hohe Venn entsprechend seiner Empfindlichkeit in Schutzzonen aufgeteilt. In den A-Zonen besteht keine Beschränkung, in den B-Zonen dürfen nur die markierten Wege, meist Holzstege, benutzt werden und in den C-Zonen darf nur in Begleitung eines für die C-Zonen anerkannten Naturführers gewandert werden. Das Betreten der D-Zonen ist mit extrem wenigen Ausnahmen (z. B. Forschung) streng untersagt. Außerdem kann das Venn unter bestimmten Umständen, wie Brandgefahr, Brutzeit der Birkhühner oder starkem Schneefall, gesperrt werden. Dann sind an allen Zugängen zum Venn rote Flaggen gehisst.

Auf die fatalen Auswirkungen der Industrie durch die Luftverschmutzung durch die weiter entfernt liegenden Ballungszentren habe ich schon hingewiesen. Eine weitere Belastung des Ökosystems entsteht durch die Wasserentnahme und künstliche Seen und Staudämme (z. B. Gileppe, Wesertalsperre), wodurch der Wasserspiegel des Venns sinkt. Auch die umgebende Landwirtschaft reichert durch die Mineralien, die sie in die Erde bringt, den Boden an, was für die Heide- und Moorvegetation schädlich ist.

Zunächst waren es engagierte Einzelpersonen, hier wäre der Lütticher Professor Frédéricq zu erwähnen, die den außergewöhnlichen Wert des Hohen Venns erkannten und sich um den Schutz von dessen einzigartiger Natur bemühten. Er und Gleichgesinnte, hier hervorzuheben ist Antoine Freyens, gründeten 1935 die Gruppe „Les Amis de la Fagne". Es brauchte langjährige, engagierte Arbeit, bis sie erreichten, dass 1957, in einem königlichen Erlass, ein Naturreservat eingerichtet wurde. Das Reservat, das ursprünglich nur 1.500 Hektar groß war, wurde nach und nach durch weitere Gebiete ergänzt und ist seit 1973 Teil des ***Naturparks Hohes Venn-Eifel***, welcher 2.700 km^2 groß ist.

Neben weiteren Aktionen, wie z. B. die Errichtung einer wissenschaftlichen Station in Mont Rigi durch die Universität Lüttich, stellte die Wallonische Region finanzielle Mittel zur Verfügung, um das ***Naturparkzentrum von Botrange*** zu erbauen. 1987 wurde die ***Naturkundliche Bildungsstätte Haus Ternell*** eröffnet. Durch die Ausbildung und den Einsatz von Naturführern, aber auch durch weitere pädagogische Maßnahmen wie Ausstellungen und Waldklassen sollen sowohl der sogenannte *sanfte*, also weniger schädliche *Tourismus*, als auch ein Bewusstsein für die Einzigartigkeit, aber auch Gefährdung der Natur des Gebiets des Hohen Venns gefördert werden.

Der Schutz des Hohen Venns ist auch in Umweltschutzaktivitäten der EU integriert. Wichtig in diesem Zusammenhang ist ***Natura 2000***. Hiermit wird eine EU-Richtlinie bezeichnet, die zum Ziel hat, ein europäisches ökologisches Netz besonderer Schutzgebiete zu schaffen.

Die bedrohte biologische Vielfalt soll durch den Erhalt zusammenhängender natürlicher Lebensräume in Europa geschützt werden. Forschung, Bildung, Überwachung und weitere Projekte zum Schutze des Hohen Venns sind somit auch in diesem übergeordneten Rahmen zu sehen. Sie werden vielleicht schon bei anderen Wanderungen in Europa festgestellt haben, dass zusammenhängende Schutzgebiete ausgewiesen wurden. Vielleicht haben Sie auch an durch Naturzentren organisierten Führungen teilgenommen. Auch finden sich in den Schutzgebieten häufig sehr gut gemachte Informationstafeln über die besonderen Eigenschaften der Natur, in der Sie sich gerade befinden.

Diese interessanten Hintergrundinformationen werden Sie auch auf Tafeln in unserem Wandergebiet wiederfinden. Diese Aktivitäten, und in gewisser Hinsicht auch das vorliegende Buch, stehen somit auch in dem größeren Zusammenhang von ***Natura 2000*** und Naturschutz.

4.1 NACHHALTIGKEIT IM HOHEN VENN

von Dieter Schneider

Das Hohe Venn ist eine der bedeutendsten Landschaften des hiesigen ***Naturparks Hohes Venn-Eifel*** und erhielt bereits 1966 vom Europarat ein Diplom, das bis heute an natürliche oder naturnahe Gebiete von europäischer Bedeutung verliehen wird. Dieses „Europäische Diplom für geschützte Gebiete" kann unter bestimmten Voraussetzungen verlängert werden. Dem Hohen Venn wurde diese hohe Auszeichnung ohne zeitliche Unterbrechung zuerkannt bis 2021. Auf seiner Internetseite beschreibt das ***Naturparkzentrum Botrange***[1] als die wichtigste Aufgabe von Naturparks… ihre jeweiligen bemerkenswerten Lebensräume nachhaltig zu schützen und das Überleben der dortigen Pflanzen und Tiere sicherzustellen.

Nachhaltigkeit ist hier ganzheitlich zu verstehen und umfasst ökologische,

1 Die kursiv und fett gedruckten naturkundlichen Institutionen sind mit Internetadressen im Anhang vermerkt.

ökonomische und soziale Aspekte. Die drei Komponenten sind in eine Balance zu bringen und ergeben die Zukunftsfähigkeit einer Entscheidung oder einer Maßnahme, es geht um den Schutz natürlicher Ressourcen und um den Erhalt unserer Lebensgrundlagen.

Übrigens wussten Sie in diesem Zusammenhang, dass in allen Mooren der Welt mehr Kohlenstoff lagert als in allen Wäldern? Damit leisten Moore einen entscheidenden Beitrag zum Klimaschutz und damit zur Nachhaltigkeit. Wussten Sie, dass die meisten Moore in Mitteleuropa degradierte Moore sind und sie daher keine weiteren Torfschichten bilden können? Leider ist es aber so, dass durch menschliche Eingriffe der Anteil der Moorflächen an der Gesamtfläche der Erde auch in neuerer Zeit seit Jahren sinkt!

Als Vennwanderer interessieren uns vor allem folgende Fragen:

- Wie sieht es mit dem Leitbild der Nachhaltigkeit im Hohen Venn aus? Wie wird es dort umgesetzt?
- Wie wird der Lebensraum der dortigen Pflanzen und Tiere sichergestellt?
- Welche Naturschutzprogramme gibt es?
- Wie werden sie dort umgesetzt und woran erkennen Sie diese Umsetzungen als Wanderer bei Ihren Touren?
- Was wird konkret für den Artenschutz getan? Woran und in welchen Venngebieten sehen Sie das?

Heute hat unser Wandergebiet im Naturpark noch eine Gesamtfläche von ca. 4.500 ha. Womit wir direkt beim Thema der Notwendigkeit des Schutzes des Hohen Venns sind.

Dieser Schutz ist mehr als dringend. Vor rund 200 Jahren wurde auf einer Karte des österreichischen Offiziers von Ferraris in unserer Region noch eine Moorfläche von 12.000 ha ausgewiesen. Heute beinhaltet diese ca. 2.500 ha und davon sind nur noch ungefähr 125 ha lebende Hochmoore. Sie befinden sich in den C-Zonen-Gebieten des wallonischen und des Clefayvenns und in der D-Zone des Königlichen Torfmoors. Die angesprochenen C-Zonen-Gebiete können Sie mit dafür ausgebildeten Führern innerhalb bestimmter Jahreszeiten besuchen, das Königliche Torfmoor ist für alle Besucher des Hohen Venns unzugänglich. Wenn aber im Hohen Venn nur 125 ha lebendes Hochmoor vorhanden sind, bedeutet dies, dass der weitaus größte Teil der Moorgebiete degradiert, d. h., nicht mehr in der Lage ist, neuen Torf zu bilden. Ursachen dafür waren vor allem im 19. und im 20. Jahrhundert menschliche Aktivitäten wie Kultivierung, Aufforstung und Torfabbau im Venn. Alle diese Maßnahmen führten zur Austrocknung der Moore und, damit verbunden, zu einer Senkung des Wasserspiegels und zu einer Zerstörung des Ökosystems Moor. Venntypische Vegetation und Tiere befanden sich auf dem Rückzug. Stattdessen machte sich vor allem das Pfeifengras und/oder teilweise auch der Adlerfarn breit.

Wann und wie hat sich der Moorschutzgedanke im Hohen Venn entwickelt? Moorschutz war Anfang des 20. Jahrhunderts international kein bedeutendes Thema, Moore wurden zu jener Zeit nur genutzt und von Menschen eher gemieden. Hervorzuheben ist daher, dass sich bereits 1911 Léon Frédéricq, Professor für allgemeine Physiologie an der Universität Lüttich, für die Schaffung eines Naturparks auf der Vennhochfläche einsetzte. Auf seine Initiative hin gründete 1924 die Universität Lüttich eine wissenschaftliche Station direkt bei Mont Rigi. Sie existiert heute noch. Das Ziel war und ist es, die wissenschaftliche und besonders die naturwissenschaftliche Erforschung des Hohen Venns zu fördern.

Dort befindet sich auch das Polleurvenn, das dem interessierten Wanderer einen sehr guten Einblick in die wechselvolle Geschichte der Moore gestattet. Es liefert dabei Beispiele der früheren, nicht nachhaltigen Nutzung bis zu den in jüngster Zeit renaturierten Flächen. Am romantischen Tarnionbach erinnert eine Gedenktafel an den Professor und im Venngebiet Duzos Moupa befindet sich eine alte, ehrwürdige Eiche mit dem Namen „Chene Frédéricq".

Unter Führung von Antoine Freyens bildeten 1935 ***„Les Amis de la Fagne"*** eine Vereinigung, deren Ziel es bis heute ist, das Venn gegen alle

Entstellungen zu verteidigen und seine Beschreibungen in Wort und Bild zu erstellen. Der Verein gibt seit 1935 eine Zeitschrift in französischer Sprache mit dem Titel *Hautes Fagnes* und detaillierte Wanderkarten über das Hohe Venn heraus.

Nach dem Zweiten Weltkrieg gründete sich 1951 in Malmedy die Naturschutzvereinigung ***Le Cercle Royal Marie-Anne Libert***. 1957 wurde das Hohe Venn zum Naturschutzgebiet erklärt. Es ist das älteste in Belgien. Am 18. Januar 1971 kam es durch ein Abkommen der jeweiligen Regierungen des Königreichs Belgien und der Bundesländer Nordrhein-Westfalen und Rheinland-Pfalz zur Errichtung des grenzüberschreitenden ***Deutsch-Belgischen Naturparks Hohes Venn-Eifel***. Es dauerte danach noch länger als ein Jahrzehnt, bis die heute weit über die Region bekannten Naturzentren ihre Arbeit aufnahmen.

Zunächst wurde 1984 das ***Naturparkzentrum Botrange*** eröffnet, dem 1987 das ***Haus Ternell*** folgte. Beide Institutionen engagieren sich mit den vielfältigsten Aktivitäten für die Themenbereiche Naturschutz und Öffentlichkeitsarbeit und bieten geführte Wanderungen im Naturpark an. Sie präsentieren Ausstellungen über das Hohen Venn und zeigen u. a. viele Pflanzen und Tiere dieses speziellen Lebensraums. Unbedingt erwähnt werden sollte noch, dass ***Haus Ternell*** für Naturinteressierte eine rund einjährige Ausbildung zum Diplom-Naturführer anbietet. Ausführliche Informationen dazu bietet dessen Internetseite.

Im Laufe der Jahre nahmen die Bemühungen, das Venn zu schützen, immer weiter zu – vor allem aus der Einsicht heraus, dass nur so wenigstens ein Teil dieses Gebietes erhalten werden kann. Es bestand die Notwendigkeit, negative Folgen wachsender Touristenströme so weit wie möglich von der Natur, vor allem von Pflanzen und Tieren, fernzuhalten. So trat am 1. Januar 1992 eine Regelung der Wallonischen Region in Kraft, bei der die Naturschutzgebiete des Hohen Venns nach einem unterschiedlich definierten Schutzbedürfnis in die Zonen B-D eingeteilt wurden. Danach dürfen Wanderer die besonders geschützten C-Zonen nur in bestimmten Monaten und auch nur unter Führung eigens dazu ausgebildeter und autorisierter Führer betreten, während die D-Zonen grundsätzlich nicht für Wanderer zugänglich sind. Die betroffenen Zonen sind durch groß aufgemachte Hinweisschilder gekennzeichnet – versehen mit dem Symbol des Naturschutzes in Belgien – dem Siebenstern. Die detaillierten Gebots- und Verbotshinweise an den Eingängen zu den Schutzzonen sind von Wanderern unbedingt zu beachten.

Weitere gültige Schutzmaßnahmen sind die Regulierung der Touristenströme durch gekennzeichnete Wander- und Bohlenwege – vor allem Letztere schützen die Pflanzen – bis hin zu generellen Sperrungen des Gebietes bei Brandgefahr. Diese Sperrung wird durch rote Fahnen an den Eingangsbereichen verdeutlicht. Davon ausgenommen ist das Polleurvenn, das immer zugänglich ist. Ebenfalls durch Markierungen gekennzeichnet sind Loipen, die von Skilangläufern im Winter benutzt werden dürfen.

Als interessante und aufschlussreiche Medien des Naturschutzes sind im Hohen Venn didaktische Pfade installiert. Das Ziel solcher Pfade ist es, beim Betrachter Interesse für die Natur zu wecken und das Engagement für umweltbewusstes Verhalten und den Naturschutz zu fördern. Die Pfade im Hohen Venn setzen sich zum großen Teil mit dem Lebensraum „Moore/Heiden" in seinen vielen Facetten auseinander. Solche Lehrpfade findet man z. B. im Brackvenn (ca. 5 km), im Polleurvenn (ca. 4 km), beim ***Naturparkzentrum Botrange*** in Verbindung mit dem Neûr-Lowé-Venn (ca. 8 km) und auf dem sehr inspirierenden Wanderweg von Baraque Michel bis nach Eupen (ca. 21 km). Zu erwähnen ist ebenfalls der interaktive Fahrraderlebnisweg „Moor-Route" (ca. 27 km), der auch für Familien mit Kindern sehr geeignet ist. Start und Ziel sind dabei beim ***Naturparkzentrum Botrange***. Zum Teil gibt es in den Naturzentren zu den Lehrpfaden auch aufbereitete Unterlagen, welche Hilfen und weitere nützliche Informationen bieten.

Naturkundliche Institutionen, wie die z. B. bereits erwähnten ***Les Amis de la Fagne*** engagieren sich in der Vennpflege. Sie umfasst z. B. das Fällen oder das Ringeln von Birken und Fichten, das Entfernen von Weiden aus Mooren und das Schließen von Entwässerungskanälen. Einerseits, damit diese dem

Moor nicht weiteres Wasser entziehen und andererseits, damit die Moore nicht verwalden. Zur Vennpflege gehört auch das Mähen und Plaggen von Heideflächen, um hiermit einer weiteren Vergrasung vorzubeugen.

Die Entscheidung der wallonischen Regierung, viele Vennflächen durch die EU zu ***Natura-2000-Gebieten*** erklären zu lassen, könnte noch von hoher Relevanz für deren weitere nachhaltige Entwicklung werden. Nur durch diese Entscheidung ist das ***Life-Projekt Hohes Venn*** (2007-2012) ermöglicht worden. „Life" steht für „L'instrument financier pour l'environnement", also wörtlich genommen Finanzierungsinstrument für die Umwelt. Die ***Life-Projekte*** sind internationale Naturschutzkonzepte der EU.

Im Hohen Venn handelte es sich um ein Renaturierungsprojekt, das durch die EU finanziell gefördert wurde, allerdings unter Beteiligung der Wallonie und der belgischen Provinz Lüttich. Es hatte zum Ziel, degradierte Moore zu vernässen und dadurch die Torfbildung wieder anzuregen. Weitere Ziele waren, die von Pfeifengras überwucherte typische Heidevegatation durch Abplaggen bzw. Fräsen dieses Grases zu erneuern und anstelle unwirtschaftlicher Fichtenanpflanzungen standortangepasste Laubwälder zu schaffen.

Die Verwaltungskommission des ***Naturparks Hohes Venn-Eifel*** kam nach Abschluss der Arbeiten zu dem Ergebnis, dass die messbaren Projektziele erreicht und des Öfteren übertroffen wurden. Die unterschiedlichen Renaturierungsarbeiten wurden schwerpunktmäßig durchgeführt im Zwei-Serien-Venn, im Wallonischen Venn, im Clefayvenn, im Brackvenn, im Rurvenn, im Setai-Fraineuvenn und im Polleurvenn.

Bei Ihren Wanderungen durch diese Gebiete können Sie feststellen, dass vor Ort durch eine entsprechende Beschilderung mit anschaulichen fotografischen Aufnahmen die Maßnahmen dargestellt und erklärt werden. Wesentliche Ziele des Nachhaltigkeitsgedankens in der Natur liegen im Schutz und in der Forcierung der Artenvielfalt.

Wie sieht es mit deren Förderung und der angestrebten Anhäufung von neuem Torf nach Beendigung des ***Life-Projekts*** aus? Grundsätzlich lässt sich sagen, dass viele ermutigende Ergebnisse bereits jetzt vorliegen. Was die Anhäufung von neuem Torf anbelangt, so muss berücksichtigt werden, dass Torf im Durchschnitt höchstens 1 mm pro Jahr wächst. Hier ist also Geduld nötig und die Frage der Nachhaltigkeit kann diesbezüglich zurzeit nicht abschließend beantwortet werden.

Festgestellt aber wurde bereits, dass im Clefayvenn in vorher vollständig zerstörten Moorflächen oder in unmittelbarer Nähe zu diesen 76 % von Torfmoos und 24 % von Wollgras bedeckt sind. In den abgeplaggten bzw. gefrästen Flächen keimen in den dadurch freigelegten Samenbanken vorhandene Arten von Sphagnen-Torfmoosen und Erikaheide. In den abgeplaggten Feuchtheiden wurden Besenheide, Sparrige Binse, Braun-Segge, Glockenheide, Igel-Segge und Wollgras festgestellt.

Bei den Tieren ist es noch verfrüht, um zu eindeutigen Schlussfolgerungen zu kommen, aber viele Beobachtungen zeugen von einer Besiedlung vieler renaturierter Flächen. Beispiele hierfür sind verschiedene Libellenarten, wie z. B. die schwarze Heidelibelle und die Speer-Azurjungfer sowie Zugvögel, wie z. B. Bekassine, Kiebitz, Kranich, Regenpfeifer und Schwarzkehlchen. Der Hochmoor-Perlmutfalter wurde ebenfalls wieder gesichtet.

Für die Zukunft gibt es einen Konservierungsplan mit entsprechenden Maßnahmen, der dafür sorgt, dass das ***Life-Projekt*** auch langfristig wirken kann. Dazu gehört z. B. die weitere Beweidung und das Mähen von Heideflächen, das regelmäßige Entfernen von Fichtennaturverjüngung und gelegentlicher Unterhalt und Abbau von Schutzzäunen.

Sie merken, es wird von unterschiedlichen Institutionen und Vereinigungen auf lokalen, nationalen und internationalen Ebenen für das Hohe Venn viel getan, um den Nachhaltigkeitsgedanken praktisch umzusetzen. Nachhaltigkeit lebt vom Mitmachen! Was aber können wir, was kann der Einzelne, zur Nachhaltigkeit im Zusammenhang mit den Mooren beitragen?

Es sind zunächst Selbstverständlichkeiten, wie das Einhalten der Naturschutzbestimmungen bei Aufenthalten im Hohen Venn. Aber auch als

Konsument können Sie beim Kauf von Blumenerde aktiven Moorschutz betreiben. Torf gehört ins Moor und nicht in den Blumentopf. Es gilt, die Angebote von Blumenerde und deren Torfgehalt auf den Inhaltsangaben der Verpackungen zu überprüfen. Firmen, die den Umwelt- und Moorschutz ernst nehmen, bieten viele torffreie Produkte an, die überdies den Boden nicht versauern. Über die Website der Naturschutzorganisation ***BUND*** z. B. erhalten Sie kostenlos den informativen Einkaufsratgeber „Blumenerde ohne Torf".

Sie können sich für die Erhaltung der Moore in regionalen oder nationalen Naturschutzverbänden aktiv einsetzen. Beispiele dafür sind die naturkundlichen Institutionen, die wir im Anhang mit deren Internetseiten aufgeführt haben. Setzen Sie Akzente und diskutieren Sie im Bekannten- und Verwandtenkreis die Bedeutung der Moore für eine nachhaltige Entwicklung und setzen Sie sich auf diese Art und Weise für den Moorschutz ein. Wir werden Moore nur schützen können, wenn wir ihre große Bedeutung für uns Menschen erfassen und kommunizieren. Die wachsende Sensibilisierung für Klimaschutz und Artenvielfalt und damit für eine nachhaltige Entwicklung wird dabei helfen.

Auf Ihren Wanderungen im Hohen Venn wünsche ich Ihnen viele Erlebnisse, welche diese karge und spröde Landschaft mit ihrer Ästhetik, ihrer Weite und ihrer verhaltenen Schönheit vermitteln kann. Wenn Sie sich darauf einlassen, werden Sie merken, das Venn „macht süchtig".

Aktuelle Internetadressen naturkundlicher Institutionen mit Informationen über das Hohe Venn bzw. den Moorschutz

AVES Ostkantone V.o.G.
» www.aves-ostkantone.be
Tel. 00 32 (0) 34 02 46 (Bütgenbach)

BUND e.V.
» www.bund.net
Tel. 00 49 (0) 2 41 99 78 79 24 (Stadtgruppe Aachen)

Le Cercle Royal Marie-Anne Libert ASBL
» www.cercle-ma-libert.be
Tel. 00 32 (0) 80 33 07 05

Les Amis de la Fagne
» www.amisdelafagne.be
Tel. 00 32 (0) 87 35 41 78

Natagora/BNVS
» www.natagora-bnvs.be
Tel. 00 32 (0) 80 44 81 44

Naturpark Hohes Venn-Eifel
» www.naturpark-eifel.de/fr
Tel. 00 32 (0) 80 44 03 09

NABU
» www.nabu.de
Tel. 00 49 (0) 2 41 87 08 91 (NABU Aachen)

Naturparkzentrum Botrange
» www.botrange.be
Tel. 00 32 (0) 80 44 03 00

Naturzentrum Haus Ternell
» www.ternell.be
Tel. 00 32 (0) 87 55 23 13

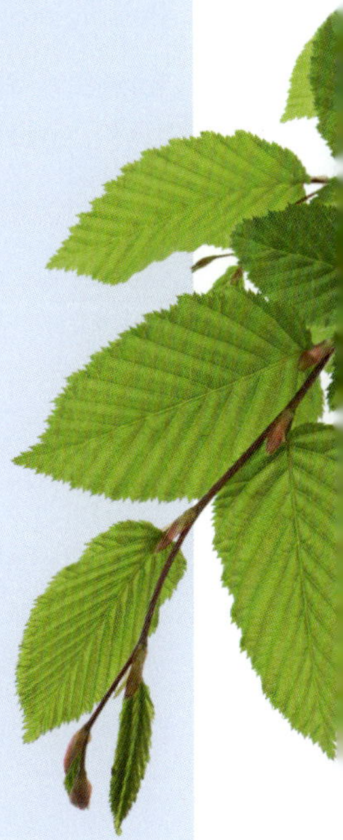

Quellen:

Metz, G. (1995). *Das hohe Venn von A-Z.* Eupen: Grenz-Echo Verlag.

Josten, H. (2012). Zustand und Perspektiven der Moore weltweit. In: *Natur- und Landschaft,* Heft 2.

Mackels, D. (2013). *Informationen über das Lifeprojekt „Hautes Fagnes"* (2007-2012).

Beispiele empfehlenswerter weiterführender Literatur:

Taffein, C. & Decleer, M. (1997). *Das Hohe Venn.* Eupen: Grenz-Echo-Verlag.

De Moor, P., Decreton, J. & Bories, L. (1998). *Magisches Hohes Venn.*Eupen: Grenz-Echo-Verlag.

Mücke, G. (1989). *Das Moor neu entdecken.* Hannover: Landbuch-Verlag GmbH.

Empfehlenswerter Film:

Jan Haft (2015) *Magie der Moore.* In spektakulären Bildern stellt dieser Film diesen Lebensraum vor. In fünf Jahren Drehzeit schuf Regisseur Jan Haft ein schillerndes Kaleidoskop einer einzigartigen Flora und Fauna und zeigt ein sensibles Ökosystem, das es zu schützen gilt.

Der Film läuft in Kinos, ist aber auch inzwischen auf DVD erhältlich.

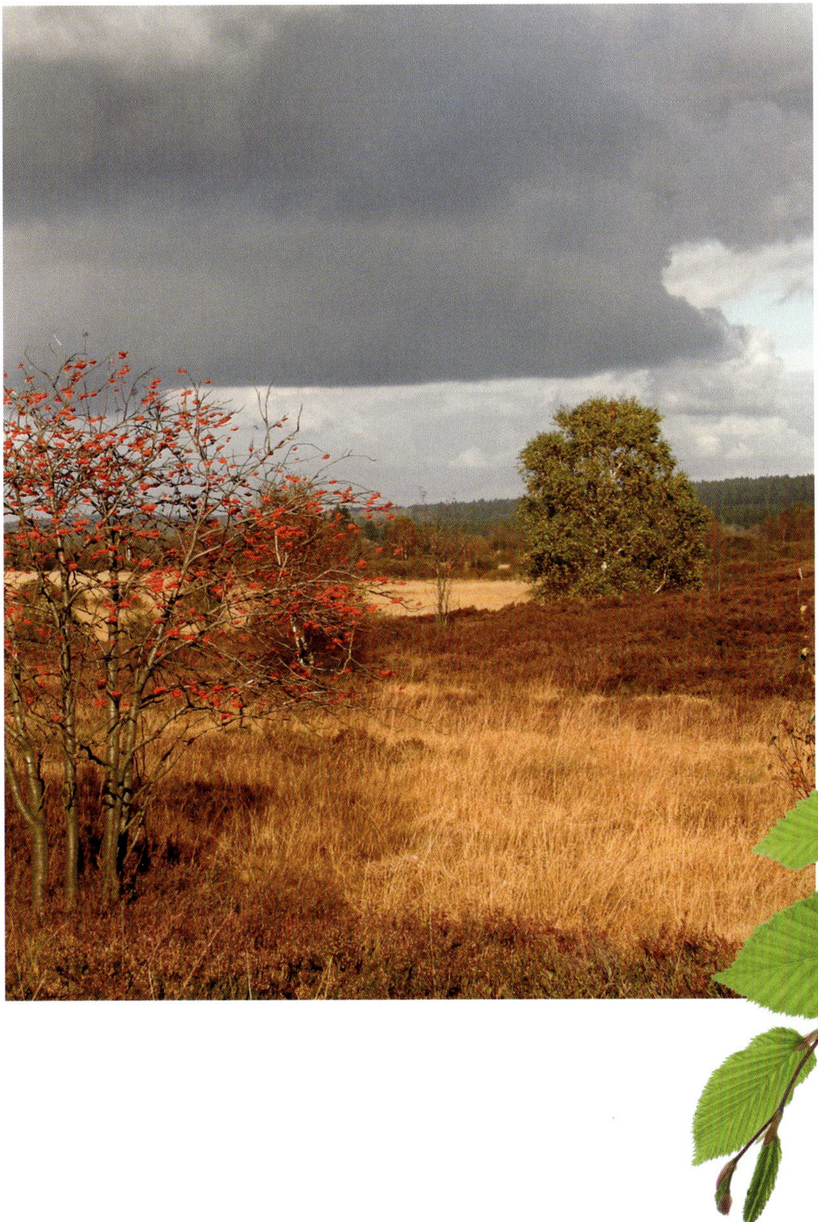

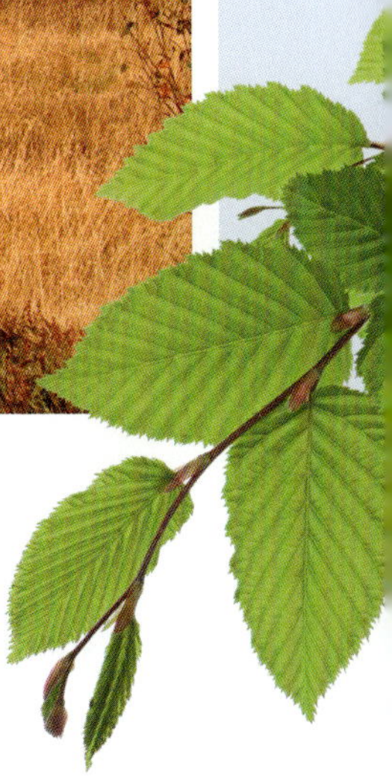

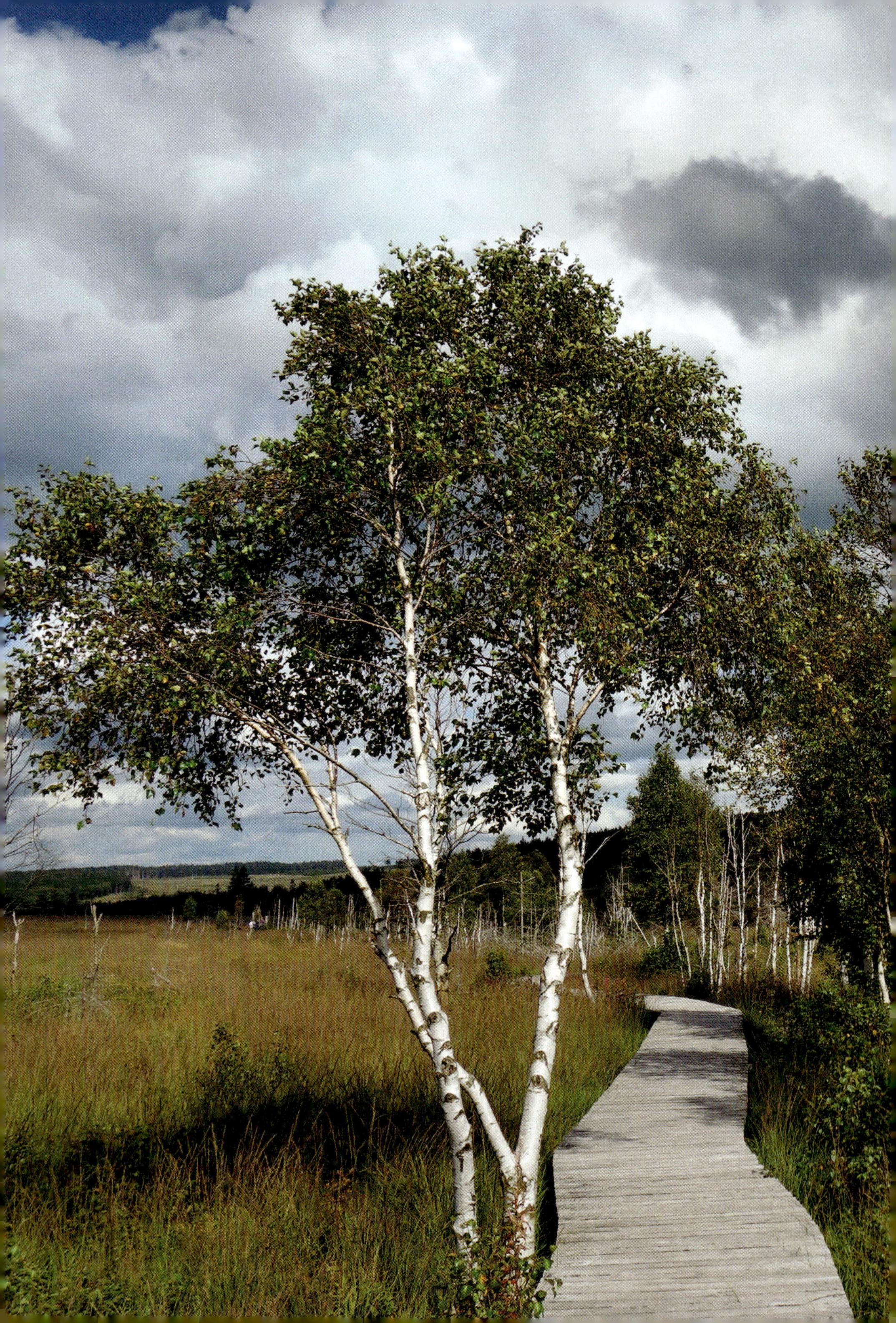

5 Die Wanderungen

5.1 Wanderungen im Einzugsbereich von Ternell

5.2 Wanderungen im Einzugsbereich von Botrange und Baraque Michel

5.3 Wanderungen im Bereich Wesertalsperre und Besucherzentrum Wesertalsperre

5.4 Zu Fuß von Aachen ins Hohe Venn als QR-Code

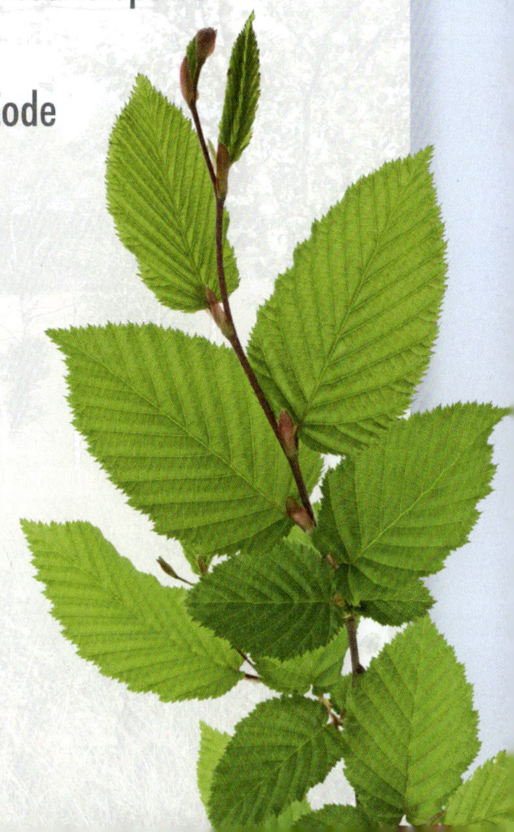

5 DIE WANDERUNGEN

Wie ich ja schon in der Einleitung und im Vorwort geschrieben habe, verändert sich die Natur, z. B. nach Waldbrand, Sturm, Fällen von Waldgebieten, und der Zustand der Wege und manchmal auch die Wegführung im Hohen Venn ständig. Wenn Sie also eine längere Tour planen, lohnt es sich, sich vorher im Internet unter **www.hautesfagnes.de** zu erkundigen, ob möglicherweise Strecken gesperrt sind oder die rote Fahne gehisst ist, was bedeutet, dass man in bestimmten geschützten Bereichen nicht gehen darf. Es gibt auch eine Hotline: Tel. 00 32 (0) 80 44 72 73.

Sie erreichen unter dieser Telefonnummer das Informationsbüro, in Mont Rigi gelegen, direkt am Polleurvenn, Adresse: Route de Botrange 135, B-4950 Waimes. Das Büro ist in der Regel täglich von 9 bis 16 Uhr geöffnet. Auch kann man sich hier nach dem Zustand bestimmter Wege erkundigen oder ob Wegführungen geändert wurden.

Anhand der geografischen Lage habe ich die Wanderungen in drei Gruppen unterteilt und zwar Wanderungen im Einzugsgebiet von

- Ternell,
- Botrange und Baraque Michel,
- der Wesertalsperre.

Hierbei handelt es sich um Rundwanderwege.

- Zuletzt stelle ich Ihnen noch vier Strecken vor, auf denen Sie von Aachen aus ins Hohe Venn wandern können.

Im gesamten Wandergebiet müssen Hunde an der Leine geführt werden. Auf den meisten Stegen und in verschiedenen Schutzzonen des Venns sind Hunde auch an der Leine nicht erlaubt. Normalerweise erkennt man an im Wandergebiet aufgestellten Schildern, wo Hunde verboten sind. Allerdings gibt es auch Bereiche, insbesondere am Wallonischen Venn, wo das unklar ist bzw. wo ich widersprüchliche Informationen erhalten habe. Derzeit wird auf manchen Wegen, auf denen das zuvor verboten war, das Mitführen von Hunden erlaubt. Soweit mir die Informationen schon vorliegen, gebe ich das in den jeweiligen Wanderungen an.

Im Wald und im Bereich Roetgen sind Hunde erlaubt. Bei Mützenich gibt es viele Wege, die auch mit Hund begehbar sind. Auch habe ich in der Nähe des am Rande unseres Wandergebiets liegenden ***Croix des Russes*** bei Sourbrodt sehr viele Hundespaziergänger gesehen. Dort ist ein wunderschöner, versteckter Parkplatz, der häufig auch von Campern (nicht im Zelt) genutzt wird. (Erreichbar, wenn Sie vom ***Naturparkzentrum Botrange*** aus den Markierungen des „Weg des Gedenkens" folgen oder fragen Sie im Zentrum nach. Auch dieser, durch verschiedene schöne Waldstücke führende Weg zum Parkplatz ist mit Hund begehbar und führt zu weiteren markierten Wanderungen.) Bei der Vorstellung der Wanderungen gebe ich auch jeweils an, wo Hunde erlaubt sind.

Im Herbst ist mit Jagden zu rechnen. Das wird auf Schildern am „Eingang" der Wälder angezeigt. Besonders bei Treibjagden sollte man auf keinen Fall in den Wald gehen.

Da, wo Stege vorhanden sind, sollte man sie zur eigenen Sicherheit, aber auch zum Schutze der Natur nicht verlassen. Im Venn ist auf fast allen Strecken mit sumpfigen oder rutschigen Stellen zu rechnen, manchmal muss man auch durch eine Furt gehen. Daher sind fast überall rutsch- und wasserfeste Schuhe oder, je nach Wetter, sogar Gummistiefel sinnvoll.

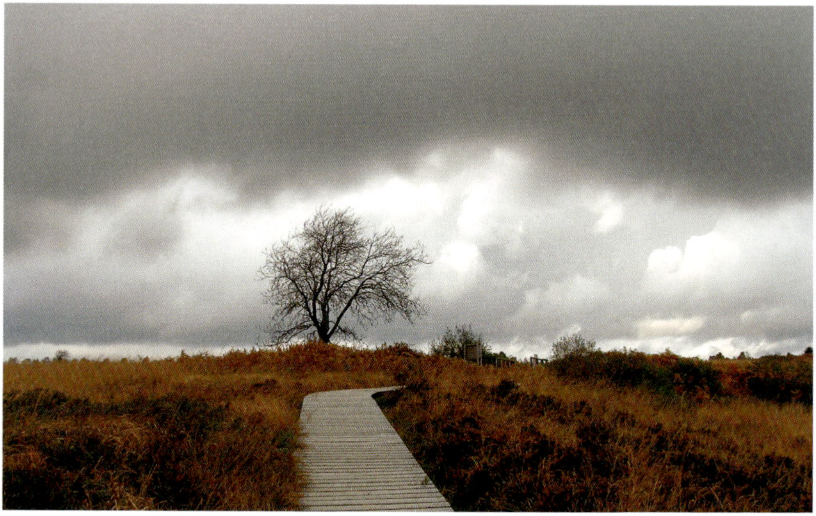

Hier sind rutschfeste Schuhe gefragt.

Bei Fragen werden Ihnen die Mitarbeiter der Naturzentren weiterhelfen, wie vor allem in Ternell: Tel. 00 32 (0) 87 55 23 13 oder **info@ternell.be**. Auch gibt es Informationszentren bei Signal de Botrange, am Polleurvenn und natürlich helfen auch die Mitarbeiter des ***Naturparkzentrums Botrange*** gerne weiter. Nützlich ist es hier, wenn man sich auch auf Französisch verständigen kann.

Wenn Sie irgendwo einkehren wollen, lohnt es sich, sich vorher besonders bei weiten Strecken telefonisch nach den Öffnungszeiten zu erkundigen. Manchmal ist trotz im Internet ausgewiesener Öffnungszeiten gerade geschlossen, weil z. B. jemand krank oder in Urlaub ist. Wenn man sich nach einer kilometerlangen Wanderung möglicherweise auch noch im Regen auf eine Pause im Warmen und eine schöne Tasse Kaffee freut und alle Einkehrmöglichkeiten sind geschlossen, so kann das schon sehr frustrierend sein.

Bedenken Sie, dass wir uns hier in einer ländlichen Region mit sehr wenig diesbezüglicher Infrastruktur befinden. Uns ist das bei der ersten Version des Weges von Aachen nach Kettenis passiert, dass nichts geöffnet war.

Unsere Laune wurde immer schlechter und plötzlich fanden wir die ganze Wanderung nicht so toll, die Landschaft langweilig, die Wege zu lang. Bei den weiteren Varianten der Streckenführung mit gelungener Einkehr, z. B. im Café *Nussstöck* oder im Eiscafé von Walhorn, fanden wir die Wanderung wieder richtig spannend.

Im Sommer 2016, als wir die hier vorgestellten Strecken (Tracks) mit unserem GPS-Gerät aufzeichnen wollten, gab es sehr häufig Gewittervorwarnung, sodass wir uns nicht trauten, lange Wege zu gehen. Wir machten in den Situationen nur Wanderungen, bei denen man sich in einem überschaubaren Zeitraum in Sicherheit bringen konnte.

Das hat sich sehr bewährt: So haben wir z. B. an einem Tag mit Gewitterwarnung erst eine Runde durch das Polleurvenn gedreht (3,5 km), dann sind wir im ***Naturparkzentrum Botrange*** Kaffeetrinken gegangen und haben uns im Buchladen und Kräutergarten des Zentrums umgesehen und, nachdem die Gewitterwolken sich verzogen hatten, sind wir einen Rundweg um Signal de Botrange gewandert (4 km, Wanderung 16, ich habe die Wanderung allerdings an einem anderen Tag aufgezeichnet).

So haben wir an dem Tag, an dem eigentlich Unwetterwarnung war, noch einen schönen Wandertag auf Stegen durch das Moor und ein Stück am Polleurbach entlang, mit einem Stück Weg durch Wald und einem Grasweg mit weitem Blick über das Wallonische Venn gehabt, ohne uns zu gefährden. Ähnliche Kombinationsmöglichkeiten gibt es auch bei anderen Wanderungen.

Manche Wanderungen überschneiden sich. Da ich Ihnen das Herzstück des Hohen Venns näherbringen möchte, ließ sich das nicht vermeiden. Sie werden aber feststellen, dass, wenn Sie auch nur mit vier Wochen Abstand zwei ähnliche Touren machen, die Landschaft schon ganz anders aussieht und das Venn, je nach Wetter und Vegetation, immer wieder sein Erscheinungsbild verändert.

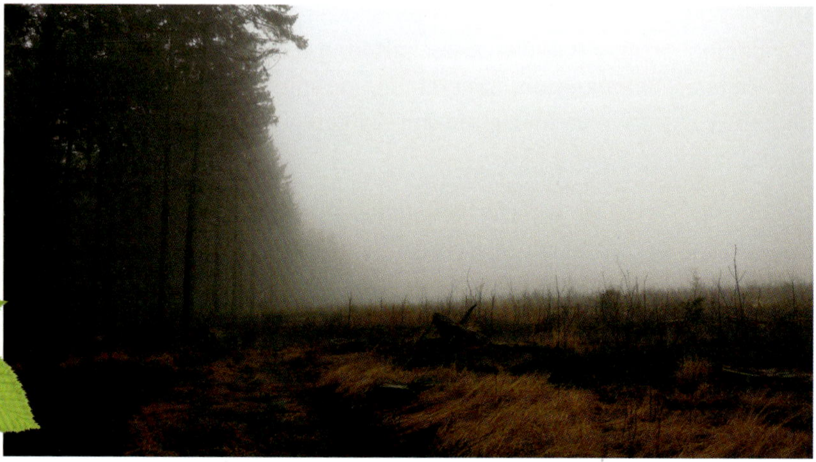

Kutenhart (Wanderung 1) im Nebel

Bei der Beschreibung der Wanderungen bin ich davon ausgegangen, dass Sie sich diejenigen Wanderungen heraussuchen und durchlesen, die Sie auch gehen möchten. Bei Wanderungen, auf denen sich Teilstrecken überschneiden, werden Sie eventuell auf Dinge aufmerksam gemacht, die Sie schon von der Beschreibung einer anderen, hier aufgeführten Wanderung her kennen. Auch diese Wiederholung ließ sich manchmal nicht vermeiden.

Am Anfang jeder Wanderung habe ich die Kilometerzahl und die ungefähre Gehzeit angeführt. Auch innerhalb der Wanderungen habe ich die Länge von Teilstrecken angegeben. Dies sind allerdings ungefähre Angaben, da es Messungenauigkeiten geben kann. Die ***Gehzeiten*** variieren je nach Wanderer sehr stark, sodass es sich auch bei diesen Angaben nur um einen ungefähren Anhaltspunkt handelt. Die angegebenen Zeiten sind eher für den Wanderer gedacht, der sich auch mal Zeit zum Verweilen nehmen, die Natur genießen und vielleicht auch fotografieren möchte. Die Wanderer, die eher sportlich unterwegs sind, werden voraussichtlich weniger als die angegebenen Zeiten brauchen. Eine Orientierung bieten hier die Kilometerangaben und die Beschreibung des Zustandes der Wege. Höhenprofile habe ich nicht aufgeführt, da es auf dieser Hochebene kaum nennenswerte Steigungen gibt. Ausnahmen habe ich in den Wanderungen beschrieben.

Und noch einige Tipps, bevor Sie losgehen:

- Gehen Sie bei längeren, unbekannten Strecken nicht alleine oder informieren Sie jemanden über die Strecke und Ihr Vorhaben.
- Nehmen Sie grundsätzlich immer eine Taschenlampe, eine Wanderkarte und einen Ersatzakku für Ihr Handy oder GPS-Gerät mit (siehe auch unsere Wanderung 4). Bedenken Sie auch, dass im Hohen Venn viele Stellen ohne Netzempfang sind.
- Vergewissern Sie sich, dass Sie nicht von einem Gewitter, dichtem Nebel, starkem Schneefall oder einem anderen Wetterextrem überrascht werden.

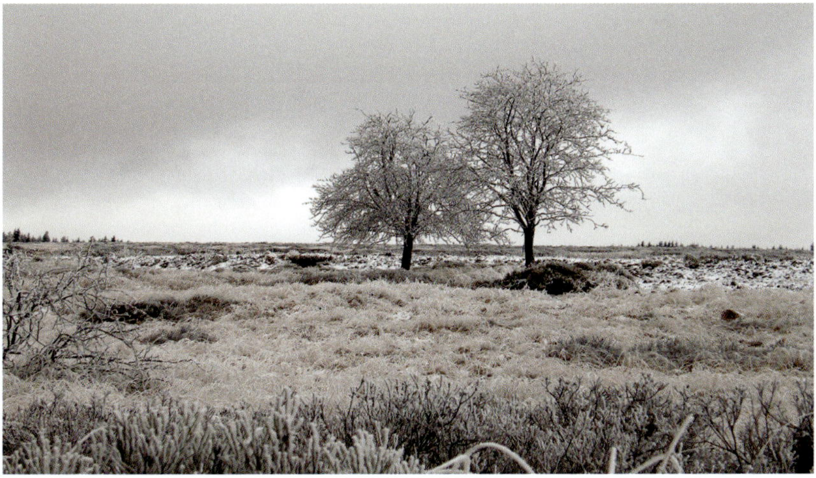

Plattes Venn im Schnee

- Haben Sie keine Scheu, umzukehren, wenn Sie unsicher sind und nehmen Sie wegen der Moore in unbekanntem Gelände niemals eine Abkürzung.
- Planen Sie genügend Zeit ein, um nicht von der Dämmerung überrascht zu werden (wie wir bei Wanderung 4). Bei Dunkelheit ist das Wandern im Hohen Venn nicht erlaubt und zur eigenen Sicherheit nicht zuletzt wegen der vielen Wildschweine auch nicht ratsam.

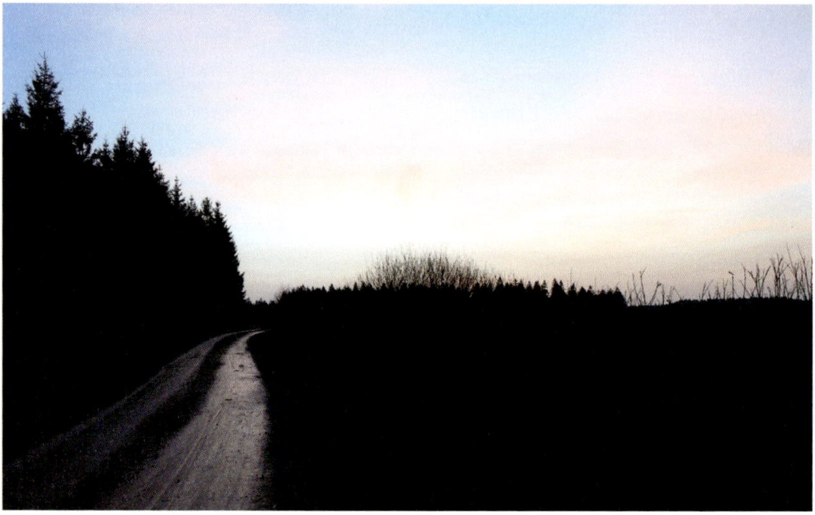

Und in der Dämmerung

- Nehmen Sie genügend Wasser, Verpflegung und Regen- oder Sonnenschutz mit. Auf manchen Wanderungen gibt es über lange Strecken keinen Schatten.
- Im Wandergebiet befinden sich Schneisen oder Wirtschaftswege für die Forstwirtschaft, die aber keine Wanderwege sind. Achten Sie darauf, diese nicht mit Wanderwegen zu verwechseln. Schneisen dürfen nicht bewandert werden. Hilfreich ist auch diesbezüglich die oben empfohlene Wegekarte.
- Denken Sie auch an einen Aspekt, den ich schon in der Einleitung erwähnt habe: Im Wandergebiet werden immer wieder größere Umstrukturierungsarbeiten vorgenommen. Ich habe mich bemüht, Ihnen z. B. von Markierungen oder einzelnen veränderlichen Gegebenheiten möglichst unabhängige – also veränderungsresistente – Wegbeschreibungen anzubieten. Verlassen Sie sich dennoch nicht ausschließlich auf meine Beschreibungen oder die GPS-Aufzeichnungen, sondern fragen Sie bei Unsicherheiten in einem der Informationszentren nach (auch telefonisch) und vertrauen Sie im Zweifel Ihrem eigenen Urteilsvermögen (z. B. wenn Stege verlegt wurden oder Stege durch gemähte Wege oder Schotterwege ersetzt wurden).

- Wenn Sie durch die umliegenden Dörfer wandern, beachten Sie bitte noch folgende Gesichtspunkte:
- Füttern Sie bitte niemals Weidetiere und locken Sie diese bitte auch nicht an. Es ist von Wanderern sicher gut gemeint, aber es passiert immer wieder, dass Tiere erkranken oder gar sterben, weil sie von Spaziergängern gefüttert wurden. Allein in diesem Jahr ist in meinem Umfeld deswegen ein von einem Mädchen heiß geliebtes Pony an einer Kolik verstorben und das Pferd einer Freundin von mir erkrankte, konnte aber vom Tierarzt gerettet werden. Füttern Sie bitte grundsätzlich gar nichts, kein Brot, keine Äpfel oder Möhren, auch keine Grasbüschel. Manche Pferde leiden an einer Stoffwechselerkrankung und dürfen dann nicht einmal normales Gras fressen, sondern werden ganz speziell gefüttert. Auch erkennen Pferde und andere Weidetiere, welche Grassorten für sie bekömmlich sind, wenn Sie diese beim Grasen selbst aussuchen. Werden sie aber mit Gras – ganz besonders schlimm ist hier auch noch gemähtes Gras – oder Kräutern gefüttert, erkennen die Tiere das nicht, was zu Erkrankung oder zum Tod führen kann. Heu muss übrigens mindestens sechs Wochen liegen, bevor es verfüttert werden darf. Wird das Heu zu früh verfüttert, führt das zu lebensbedrohlichen Koliken.
- Wenn die Tiere angelockt werden und betteln, z. B. indem sie mit den Hufen scharren, kann es sein, dass sie im Zaun hängen bleiben. Falls sich ein Pferd dabei an der Sehne verletzt, ist dies sein Todesurteil. Auch kann es zu Rangeleien und Rangordnungskämpfen mit der damit verbundenen Verletzungsgefahr kommen. Kälber sind besonders neugierig. Auch Rinder oder Kälber bitte nicht anlocken. Dieses Jahr ist ein Kalb meines Nachbarn im Zaun hängen geblieben und hat fürchterlich geblutet.
- In einigen Dörfern im Wandergebiet streunen sehr viele Katzen, aber sogar auch die Hunde der ansässigen Bauern. Gerade wenn man dort mit einem Fahrzeug unterwegs ist, ist es wichtig, darauf Rücksicht zu nehmen.
- Lassen Sie bitte auch nicht Ihre Hunde auf Weiden laufen. Auf der Weide einer Freundin grasten Alpakas (gehören zur Familie der Kamele) und Pferde. Nachdem ein Hund in die Weide eingedrungen ist und die

Tiere gejagt hat, sind sie in Panik geraten und haben bei ihrer Flucht die Zäune niedergerissen. Die Alpakas sind bis in die Innenstadt von Kelmis gerannt, wo sie von der Polizei eingefangen wurden. Gott sei Dank ist weiter nichts passiert.

- Wenn Sie aber verletzte Tiere sehen oder feststellen, dass Tiere aus einer Weide ausgebrochen sind, verständigen Sie bitte einen Anwohner, am günstigsten den ortsansässigen Bauern. Möglicherweise können Sie so viel Unheil verhindern.

Und nun wünsche ich Ihnen viel Freude bei der Erkundung des Wandergebietes.

5.1 WANDERUNGEN IM EINZUGSBEREICH VON TERNELL

Haus Ternell liegt an der N 67 (Monschauer Straße), die Eupen und Monschau-Mützenich verbindet. Die Adresse ist:

Naturzentrum Haus Ternell/CRIE Eupen
Ternell 2-3, B-4700 Eupen.
Tel. 00 32 (0) 87 55 23 13
» www.ternell.be
» info@ternell.be

Das Haus hat ein reichhaltiges Angebot im Bereich Umweltpädagogik und Naturschutz und ist diesbezüglich auch an internationalen Projekten beteiligt. Es gibt hier ein Museum, einen sehr interessanten Baumgarten (Arboretum), einen Kinderspielplatz, einen Kräutergarten und ein Café-Restaurant. Man kann von hier aus geführte Wanderungen buchen, auch werden Kindergeburtstage und Naturlager organisiert.

Es werden viele Weiterbildungen, wie vor allem die Ausbildung zum Naturführer, aber auch ein Imker-, Wildkräuter- und Pilzkurs angeboten. Unterstützt wird das Naturzentrum durch einen ehrenamtlichen Freundeskreis. Das Angebot ist so reichhaltig, dass ich Ihnen bei Interesse empfehle, einfach mal die Internetseite des Zentrums zu besuchen.

Im Einzugsbereich von Ternell werden Sie immer wieder Thementafeln des Geopfades finden. Auf insgesamt 19 Tafeln auf einer Wegstrecke von 30 km werden sowohl geologische Grundlageninformationen unser Wandergebiet betreffend, als auch vor geologischen Aufschlüssen vor Ort spannende erdgeschichtliche Informationen vermittelt. Das Wissen wird knapp, sehr anschaulich auch anhand von Fotos oder Grafiken, leicht verständlich und trotzdem wissenschaftlich anspruchsvoll vermittelt.

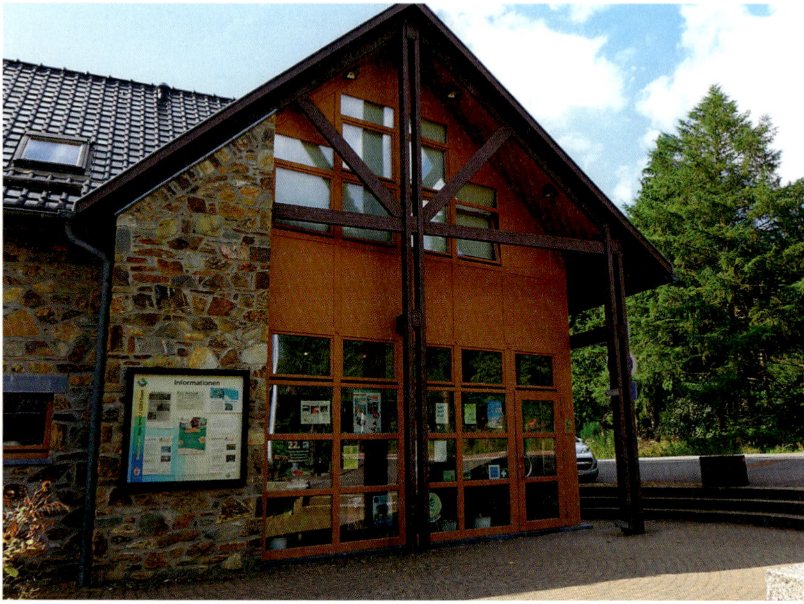

Haus Ternell

Start- und Endpunkte der folgenden Wanderungen sind:

- Ein ***großer Parkplatz direkt bei Ternell*** (Wanderung 1, 2, 3 und 4).
- ***Parkplatz Nahtsief:*** Er liegt, von Ternell ausgehend, in Richtung Monschau auf der linken Seite der N 67, etwa 4,5 km hinter Ternell (Wanderung 5, 7 und 9).
- ***Parkplatz Grenzweg:*** Er liegt auch an der N 67, aber auf der rechten Seite, von Ternell kommend, hinter dem ***Parkplatz Nahtsief***, ca. 5 km hinter Ternell (Wanderung 6 und 10).
- ***Parkplatz an der deutsch-belgischen Grenze***, von Ternell ausgehend, in Richtung Monschau, 5,5 km hinter Ternell. Der Parkplatz liegt hinter der Bushaltestelle „Zoll" auf der rechten Seite (Wanderung 8).

Es gibt auch eine Busverbindung mit den Haltestellen „Ternell", „Nahtsief" und „Mützenich Zoll". Hier fährt die Eupen AVV, Linie 385. Die Linie verkehrt allerdings ausschließlich am Wochenende und an Feiertagen. Den aktuellen Fahrplan finden Sie unter

» www.eupen.be

oder erkundigen Sie sich im ***Naturzentrum Ternell***.

Hier einige Tipps, allerdings ohne Gewähr: Von Aachen aus fahren Sie mit der Linie 14 mit dem Bus nach Eupen BHF und steigen dann in die 385 nach Monschau um. Sie können aber auch mit der Bahn fahren: Von Aachen Hbf. mit dem RE 29 Richtung Spa/Gerlstein bis Welkenraedt Bf., umsteigen in den IC-01 nach Eupen, dann mit dem Bus 385 nach Monschau. Die Linie 385 verkehrt allerdings ausschließlich an Wochenenden und Feiertagen.

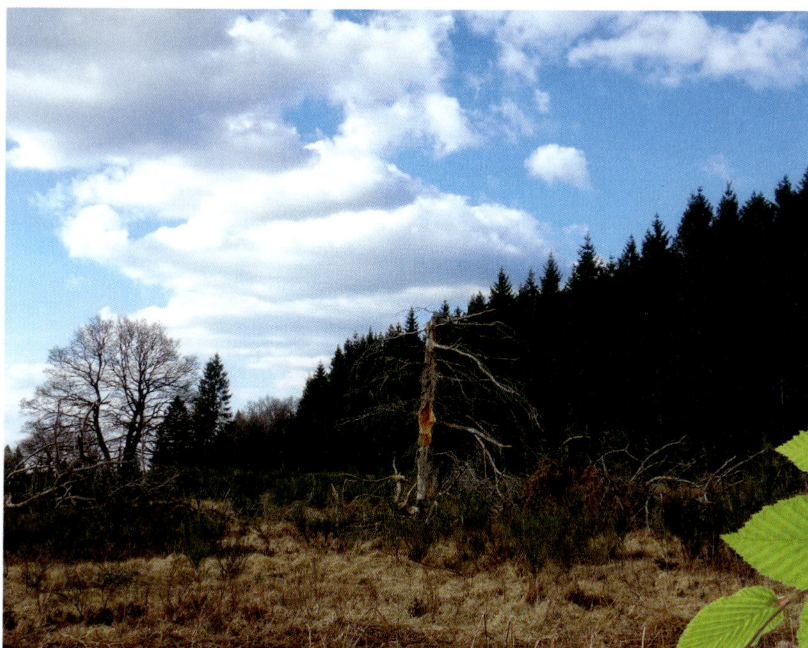

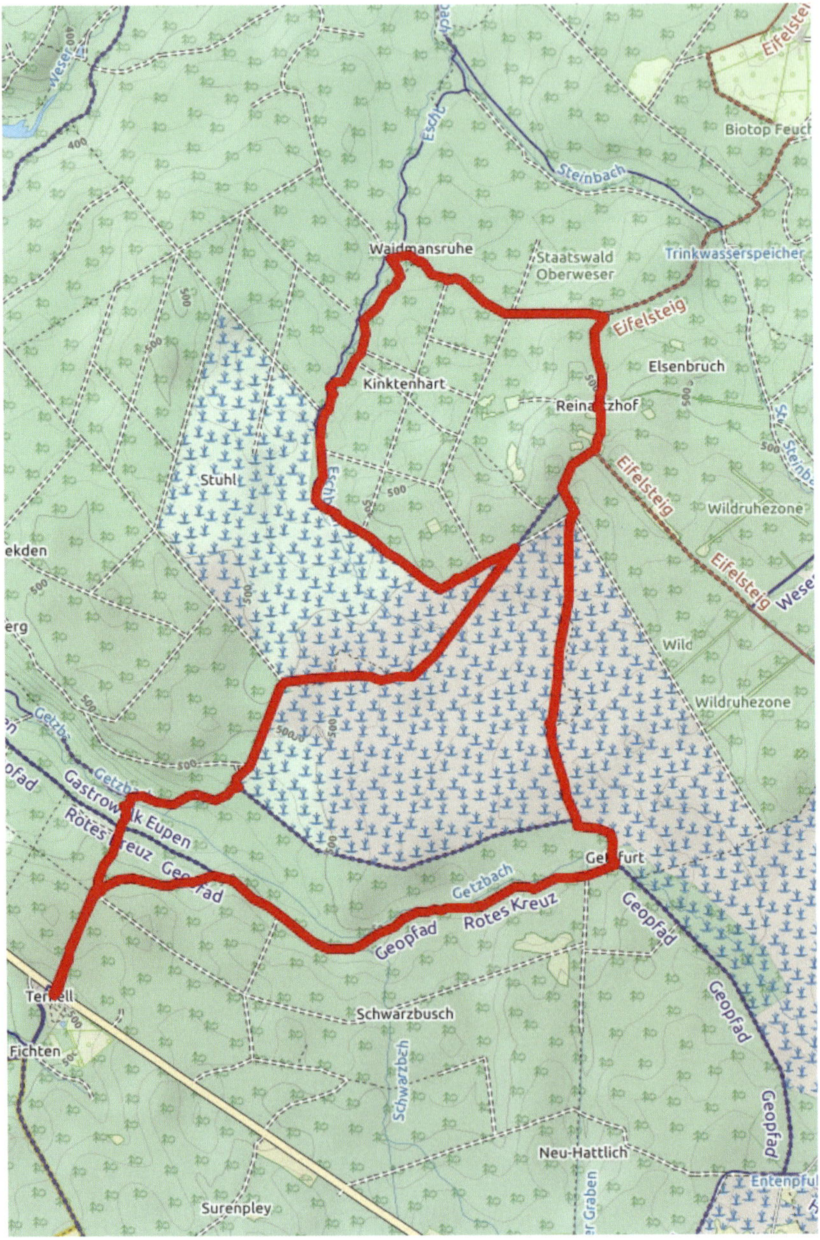
Waidmansruhe
Staatswald
Oberweser
Trinkwasserspeicher
Biotop Feuch
Steinbach
Eifelsteig
Elsenbruch
Kinktenhart
Stuhl
Wildruhezone
Wild
Gastrow
Eupen
Rotes Kreuz
Geopfad
Getzbach
Schwarzbusch
Schwarzbach
Neu-Hattlich
Surenpley
Fichten

WANDERUNG 1:
TERNELL – KUTENHART – REINARTZHOF – TERNELL

Start und Ziel: Parkplatz Ternell

Länge: 14 km

Gehzeit: ca. 5-6 Stunden, da manche Stellen schwer passierbar sind.

Hunde dürfen nicht mitgeführt werden.

Die Wanderung hat zwei schwierige Passagen, daher ist gutes Schuhwerk und Trittsicherheit erforderlich.

Moor, Bäche, Wald, dort auch Asphaltwege, Ruinen vom Reinartzhof, ruhig, wenig Tourismus.

Teilweise wurden Stege abweichend von der Beschreibung im Buch durch Schotterwege ersetzt.

Knotenpunkte: 96 39 92 98 90 37 92 65 46

Danach geht es auf einem asphaltierten Weg wieder zurück nach Ternell. Das ist nicht mit Knotenpunkten beschrieben. Folgen Sie der Beschreibung im Buch und dem Schild „Ternell".

Wir starten am Parkplatz Ternell, überqueren die Straße und gehen einen asphaltierten Weg in nordöstliche Richtung entlang. Auf beiden Seiten wächst Fichtenwald. Nach 500 m macht der Weg eine leichte Rechtskurve. Dieser folgen wir nicht, sondern gehen geradeaus auf einem Trampelpfad weiter. Ein kleines Holzschild auf der linken Seite weist die Richtung zum Getzbach. Zunächst ist es leicht, den Weg zu bewandern, doch bald erschweren Baumwurzeln, schlammige Abschnitte und Stege den Gehfluss. Immer weiter geht es bergab, bis wir einen asphaltierten Weg überqueren. Dahinter führt unser Abstieg weiter, der immer steiler und steiniger wird - seien Sie hier bitte besonders achtsam.

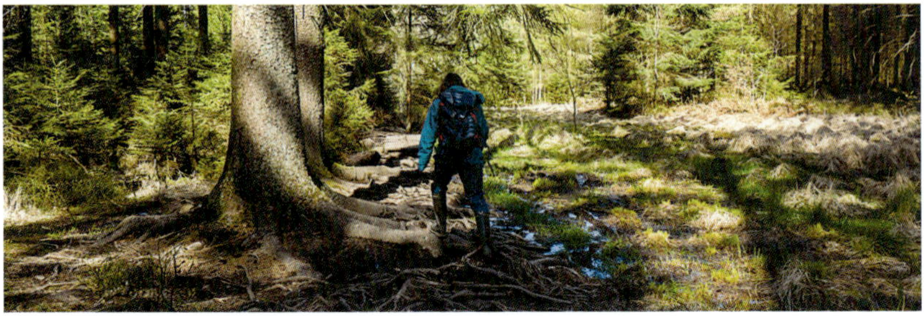

Bald erreichen wir eine Holzbrücke, die über den Getzbach führt.

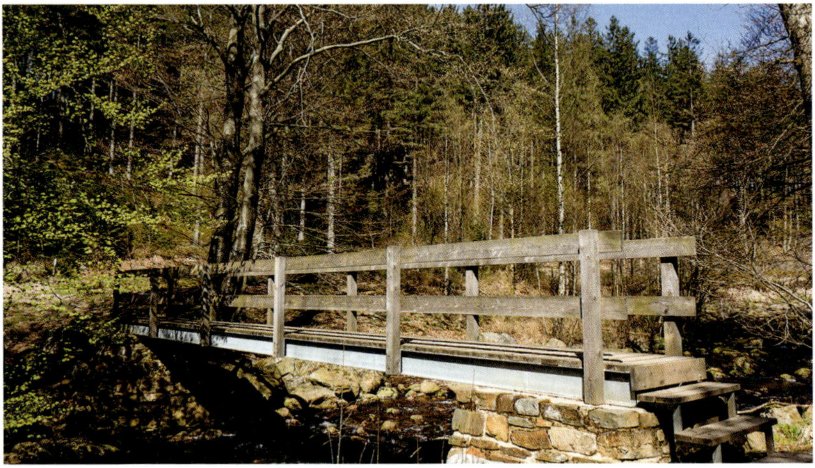

Der ***Getzbach*** (die Getz) ist 9 km lang. Seine Quelle liegt im nördlichen Brackvenn. Er trägt zur Entwässerung des Brackvenns und des Steinleyvenns bei und fließt in die Wesertalsperre. Wie auch die anderen Vennbäche entspringt er den Torfmooren. Dadurch haben die Bäche einen sehr hohen Säuregehalt (pH-Wert 3-5,5). Durch den umgebenden Torf ist das Wasser häufig bräunlich bis rötlich. Auf den Bächen kann man häufig weißen Schaum beobachten. Hierbei handelt es sich nicht um eine Verschmutzung, sondern um ein natürliches Zusammenspiel von Tonpartikeln und Torf, welches diesen Schaum bildet. Das Wasser ist kalkarm und kaum mineralisch. Aufgrund dieser Wassereigenschaften, insbesondere wegen des hohen Säuregehalts, können hier keine Fische leben.

Wir überqueren die Brücke und biegen auf einen Waldweg rechts ab. Schnell verläuft der Weg steiler und steiler bergauf und wandelt sich mehr und mehr zu einem Trampelpfad. Nach kurzer Zeit biegt der Weg links ab, d. h. in nördliche Richtung, und durchzieht ab hier einen Buchenwald steil bergauf. Eine Markierung an einigen Bäumen (im April 2016 weiß/rot) kennzeichnet den Weg. Die Wegführung ist teilweise nicht zu erkennen. Es wird sehr steinig und es gibt auch sehr viele Gräben. Schon nach kurzer Zeit ist das Ende dieses Wegstücks durch die Bäume zu sehen.

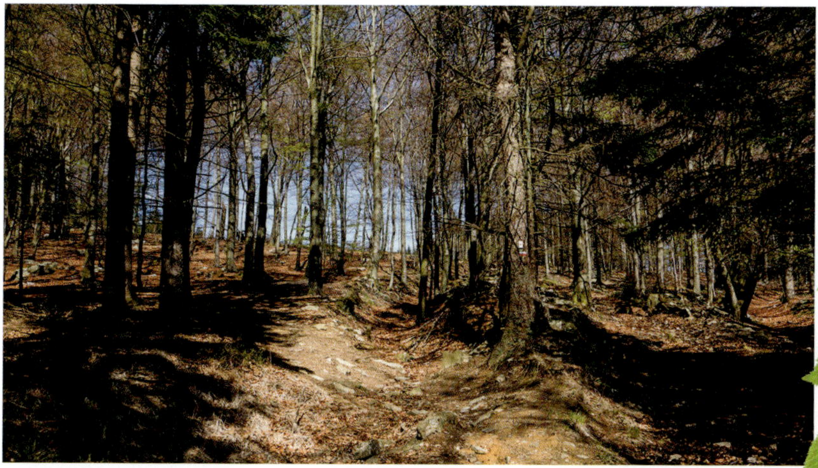

Bald gelangen wir aus diesem kurzen Waldstück heraus und erhalten einen Blick über die Vennlandschaft von Kutenhart. Wenn Sie unabsichtlich etwas weiter westlich aus dem Wald herausgetreten sind, werden Sie auf einen Wanderweg getroffen sein, auf den Sie rechts abbiegen und schon bald gelangen Sie an den Rand des Kutenhartvenns. Eine Tafel mit einer Wanderkarte am Wegesrand dient der Orientierung.

Von der Karte aus gesehen, folgen wir links einem breiten Wanderweg, den wir aber nach kurzer Zeit, bevor er einen Knick nach links macht, wieder verlassen. Wir gehen hier geradeaus in nördliche Richtung am Rande des Venns weiter. Zunächst ist dieser Weg nur ein kleiner Trampelpfad. In der Umgebung wachsen vereinzelte Bäume. Aber schon bald verbreitert sich die Strecke. Rechts empfängt uns ein weiter Blick über die Vennlandschaft. Links sind teilweise Birkenwäldchen, manchmal auch Kiefern, zu sehen.

Die Gegend ist hier sehr weitläufig und über große Flächen ist fast nur Pfeifengras zu sehen. Im Sommer gibt es hier auch sehr viel Farn. Die Gegend wirkt hier wild, weit, fast schon unberührt. Dieser erste Eindruck täuscht, denn bald kann man deutlich Spuren von Renaturierungsarbeiten erkennen: große Flächen, auf denen Pfeifengras abgetragen wird.

Nachdem wir 550 m am Rande des Venns entlanggegangen sind, befindet sich rechts von uns ein Steg, der ins Venn hineinführt. Der „Eingang" ins Venn ist hier viel unauffälliger als an vielen anderen Stellen, wie z. B. ins Brackvenn. Nur durch einen Fahnenmast und zwei breite Bretter, die über einen Graben auf die Stege führen, ist er zu erkennen.

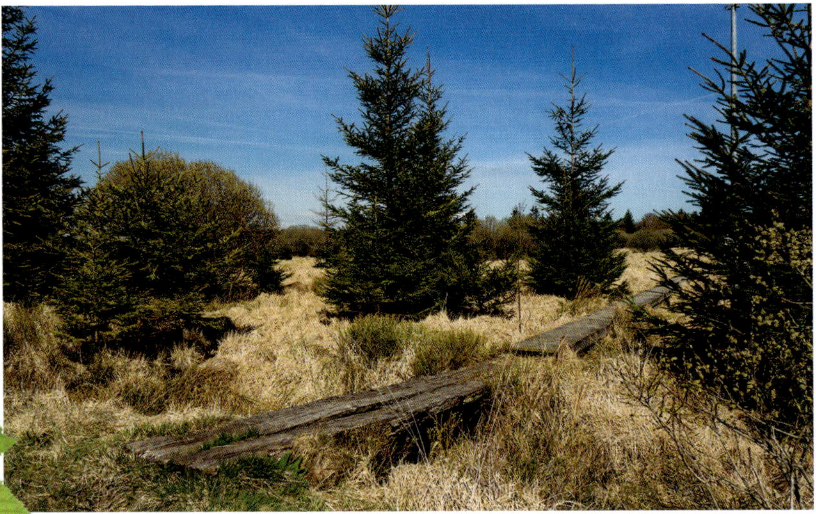

Ab hier sollte man sich vorsichtig bewegen, denn die Stege sind (Stand: Mai 2016) teils beschädigt und manchmal etwas wackelig. Dafür hat die landschaftliche Umgebung, durch die wir jetzt gehen, einen ganz besonderen Reiz. Vor uns erstreckt sich eine weite Ebene, durch die nur unser Steg führt.

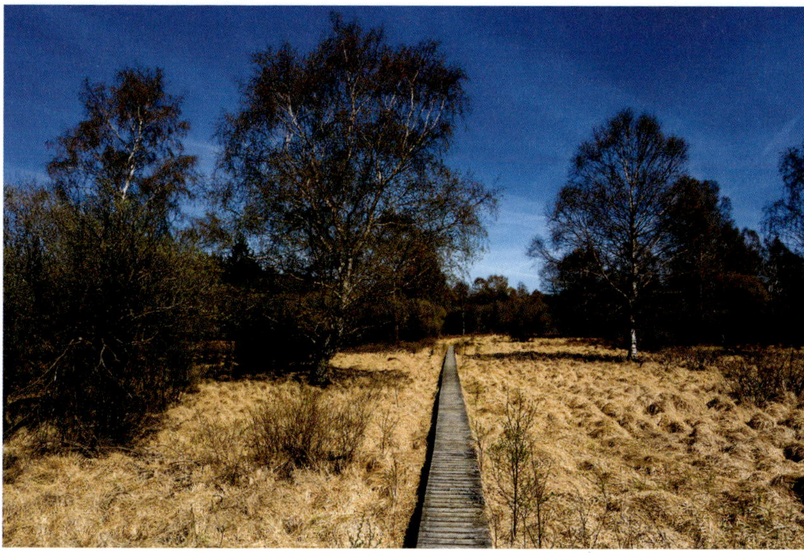

Nach einiger Zeit wird das Venn etwas buschiger. Viele Birken strecken sich uns entgegen und es liegen längere Abschnitte eines Pfades ohne Bretter vor uns.

Schließlich erreichen wir das Ende dieses Teilstücks und stoßen auf einen Grasweg, an dessen Rand wieder eine große Informationstafel aufgestellt ist. Hier biegen wir nach links ab. Wir gehen nun auf einem breiten Grasweg und können linker Hand weit über die Vennlandschaft blicken; rechter Hand wächst vorwiegend Fichtenwald. Der Weg führt leicht bergab und ist angenehm zu gehen. Nach einer Weile verwandelt er sich in einen Trampelpfad, der nun entlang des Eschbachs verläuft. Dieser Teil der Landschaft hat etwas extrem Uriges.

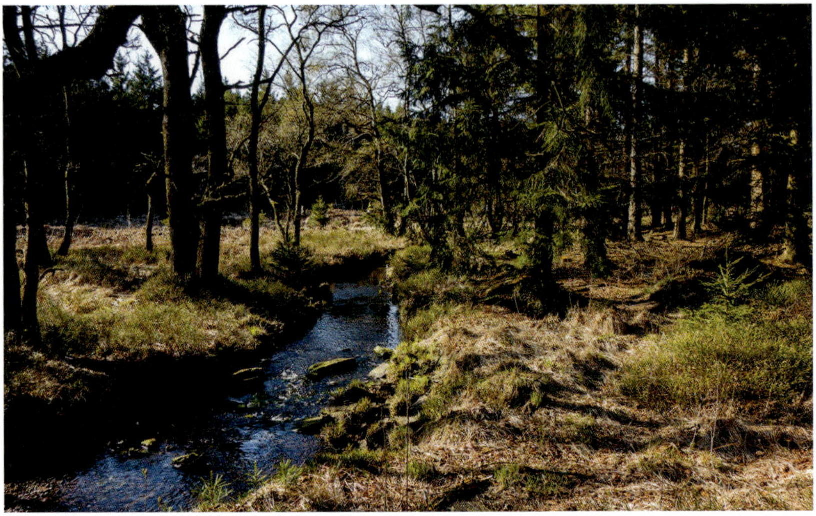

Neben dem Bach sind viele knorrige Bäume zu finden. Hier kommt vor allem Mischwald vor, vorübergehend sehen wir später nur einzelne, niedrige Birken und auf der linken Seite des Eschbachs können wir häufig noch den weiten Blick über das Venn genießen.

Der Wald steht im Laufe der Zeit immer dichter und es wird immer schwieriger, überhaupt einen Pfad auszumachen. Dieser Streckenabschnitt, der immer mehr von Wurzeln und Gräben durchzogen wird, ist deshalb immer schwieriger zu begehen. Um sich nicht zu verlaufen, sollte man immer in der Nähe des Bachs bleiben. Wir haben bei der Trackaufzeichnung zwar auch mal einen etwas leichter zu laufenden Weg durch den Wald genommen, aber immer in der Nähe des Bachs.

Dieser Teil des Weges braucht viel Zeit und sollte nicht in der Dämmerung gegangen werden. Es ist sehr gut möglich, dass sich die Markierungen dieses Weges stark verbessert haben, bis Sie dieses Buch in den Händen halten, da derzeit daran gearbeitet wird.

Wenn Sie in der Nähe des Bachlaufs bleiben, werden Sie auf einen asphaltierten Weg treffen. Wir biegen rechts ab und gehen auf diesem Weg ungefähr 1 km geradeaus und lassen uns nicht von breiten Wirtschaftswegen, die wie Wanderwege aussehen und schon vorher rechts abgehen, in die Irre führen. Wir wandern nun vorwiegend durch Mischwald. Erst wenn wir auf einen breiten Weg treffen, der in einem spitzen Winkel von rechts auf unseren Weg trifft, biegen wir rechts ab und folgen diesem. Hier geht es Richtung ***Reinartzhof***, worauf allerdings bei unserer Trackaufzeichnung kein Schild hinweist.

Der Weg führt nun leicht bergauf. Bald finden wir auf der rechten Seite ein Kreuz mit einer Inschrift und wenig später stoßen wir auf das Gebiet der früheren ***Reinartzhöfe***. Schon im Mittelalter war der ***Reinartzhof*** eine Oase für Pilger. Nach einer wechselhaften Geschichte mussten die letzten Bewohner 1971 zum Schutz des Wassers der Wesertalsperre ihre Höfe verlassen. Informationstafeln zeigen, wie es früher hier aussah und weisen auf das Leben der hier ehemals ansässigen Bewohner hin. Wir folgen einem fast alleenähnlichen Weg, um rechts von uns eine Gedenkstätte, ein großes Kreuz und eine Hütte zu entdecken, die zu einer Rast einlädt. Auch hier sind weitere Informationstafeln aufgestellt.

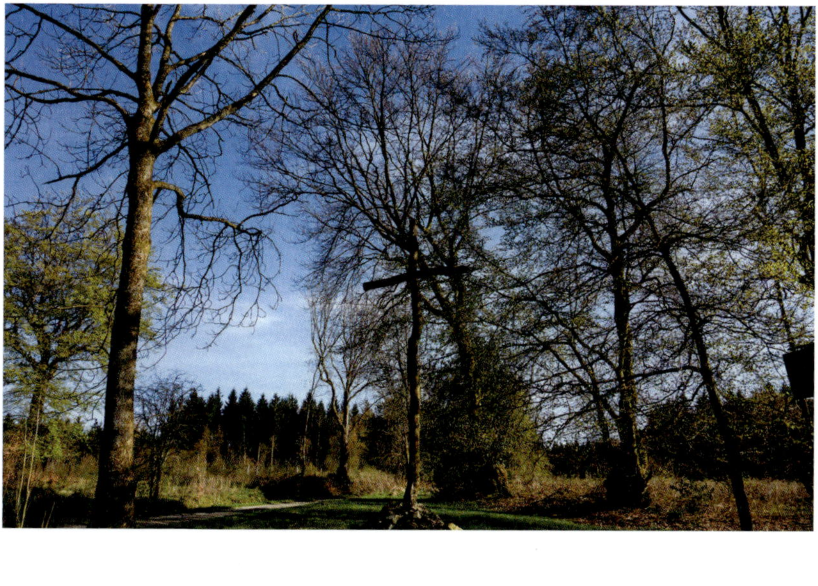

Unmittelbar, nachdem wir das Gebiet der Reinartzhöfe hinter uns gelassen haben, passieren wir eine Kreuzung, mit der Möglichkeit, links abzubiegen. Wir folgen der Abbiegung nicht, denn diese führt am Rande des Allgemeinen Venns Richtung Mützenich. Wir halten uns rechts und setzen unsere Wanderung durch einen lichten Mischwald fort. Schon bald ist wieder der Übergang zum Kutenhartvenn zu erkennen. Wenn wir uns nun geradeaus orientieren würden, kämen wir wieder zu den Bretterstegen, die wir auf dem Hinweg passiert haben. Stattdessen biegen wir links auf einen Grasweg, wo wir zu beiden Seiten an Birken entlangflanieren und an dessen Ende erneut eine Informationstafel zu finden ist.

Wenn wir nun aus dem Waldgebiet heraustreten, sehen wir einen weiteren breiten Grasweg, der linker Hand auf der östlichen Seite am Rande des Venns entlangführt. Fast direkt vor uns befindet sich eine Informationstafel und ein „Eingang" ins Venn. Dort ragt ein Fahnenmast in den Himmel und statt Bretterstegen verläuft ein breiter Grasweg durch das Venn.

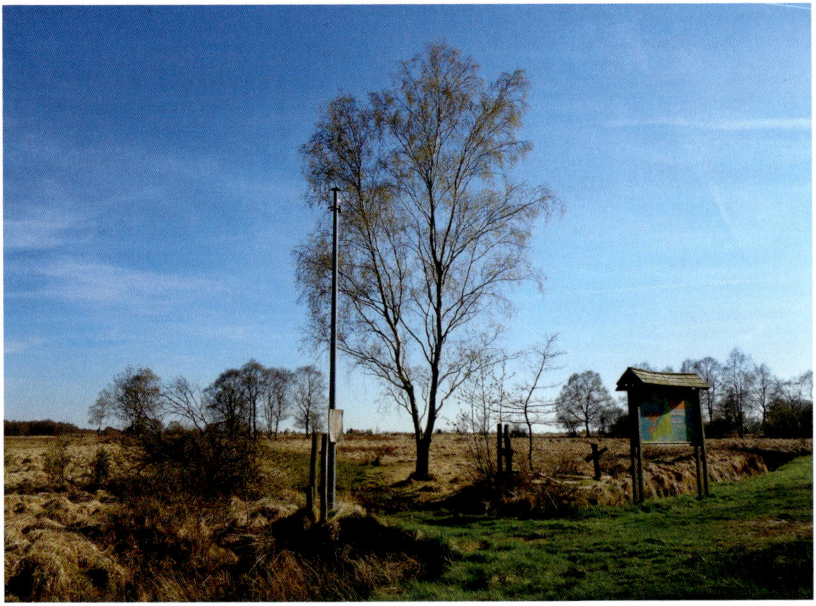

An dieser sehr schönen Stelle mit einer tollen Aussicht machen wir erst einmal eine wohlverdiente Rast.

Gestärkt gehen wir zunächst wieder durch eine extrem weite Landschaft, die einen faszinierenden Eindruck hinterlässt, obwohl das Pfeifengras dominiert. Nach einer Weile führen uns wieder Stege über den weiteren Weg. Gelegentlich treffen wir auf Baumgruppen, vor allem Birken. Auf halber Strecke überqueren wir eine Kuppe und dürfen nun einen noch weiteren Blick als zuvor bis tief ins Tal genießen. Weit hinter dem Venn sind Wälder auszumachen.

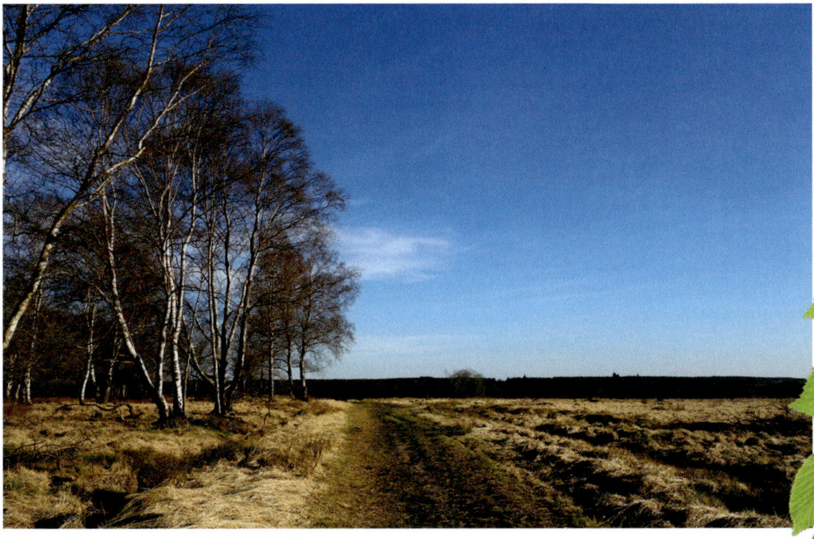

Nach einer Weile sehen wir das Ende dieses Vennabschnitts und erreichen wieder einen breiten Grasweg. Zur Orientierung dienen auch hier Informationstafeln am Wegrand. Wir überqueren den Grasweg und folgen zunächst einem Wanderweg geradeaus, der sich zunächst leicht nach links und dann nach rechts biegt.

300 m nach Verlassen des Venns erblicken wir eine über den Getzbach führende Brücke. Ein kleiner Steg rechts von uns führt uns dorthin. Wir überque-

ren die Brücke und stoßen nach wenigen Metern auf einen asphaltierten Gehweg. Geradeaus vor uns liegt Nahtsief. Aber wir biegen rechts ab, um zum Parkplatz Ternell zurückzukehren. Von nun an geht es die meiste Zeit bequem leicht abwärts, zurück zum Ausgangspunkt. Rechter Hand fließt, mal näher, mal etwas weiter entfernt, der Getzbach. Nach einiger Zeit wandern wir an Holzschildern am rechten Wegesrand vorüber, die uns bestätigen, dass wir auf dem richtigen Weg Richtung Ternell sind.

Auf unserem Weg befindet sich auch der „Eupener Graben", der wie ein einfaches Rinnsal aussieht und leicht zu übersehen ist. Hierbei handelt es sich um einen Grenzgraben, der 1774 unter der Herrschaft der deutschen Kaiserin Maria-Theresia angelegt wurde. Auch der „Eupener Graben" trägt zur Entwässerung des Venns bei.

Im weiteren Wegverlauf passieren wir auf der linken Seite faszinierende Gesteinsformationen. Interessante Informationen, insbesondere zur Entstehung dieses Gebietes, können wir auf einer Informationstafel des „Geopfades" nachlesen. Bald geht es an Wasserfällen vorbei und wir entdecken interessante Pflanzengemeinschaften, Moose und Flechten. Nach etwa 2 km auf dem asphaltierten Weg biegt ein weiterer Asphaltweg links ab. Geradeaus würde man zur Wesertalsperre gelangen, wir aber biegen links ab und erreichen nach der Durchquerung einiger Waldstücke in etwa 1 km unseren Parkplatz bei Ternell.

Variationsmöglichkeit

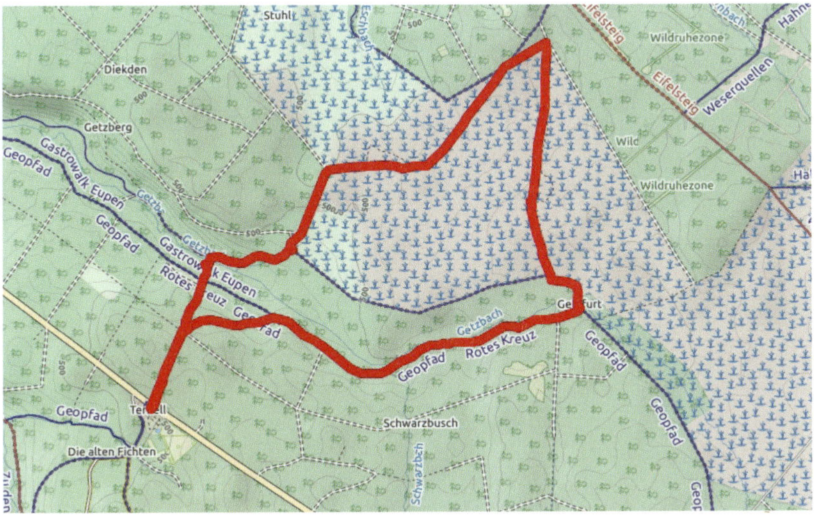

Länge: 9,34 km

Gehzeit: 3-4 Stunden

Hunde dürfen nicht mitgeführt werden.

Die Wanderung entlang des Eschbachs und die Besichtigung der Reinartzhöfe entfallen.

Sie können die Wanderung abkürzen, indem Sie am Ende des Weges durch Kutenhart statt links rechts abbiegen, 300 m einen Grasweg entlanggehen und direkt wieder rechts ins Venn zurückwandern.

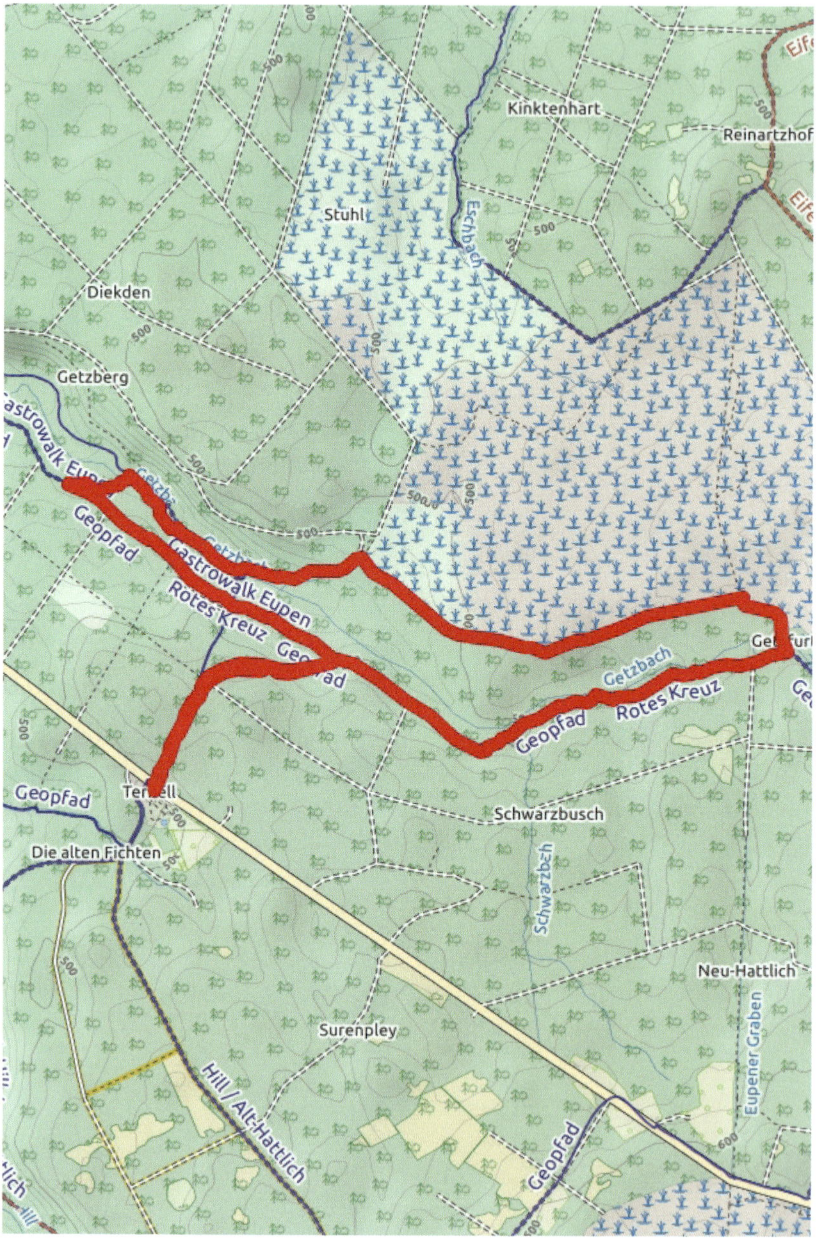
Kinktenhart
Reinartzhof
Stuhl
Eschbach
Diekden
Getzberg
Gastrowalk Eupen
Geopfad
Rotes Kreuz
Getzbach
Schwarzbusch
Die alten Fichten
Schwarzbach
Neu-Hattlich
Eupener Graben
Surenpley
Hill / Alt-Hattlich

WANDERUNG 2: TERNELL – AM RANDE DES KUTENHARTVENNS – GETZBACH – TERNELL

Start und Ziel: Parkplatz Ternell

Länge: 9,77 km

Gehzeit: ca. 3 Stunden

Hunde dürfen mitgeführt werden.

Leichte Wanderung, Variation von Wanderung 1 für den Fall, dass das Venn gesperrt sein sollte (erkennbar an roten Fahnen) oder man einen Hund mitführen möchte, kaum schwierige Stellen.

Unsere Wanderung starten wir am Parkplatz Ternell und wir überqueren die Straße in nördlicher Richtung. Zunächst folgen wir einem asphaltierten Weg, der nach einer Weile leicht bergab führt und eine Rechtsbiegung macht. Nach 1 km stoßen wir auf eine Kreuzung, an der wir links auf eine asphaltierte Strecke abbiegen. Wir folgen der Wegführung mitten durch Fichten- und Mischwald, bis wir 1,45 km nach der letzten Abzweigung rechts einen breiten Waldweg ausmachen können.

Nachdem wir dort rechts abgebogen sind, erreichen wir rasch eine breite Brücke über den Getzbach. Nach Überqueren der Brücke biegen wir rechts auf einen breiten Waldweg ein und gehen immer weiter am Getzbach entlang. Zur Zeit der Trackaufzeichnung im Juli 2016 wurden hier Bauarbeiten mit viel Schotter auf dem Weg durchgeführt; auch an der Brücke wurde gearbeitet. Dadurch war nicht erkennbar, wie der Weg nach seiner Sanierung letztlich aussehen wird.

Der Streckenabschnitt endet an einem Waldstück, durch das man weiter nach links bergauf läuft.

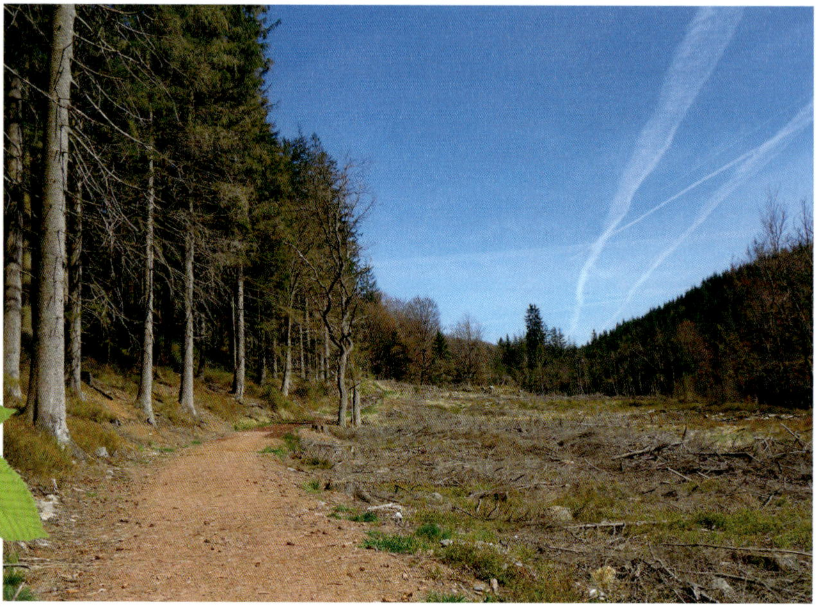

Leider ist die Wegführung nur schlecht ausfindig zu machen. Es gibt wenige, leider schlecht zu sehende Markierungen an den Bäumen. Da das Waldstück aber sehr kurz ist und durch die Bäume im Hintergrund das Waldende deutlich zu erkennen ist, ist es hier nur schwer möglich, sich ernsthaft zu verlaufen. Je nachdem, auf welcher Höhe man das Waldstück verlässt, stößt man entweder auf einen breiten Wanderweg oder auf einen Grasweg, der am Kutenhartvenn entlangführt. Wir biegen in beiden Fällen rechts ab. Der Wanderweg führt etwas weiter geradeaus auf den Grasweg.

Am Beginn des Graswegs werden Sie eine Informationstafel mit einer Karte finden. Der Weg bietet je nach Wetter sehr angenehme Laufbedingungen. Auf diesem nun 1,9 km langen Abschnitt unserer Route wandern wir durch hohes Gras, während wir einen weiten Blick über das Venn genießen. Entlang des Weges wächst sehr viel Farn, verschiedene Blumen und insbesondere der rote Fingerhut. Besonders im Hochsommer ist dieser Streckenabschnitt wunderschön, aber auch zu den anderen Jahreszeiten hat er seinen eigenen Reiz.

Am Ende dieses Wegstücks finden wir linker Hand eine Infotafel mit Wanderkarten und dahinter Stege, die ins Venn hineinführen. Diese Route habe ich in Wanderung 1 beschrieben. Im Frühjahr waren die Stege deutlich zu erkennen und der Weg angenehm und leicht zu bewältigen. Jetzt im Hochsommer sind die Stege unter überwucherndem Pfeifengras und Adlerfarn verborgen. Auf dieser Wanderung gehen wir nicht über die Stege, sondern biegen nach rechts auf einen befestigten Schotterweg ab.

Viele, in der Sonne regelrecht leuchtende Blüten des Fingerhuts strecken sich uns am Wegesrand entgegen, genauso wie buschiges Adlerfarn, hohes Gras und viele knorrige Birken. Nachdem der Weg eine Biegung nach rechts gemacht hat, trifft er auf eine weitere Brücke über den Getzbach.

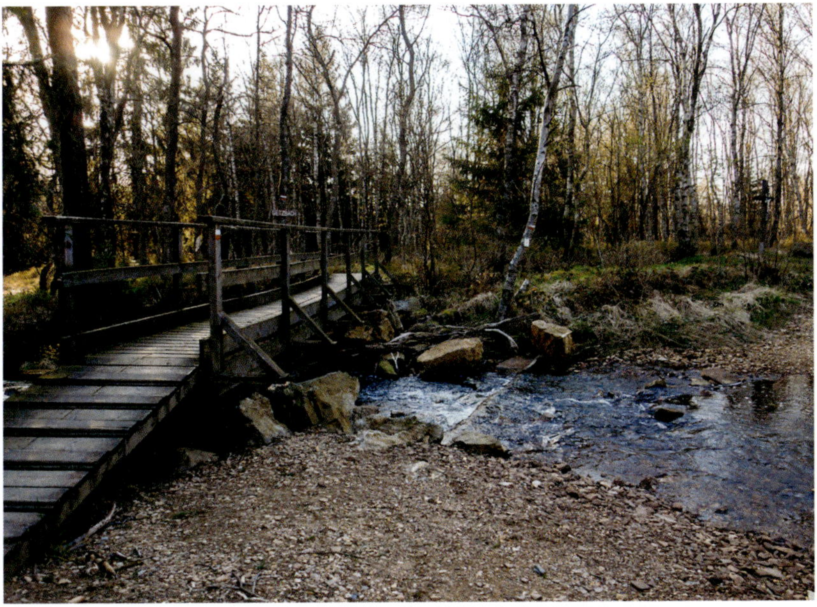

Wir überqueren diese Brücke und gelangen nach ein paar Metern auf einen asphaltierten Weg. Sowohl die Bank auf der linken Seite als auch ein Platz am Wasser lädt zu einer schönen Rast ein.

Der Asphaltweg hält geradewegs auf Nahtsief und Mützenich zu, aber wir biegen rechts ab, Richtung Ternell. Diesem Weg folgend, laufen wir mal näher, mal etwas entfernter am Getzbachufer entlang. Links der Streckenführung sind teilweise interessante Gesteinsformationen zu finden. Ein Informationsschild des „Geopfades" Ternell klärt Interessierte über die Hintergründe auf. Nach etwa 2 km biegen wir links auf einen asphaltierten Weg ein und sind nach ca. 1 km wieder an unserem Startpunkt, dem Parkplatz bei Ternell, angekommen.

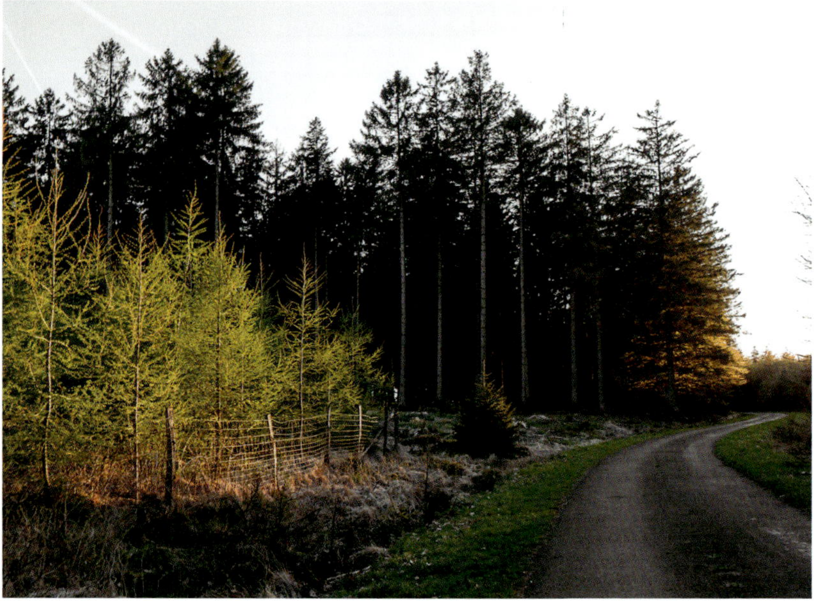

Kurz vor Ternell

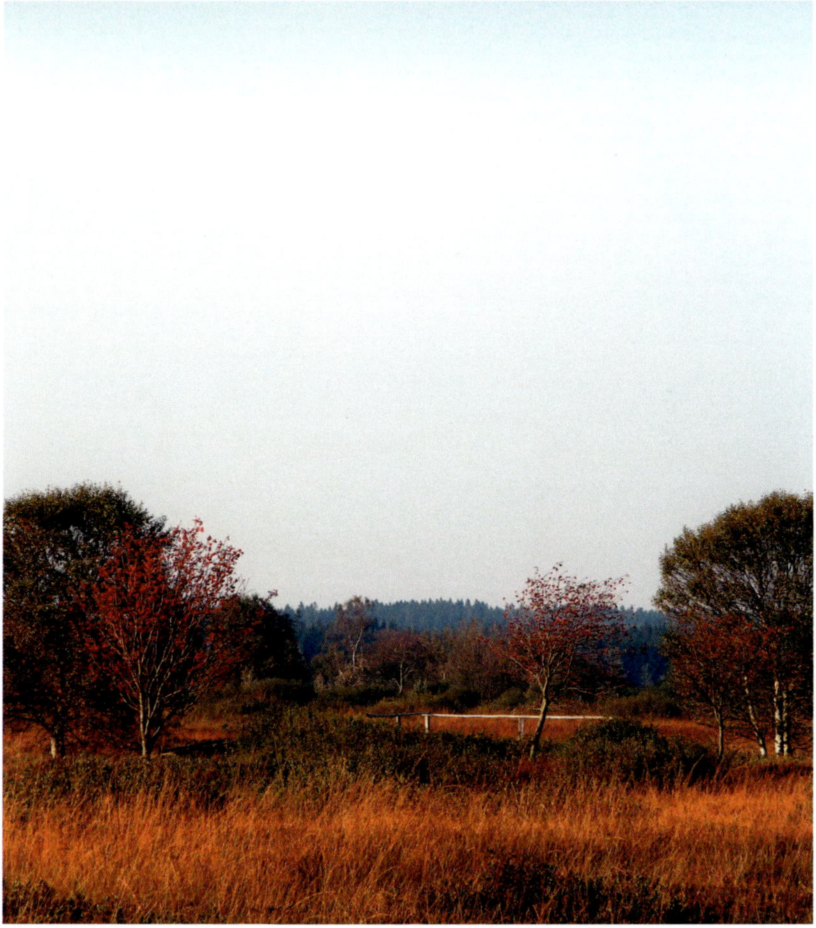

Herbstliche Vennlandschaft

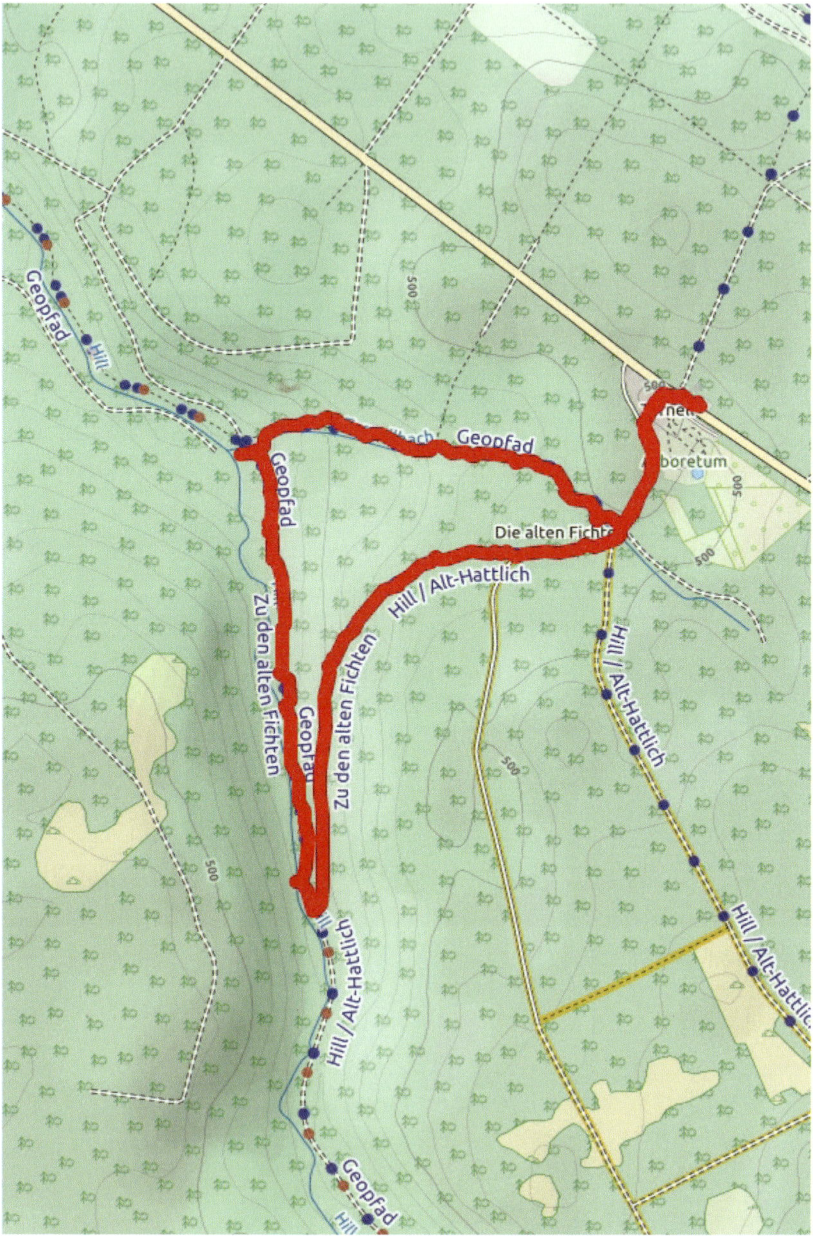
Geopfad
Hill
Zu den alten Fichten
Hill / Alt-Hattlich
500

WANDERUNG 3: ABSTIEG ZUR HILL

Start und Ziel: Parkplatz Ternell

Länge: 4,45 km

Gehzeit: ca. 1,5-2,5 Stunden

Hunde dürfen mitgeführt werden.

Steile Pfade entlang von Bächen, geologisch interessant, Abenteuer für ältere Kinder, gutes, wasserfestes Schuhwerk ist notwendig.

Knotenpunkte: 62 - 71 - 24 - 27 - 62

Wir beginnen unsere Wanderung zwischen dem Restaurant und ***Naturzentrum Ternell*** und gehen eine breite Steintreppe hinunter. Rechts und links von uns liegen die mit viel Fachkenntnis und Liebe zum Detail angelegten Kräuter- und Baumgärten; gleich links dahinter fand ein Hirschgehege des Zentrums seinen wohlüberlegten Platz.

Nachdem wir über die Treppe hinunter auf einen asphaltierten Weg gelangt sind, biegen wir links ab. Linker Hand können wir nun die Hirsche in ihrem Gehege genauer beobachten, während wir rechts am Wald entlanggehen.

Dem asphaltierten Weg für 400 m folgend, erblicken wir rechts eine Jagdhütte, passieren sie auf ihrer rechten Seite und gelangen zu einem Waldstück, in welches der Ternellbach einen tiefen Graben hineingefressen hat. Hier findet man, charakteristisch für die Region, sehr viel Quarzitgestein, das die Entstehung des Venns erst möglich gemacht hat. Der umgebende Waldwuchs besteht vorwiegend aus heimischem Buchenwald. Einen kurzen Wegabschnitt später sind auch wieder Nadelbäume unter dem Baumbestand anzutreffen.

Fortschreitend verengt sich der Weg zu kleinen Pfaden, die teilweise sehr eng und felsig sind. Die Landschaft hinterlässt nun einen sehr urtümlichen Eindruck. Ständig begleitet uns das Plätschern von Wasser, da sich zusätzlich zum Ternellbach auch noch kleinere Rinnsale ihren Weg durch die Umgebung suchen. Wir sehen viele abgestorbene Bäume, auf denen Pilze, wie Porlinge, viele Moose und Flechten ihre Nische gefunden haben.

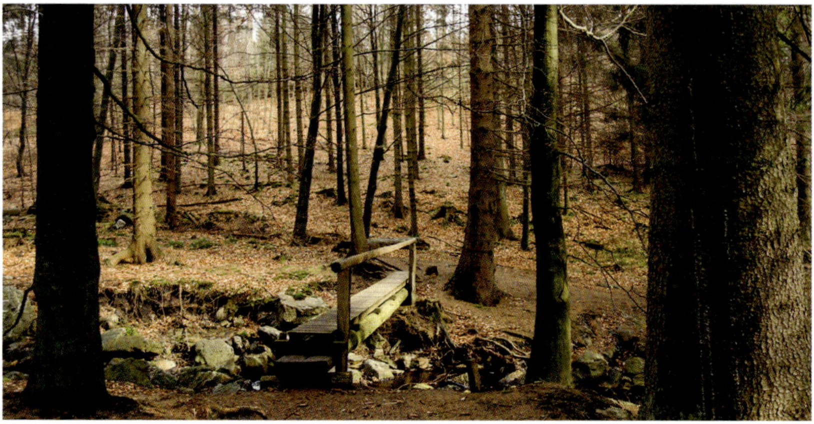

An verschiedenen Stellen führen sehr schmale Holzbrücken über die Bäche, wovon einige sehr alt, andere aber modernisiert sind. Dieser Streckenabschnitt ist wunderschön und verführt aufgrund seiner Schönheit, sich ganz dem Genuss des Erlebens der Umgebung hingeben zu wollen, dazu, die Aufmerksamkeit gegenüber dem Wegesuntergrund zu vernachlässigen. Allerdings muss man gerade jetzt wegen der vielen Felsen und Wurzeln im Boden auf jeden Schritt achten.

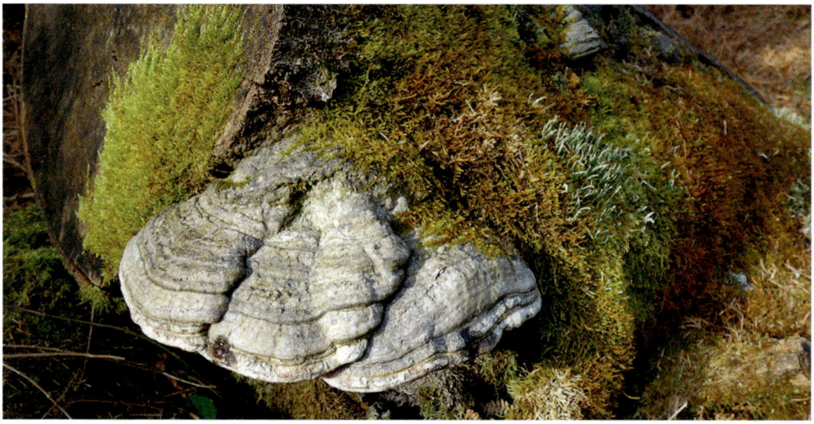

Diese Landschaft, aber auch diese Brücken, erinnern mich an Gegenden, die ich auf Reisen in Sibirien kennengelernt habe. Tatsächlich haben während des Zweiten Weltkriegs russische Kriegsgefangene im Hohen Venn gearbeitet. 1943 sind sie in die Gegend von Sourbrodt gebracht worden, wo sie von der ortsansässigen Bevölkerung sehr gut aufgenommen und verpflegt wurden. Man habe sich sehr gut verstanden und sogar Feste miteinander gefeiert. Ende September 1944, als die Alliierten heranrückten, wurde das Lager nach Deutschland verlegt. Nicht bekannt ist, was aus den Menschen geworden ist. Ihnen zu Ehren wurde in Sourbrodt ein russisch-orthodoxes Kreuz errichtet, das ***Croix des Russes***. Dort findet man auf Tafeln noch viel mehr Informationen über diese Geschichte.

Nachdem wir etwa 1 km auf den beschriebenen Pfaden abwärts gewandert sind, treffen wir auf einen etwas breiteren Waldweg. Wir haben die Wahl, entweder über zwei kleine Brücken zu ihm hinüberzugelangen oder später, weiter abwärts, durch eine Furt zu gehen. In dem Augenblick, als wir diesen Weg betreten, sehen wir vor uns das Flüsschen Hill in seinem Flusslauf. Ufernah lädt eine Sitzgruppe aus Holz zu einer Rast ein. Nun ist von allen Seiten das Rauschen von Wasser zu hören. Hier kann man direkt an das Ufer der Hill gelangen.

Die beiden Quellen der ***Hill*** befinden sich in der Nähe von Baraque Michel. Sie ist 20 km lang und mündet in Eupen-Unterstadt in die Weser. Die Hill war häufig ein Grenzfluss. Die Wanderungen im Bereich der Hill (Wanderung 4, 10, 14, 17, 18 und 26) sind landschaftlich besonders schön.

Viele Wanderwege führen an dieser Stelle entlang, was den verschiedenen Symbolen am Wegrand zu entnehmen ist. Heute jedoch biegen wir auf den Wanderweg links ab und gehen durch die Furt, wobei, je nach Wetter, durchaus hohe Gummistiefel notwendig sind.

Rechts von uns fließt die Hill, welche sich eine Weile hinter einem Waldstück mit einem sehr feuchten Boden voller Moose zu verstecken scheint. Links findet sich Laubwaldbestand. Bald ragen riesige, mit Flechten und Moosen bewachsene Felsen links vor uns auf. Die geologischen Hintergründe werden auf einer Informationstafel des „Geopfades" beschrieben.

Nach etwa 500 m fließt die Hill unmittelbar neben uns und unser Wanderweg verläuft immer weiter an ihr entlang. Nach weiteren 500 m geht ein Weg scharf links ab und führt bergauf. Bevor wir diesen Weg einschlagen, können wir bei einer weiteren Rast auf einer Bank an der Hill das Rauschen des Wassers genießen.

Danach folgen wir dem nach links abzweigenden Weg und gehen immer weiter bergauf. Nun wandern wir vorwiegend durch schönen Buchenwald, der sich abschnittsweise mit Mischwald abwechselt. Am rechten Wegrand findet sich außer dem Quarzit- häufig Schiefergestein, ebenfalls eine für dieses Gebiet charakteristische Gesteinsart. Die Pflanzenvielfalt auf diesem Gestein ist genauso beeindruckend, wie es manchen Bäumen gelingt, auf den Felsen Halt zu finden.

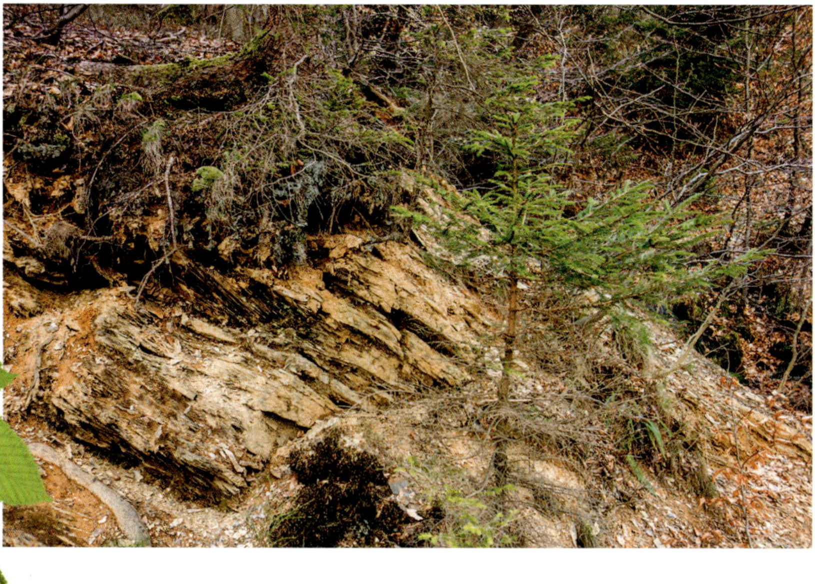

Nach einer Weile gewinnen die Fichten im Waldbestand die Oberhand. Auf der linken Seite, kurz bevor das Ende des Buchenwaldes erreicht wird, kann man erneut einen Blick auf die großen Felsformationen werfen, aber diesmal aus einer anderen Perspektive. Sie liegen jetzt eher zu unseren Füßen. Wer Lust hat und trittsicher ist, kann dorthin klettern und sie sich aus der Nähe ansehen. Am Wegrand ist wieder eine Informationstafel des „Geopfades" aufgestellt, die Fragen zur Entstehung dieser Gesteine klärt.

Unsere Route führt uns nun nur noch leicht bergauf durch einen meist lichten Wald und geht in einen asphaltierten Wegabschnitt über. Rechts von uns trifft ein weiterer Asphaltweg auf unsere Strecke. Wir gehen weiter geradeaus und halten uns dabei eher links. Bald schon ist von Weitem unsere Forsthütte zu erkennen, an der wir zu Beginn der Wanderung den Abstieg begonnen haben.

Kurz vor der Hütte stößt, von rechts kommend, ein weiterer asphaltierter Weg auf den unseren. Auch diesen lassen wir unbeachtet zurück und gehen weiter geradeaus, wobei der Weg eine leichte Linksbiegung macht. Ungefähr auf Höhe der Hütte überqueren wir eine kleine Asphaltbrücke, die über den Ternellbach führt.

Schließlich erreichen wir den Weg, auf dem wir die Wanderung begonnen haben. Rechter Hand sehen wir bald wieder das Hirschgehege und die Stufen, die uns wieder zurück zu unserem Ausgangspunkt Ternell führen.

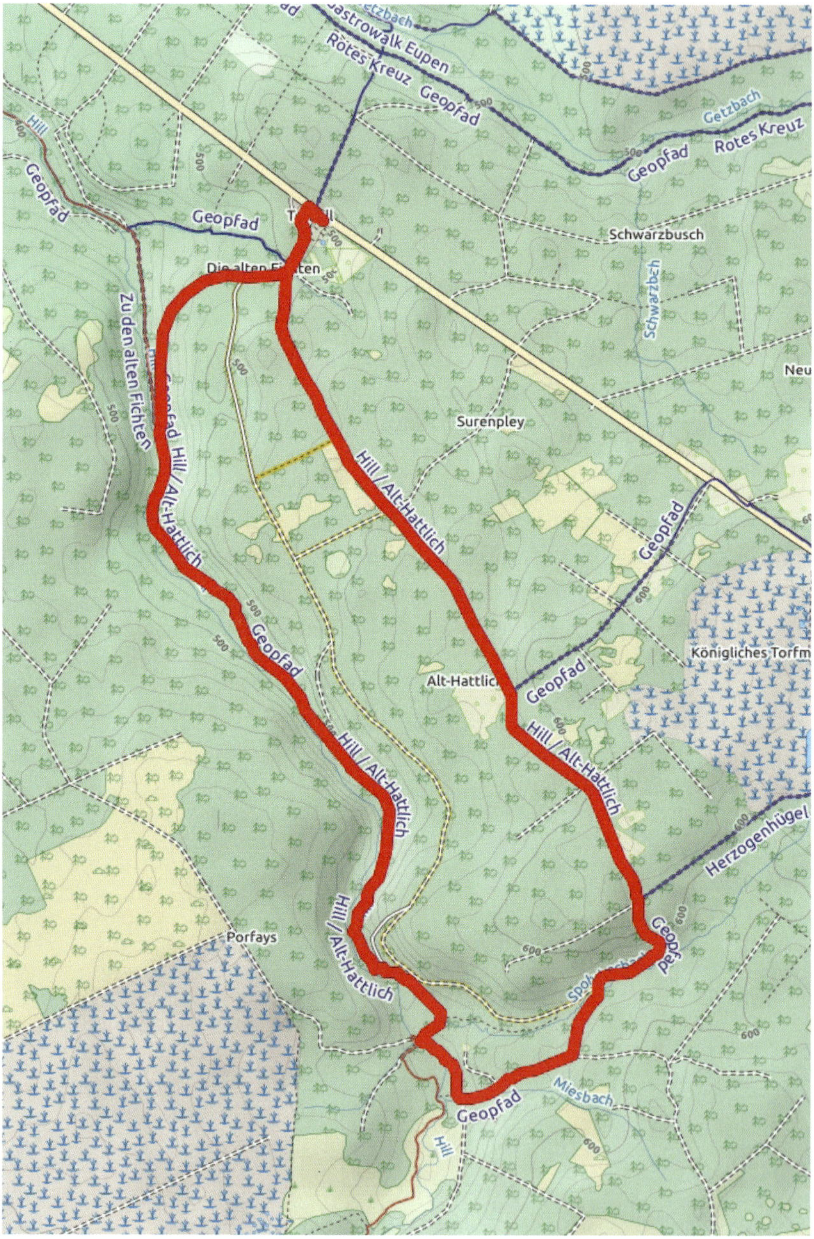
Rotes Kreuz
Geopfad
Getzbach
Schwarzbusch
Schwarzbach
Geopfad
Die alten Fichten
Zu den alten Fichten
Geopfad Hill / Alt-Hattlich
Hill / Alt-Hattlich
Surenpley
Geopfad
Königliches Torfm
Alt-Hattlich
Geopfad
Herzogenhügel
Porfays
Miesbach
Hill

WANDERUNG 4:
TERNELL – HERZOGENHÜGEL – TERNELL

Start und Ziel: Parkplatz Ternell

Länge: 12,3 km

Gehzeit: ca. 4-5 Stunden

Hunde dürfen mitgeführt werden.

Sehr abwechslungsreich, entlang dem Ufer der Hill, breite Waldwege und schmale, steile Pfade, Steinbruch, im Frühjahr viele Narzissen am Herzogenhügel, gute Schuhe und Trittsicherheit sind notwendig.

Knotenpunkte: 62 - 27 - 24 - 64 - 17 - 84 - 1 - 59 - 13 - 4 - 62

Wir starten am Parkplatz Ternell und gehen zwischen dem Naturzentrum und dem dazugehörigen Restaurant die Steintreppe hinunter. Links von uns sehen wir das Hirschgehege und rechts den Kräutergarten des Naturzentrums. Am Ende der Treppe stoßen wir auf einen Asphaltweg und biegen links ab. Wir folgen dem Weg und gehen an einer Forsthütte vorbei, die sich bald rechts von uns befindet. Vor der Forsthütte und wenige Meter dahinter befindet sich auf der linken Seite eine Schneise und ein asphaltierter Weg, die wir hinter uns lassen. Dort führt unser Weg als kleine Brücke über den Ternellbach.

Wir orientieren uns nach rechts und bleiben auf unserem Weg, der eine leichte Kurve nach rechts nimmt. Bald gabelt sich der Weg. Ein weiterer asphaltierter Weg biegt nach links ab. Aber wir halten uns wieder rechts von der Abbiegung und gelangen auf einen breiten Waldweg, wo wir bald Waldboden unter den Füßen haben. Leicht bergab durch einen Mischwald führt uns der Weg. Schon bald begegnen wir rechter Hand einer Informationstafel des „Geopfades". Wer möchte, kann sich darauf über die geologische Geschichte dieses Gebiets informieren.

Hinter dieser Tafel, etwas unterhalb unserer Position und durch die dichte Belaubung des Waldes nicht leicht auszumachen, sind große Felsen zu erspähen. Von hier an wandern wir zu unserer Rechten vorwiegend an Laubbaumbeständen entlang und können je nach Belaubung der Bäume ein paar hundert Meter weiter unten auf der rechten Seite schon den Fluss Hill erahnen. Auf der linken Seite sind viele Schieferformationen zu erkennen.

Nach 1,7 km stoßen wir auf einen von rechts kommenden Wanderweg und auf das Ufer der Hill. Eine Bank lädt uns zu einer kurzen Rast ein. Wir biegen links auf den Wanderweg ab, wobei unsere Gehrichtung eher geradeaus ist, da beide Wege in einem spitzen Winkel aufeinandertreffen. Durch einen lichten, meist niedrigen Wald folgen wir immer weiter dem Flusslauf der Hill. Es lohnt sich, auch auf die kleinen Dinge am Wegrand zu schauen, denn immer wieder stößt man auf interessante Gesellschaften von abgestorbenem Holz, Moosen, Flechten und Pilzen.

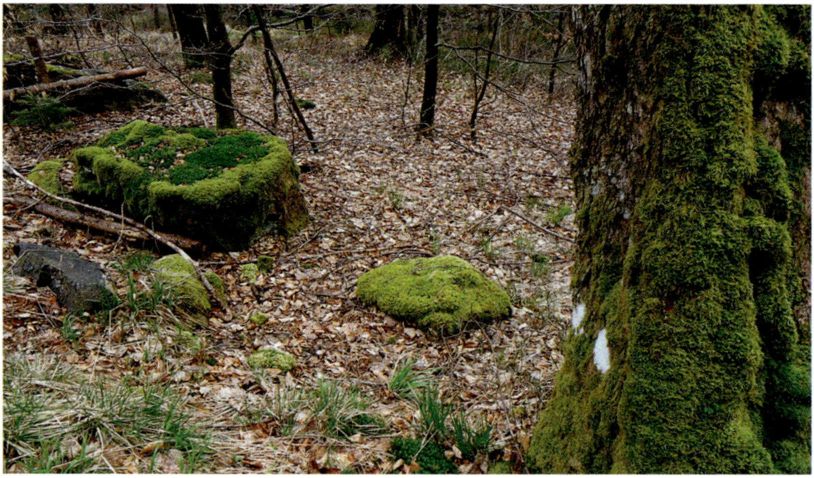

Immer wieder beherrscht Fichtenwald das Bild der Landschaft. Die Baumkronen der Bewaldung, auch die der verbliebenen Laubbäume, ragen in der Regel hoch in den Himmel auf, während unsere Route stets parallel, doch etwas weiter von der Hill wegführt. Durch die Bäume ist das Flüsschen weiterhin zu sehen.

3,8 km vom Ausgangspunkt entfernt stößt von links ein weiterer Weg auf unsere Wegstrecke. Wir folgen ihm nicht, sondern gehen weiter geradeaus und nun wird unsere Wanderung sehr viel abenteuerlicher. Zwar sind gutes Schuhwerk und Trittsicherheit gefragt, doch wird man durch eine immer schöner werdende Umgebung entlang der Route belohnt.

Auf Höhe der Einmündungen zweier größerer Zuflüsse durchqueren wir zwei Furten, bleiben dabei aber auf unserer Seite der Hill. Bald lichtet sich der Wald wieder. Viele abgestorbene, völlig mit Moos bewachsene Laubbäume sind auszumachen. Auf vielen, am Wegrand liegenden Steinen sprießt das Leben, seien es Flechten, Moose oder sogar winzige Bäumchen.

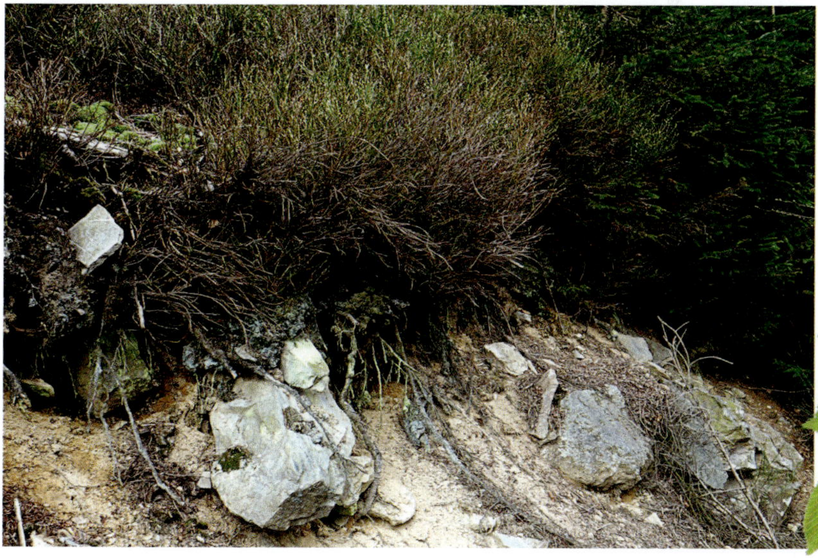

Allmählich nähern wir uns wieder der Hill, bis sie unmittelbar rechts neben uns in ihrem Bett fließt. Linker Hand treffen wir nun oft auf hohen Fichtenbewuchs. Darunter sind am Wegrand derart interessante Formationen und Lebensgemeinschaften zu finden, dass ein Makrofotograf seine helle Freude daran hätte. Natürlich sind diese Fels- und Pflanzengemeinschaften auch für den geologisch oder botanisch Interessierten äußerst faszinierend.

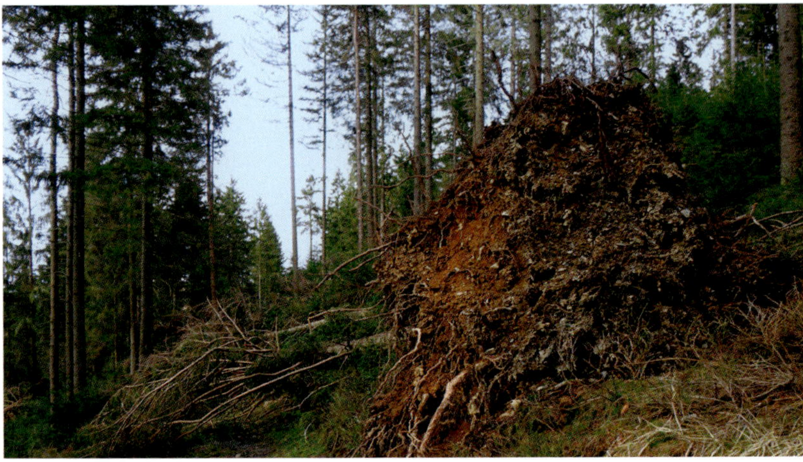

Auf unserem weiteren Weg mussten wir bei der Trackaufzeichnung über und zwischen mehreren umgestürzten Fichten klettern. Sie sind stumme Überbleibsel der Zerstörungskraft des letzten Orkans. Wahrscheinlich sind sie durch die Forstwirtschaft längst entfernt worden, bis Sie das Buch in den Händen halten. Es zeigt aber auf, dass auf diesen Wegen unerwartete Dinge passieren können. An den freiliegenden Wurzeln ist gut zu erkennen, dass Fichten Flachwurzler sind und daher besonders leicht durch einen

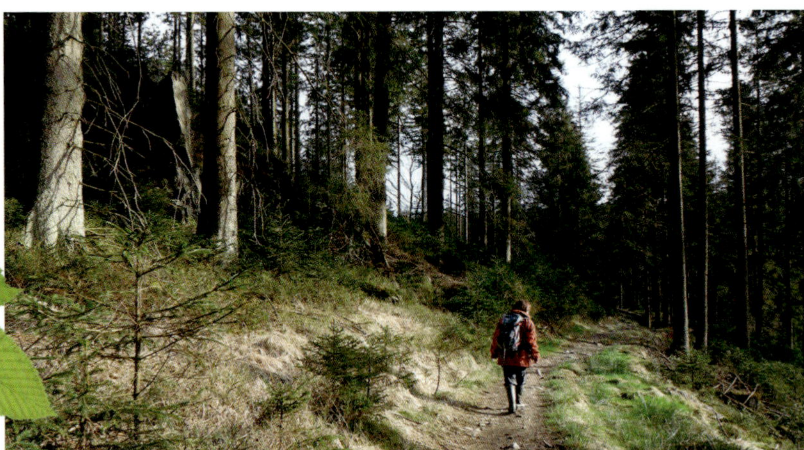

Sturm samt Wurzeln gefällt werden können. Der Weg verwandelt sich nun in einen sehr schmalen Pfad. Rechts von uns fließt weiter die Hill, diesmal wieder etwas weiter entfernt.

Immer weiter bergauf führt der Pfad nun. Die Anzahl von Wurzeln und Steinen am Wegesgrund nimmt deutlich zu und phasenweise ist der Weg auch etwas abschüssig. Nachdem der Pfad steiler und steiler geworden ist, gelangen wir zu einem Streckenabschnitt, der von Geländern aus Holz gesäumt wird. An diesen können wir uns beim Gehen festhalten und sie verhelfen uns dadurch auf dem weiteren Stück dazu, trittsicher zu bleiben und nicht zu stürzen. Die Strecke steigt immer weiter an, bis wir einen breiteren Wanderweg erreichen.

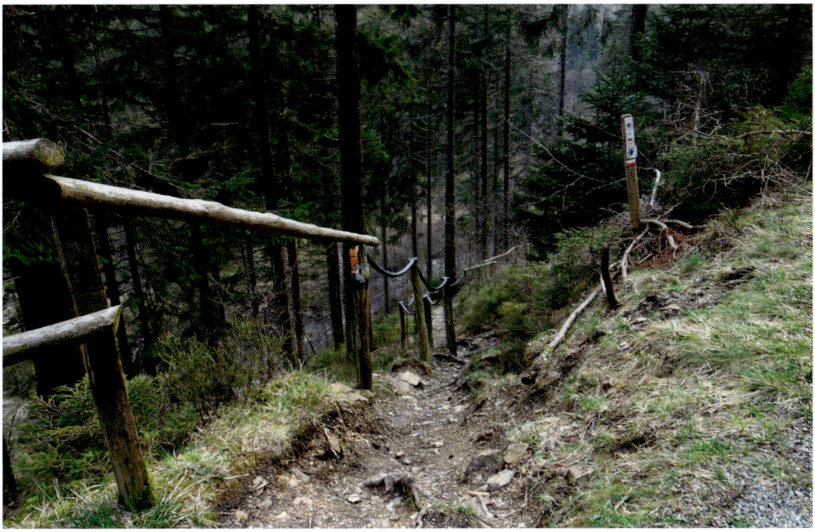

Jetzt biegen wir rechts ab. Die Hill fließt weiter rechter Hand von uns, aber nun liegt ihr Bett tief unter uns in der Landschaft. Unmittelbar nachdem wir rechts abgebogen sind, ist das Gelände am rechten Wegrand erneut extrem abschüssig. Deshalb findet sich auch hier wieder ein Geländer. Kinder, Hunde etc. sollten von diesen anspruchsvoll zu bewandernden Stellen ferngehalten werden, auch beim Fotografieren sollten Sie auf einen sicheren Stand achten.

Auf dem weiteren Wegabschnitt, der nun wieder bequem und einfach zu begehen ist, trennt uns zeitweise ein Birkenwäldchen von der Hill, aber schon nach einem kurzen Stück Weg taucht sie wieder neben uns auf und ihr Wasserrauschen ist fast die ganze Zeit zu hören. Weiterhin fließt hier der ***Spohrbach*** entlang, worauf ein Schild hinweist.

Der Wald ist nun sehr licht. Bei den wenigen Bäumen in der Umgebung handelt es sich vorwiegend um Birken. Im Frühjahr blühen hier viele Narzissen. Typisch für diese Gegend ist ebenfalls die hier wachsende Vennflechte.

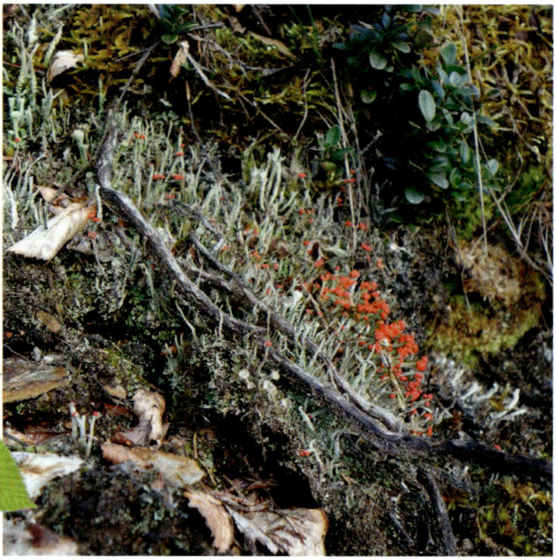

Schließlich kommen wir an eine Stelle, von der aus das Moor in Richtung Botrange betreten werden kann, auch an einem Fahnenmast zu erkennen. Wenn er rot beflaggt ist, darf der Weg z. B. wegen Brandgefahr nicht betreten werden. Der Ort wird ***Herzogenhügel*** genannt, was dem entsprechenden Hinweisschild zu entnehmen ist. Entlang der Hill verlief im Mittelalter die Grenze zwischen dem Herzogtum Limburg und dem Herzogtum Jülich.

Auf einem sehr schönen Platz ganz nah beim Flussbett der Hill stehen Holzbänke und ein Tisch, woran wir unsere wohlverdiente Rast abhalten können.

Von dort hat man einen wunderschönen Blick auf den Fluss, Teile der Moorlandschaft, den sehr lichten Wald und im Frühjahr auch auf viele Narzissen.

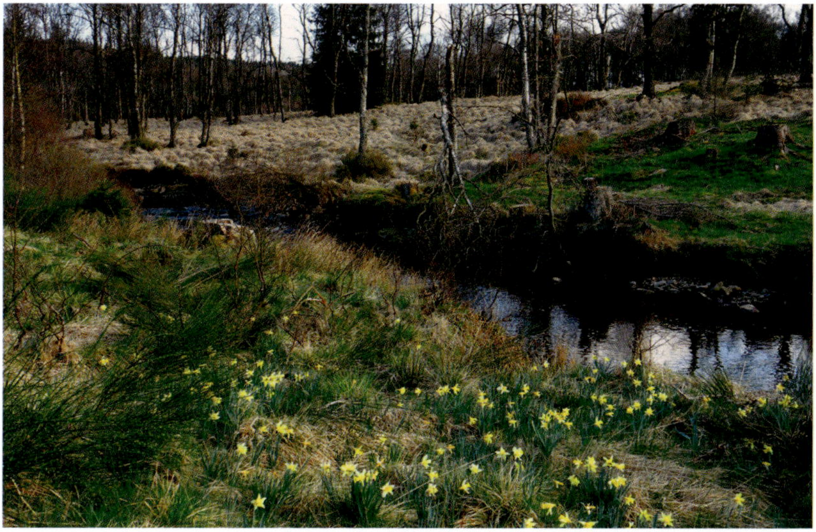

Hier ist eine Informationstafel aufgestellt, die auf die besonderen Eigenschaften des Wassers im Venn aufmerksam macht. Vielleicht ist Ihnen aufgefallen, dass es in den Vennbächen keine Fische und an ihren Ufern kaum blühende Pflanzen gibt.

Die Ursache findet sich im aus dem Hochmoor abfließenden Wasser. Es hat einen niedrigen pH-Wert, ist also sehr sauer und ermöglicht somit nur wenig Fauna und Flora das Wachsen und Gedeihen. Die Hill fließt an dieser Stelle viel ruhiger als entlang des vorherigen Wegabschnitts. Es ist einfach ein sehr schöner Platz, den man nur widerwillig verlässt.

Beim weiteren Gehen entdecken wir wieder ein großes Schild des „Geopfades". Thema ist diesmal der Hilltal-Tonalit. Der ***Tonalit*** ist ein seltenes, mit Granit verwandtes Tiefengestein, der sich aus Magma gebildet hat. Bruchstücke dieses Tonalits lassen sich überall im Bachbett der Hill finden. Vor uns, linker Hand des Weges, gelangen wir nach kurzer Zeit zu zwei großen

Steinbrüchen. Es ergibt ein wunderschönes Bild, wenn, abhängig vom Lichteinfall, die Felsformationen nah am blauen Wasser des Bachs annähernd rotgolden leuchten.

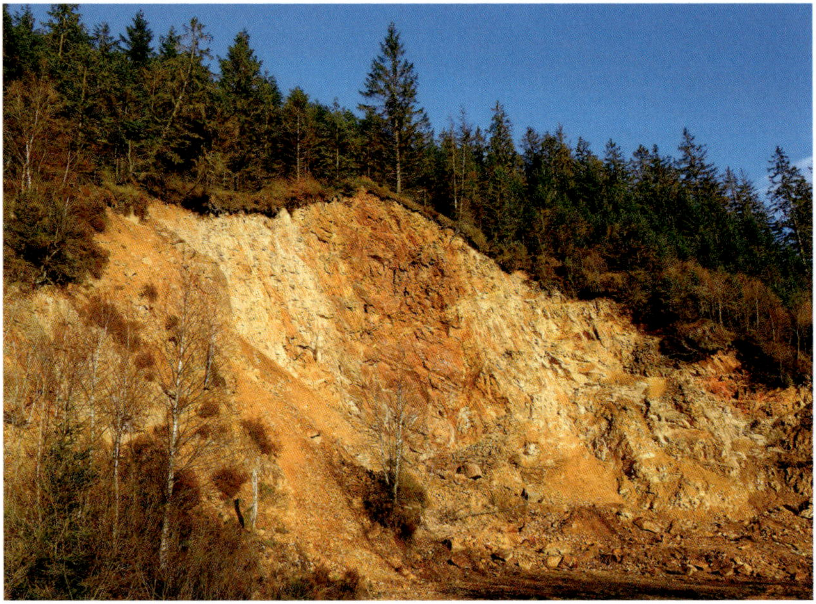

Auch dieser Ort lädt zum Verweilen ein. Auf dieser Höhe befindet sich auf der rechten Seite ein Gerät, mit dem man messen kann, wie viel Wasser das Torfmoos aufnehmen kann. Gleichzeitig wird hier auf einem Schild eine Quelle angezeigt. Das austretende Quellwasser ist nicht trinkbar, weil es leicht mit natürlichem Radon belastet ist. Radon ist ein radioaktives chemisches Element, welches hauptsächlich in den Mittelgebirgen aus Granitgestein vorkommt.

KURIOSES

Wer sich die GPS-Daten aus dem Internet heruntergeladen hat, wird sich nun vielleicht wundern, wieso die Trackaufzeichnung um 19.20 Uhr abbricht. Seit diesem Zeitpunkt sind wir im Venn herumgeirrt, genauer gesagt, wir waren schon fast in Küchelscheid angelangt, also weit, weit abseits unserer geplanten Route. Was ist passiert: Wir haben leider beinahe alles falsch gemacht, was man bei solch einer Wanderung falsch machen kann.

Zunächst waren wir durch den Umstand, dass umgestürzte Bäume unseren Weg blockierten, sehr viel langsamer unterwegs, als geplant. Dann waren wir von der Natur um den Herzogenhügel und allem, was es da an großen und kleinen Wundern zu bestaunen gab, so begeistert, dass wir nach Herzenslust fotografierten, am Bach noch eine ausgiebige Rast machten und dadurch unser Gefühl für die Zeit verloren.

Als wir endlich weiterzogen, war es viel später, als geplant. Nun unterlief uns der nächste Fehler. Anstatt nochmals genau auf der Karte nachzusehen, wie der Weg weiter verläuft, wurden wir hektisch und dadurch unvernünftig, denn wir wollten ja unbedingt noch vor Anbruch der Dunkelheit zurück sein. Außerdem überschätzte ich meine Ortskenntnis, denn ich glaubte, die Gegend doch gut zu kennen, obwohl ich lange nicht mehr da war.

Also zogen wir eilig los, waren unkonzentriert und übersahen das unauffällige Schild Richtung Alt-Hattlich an einem nach links abzweigenden Weg, welches uns den richtigen Weg nach Ternell gewiesen hätte. Nun hatten wir unabsichtlich den Weg Richtung Küchelscheid eingeschlagen und folgten scheinbar den Anweisungen der Karte, bogen also an weiteren Stellen falsch ab. Es wurde dunkel und der Fichtenwald sah deshalb nun überall gleich aus.

Unsere nächste Fehlentscheidung war, dass wir unsere Taschenlampen im Auto hatten liegen lassen, da wir ja sicher im Hellen zurück sein wollten. Das nächste Missgeschick, mein Smartphone verabschiedete sich, der

Akku war leer, obwohl ich es vor der Wanderung voll aufgeladen hatte. Das GPS-Gerät war aus anderen technischen Gründen keine Hilfe mehr.

Zu wissen, dass nachts überall damit zu rechnen ist, auf Wildschweinrotten zu treffen – wir hatten am Tag ja zahlreiche Spuren von ihnen gesehen –, hob die Stimmung kein bisschen. Obwohl überall im Venn viele große Informationstafeln mit Karten und andere Hinweisschilder aufgestellt sind, ließ sich solcherlei Hilfe jetzt nicht mehr auffinden. Wir übersahen sie in der Dunkelheit schlicht und ergreifend.

Gottlob haben wir nicht den Fehler gemacht, die befestigten Wege zu verlassen. Das wäre fatal gewesen, denn wir befanden uns in einem Gebiet mit vielen ungesicherten Mooren. Um das Maß voll zu machen, hatten wir natürlich auch kein Wasser und nichts mehr zu essen dabei.

Erst um 21.24 Uhr startet die Trackaufzeichnung wieder – die Aufzeichnung der Irrwege habe ich rausgeschnitten. Zu diesem Zeitpunkt hatten wir mit viel Glück wieder den richtigen Weg gefunden und mussten noch eine weitere Stunde durch die Dunkelheit laufen, bis wir endlich beim ganz verlassen stehenden Auto auf dem Ternell-Parkplatz angekommen waren.

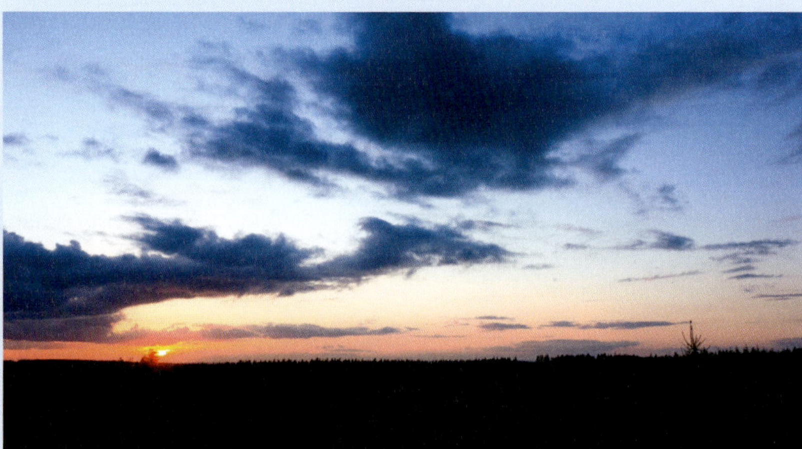

Nun zur weiteren korrekten Wegbeschreibung: Der Weg schlängelt sich im Gebiet des Herzogenhügels zunächst in südlicher Richtung und führt nach einer Kurve weiter nach Osten. Mitten in der Kurve trifft man rechts auf einen Übergang - eine Furt und daneben eine schmale Holzbrücke - über den ***Miesbach***. Dort biegen wir nicht ab. Nachdem wir die Abzweigung über den Miesbach hinter uns gelassen haben, führt bei der ersten Gabelung der weiteren breiten Wegstrecke eine Abzweigung in nordöstliche Richtung, wohingegen ein nur scheinbar geradeaus führender Weg eher nach Osten führt. Wir folgen der Route nach links Richtung Nordost. Auf einem Schild an der Kreuzung und den nachfolgenden Schildern kann „Hattlich" oder „Alt-Hattlich" stehen; beide Hinweise weisen auf dasselbe richtige Ziel.

Noch einmal überqueren wir den Sporbach. Direkt anschließend gelangt man über die Abzweigung nach links wieder in die Richtung Ternell. Wenn Sie diesen Weg wählen sollten, kommen Sie auch nach Ternell, wenn Sie immer weiter geradeaus gehen. Wir orientieren uns nun aber weiter nordöstlich und biegen hier nicht ab. Linker Hand von uns wächst Wald, rechts erhalten wir einen schönen Blick in ein Tal und können dort noch eine ganze Weile den Sporbach fließen sehen. Steiler und steiler in Kurven verläuft der Weg bergauf und führt uns bald nordwestlich, sodass wir uns vom Sporbach verabschieden müssen. Wenn Sie die Steigung geschafft haben, gelangen Sie an eine große Kreuzung. Ein asphaltierter Weg führt rechts nach Monschau-Mützenich. Wir biegen aber nicht ab, sondern halten uns geradeaus Richtung Ternell bzw. „Alt-Hattlich".

Unsere Route führt uns nun nur noch geradeaus, immer weiter Richtung Ternell durch verschiedene Waldabschnitte, wobei wir nach etwa einem Drittel dieser Wegstrecke an einer Forsthütte vorbeikommen. Wir lassen alle Abzweigungen unbeachtet hinter uns, bis wir auf die Weggabelung treffen, an der wir unsere Wanderung begonnen haben. Wir biegen rechts ab, wobei der Weg dabei beinahe geradeaus führt und werden bald auf der linken Seite das Forsthaus bei Ternell erspähen.

Eine breite Schneise, die hinter der Brücke über den Ternellbach nach rechts führt und fast wie ein Weg aussieht, lassen wir in unserer Routenführung unberücksichtigt zurück. Wir halten uns eher links. Etwa 450 m nach der

Abzweigung erreichen wir den Ausgangspunkt, nachdem wir an dem rechts des Weges liegenden Hirschgehege vorbeigegangen und wieder die Treppen zum Naturzentrum hinaufgestiegen sind.

Abkürzung dieser Wanderung

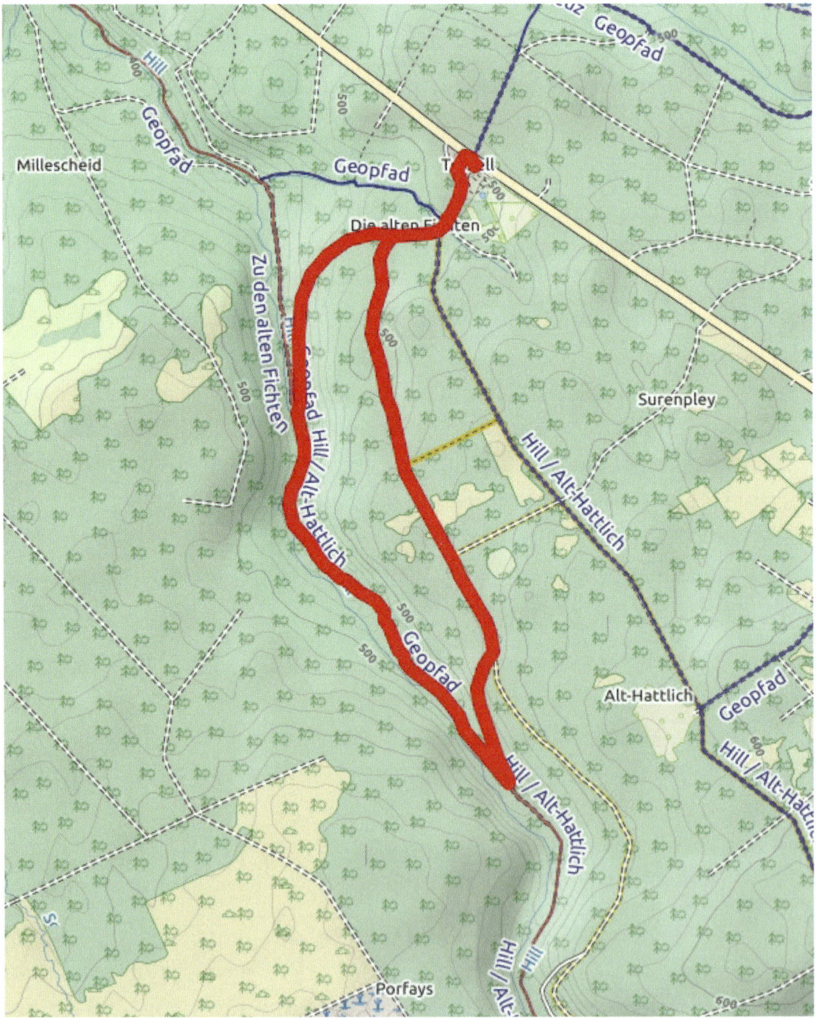

Länge: 6,5 km

Gehzeit: ca. 2-2,5 Stunden

Hunde dürfen mitgeführt werden.

Sehr leichte Wanderung, schön bei Hitze zu absolvieren, da es entlang der Wegstrecke viel Schatten gibt und sie abschnittweise entlang der Hill verläuft, auch im Winter bei Schnee sehr angenehm zu begehen.

Der Beginn dieser Wandertour entspricht dem Anfang von Wanderung 4, nach 3,9 km biegen Sie in einem spitzen Winkel nach links auf einen weiteren Waldweg ab. Eine Weile läuft man etwas bergauf, der Weg ist aber insgesamt sehr einfach zu bewandern. Nachdem Sie etwa 2,5 km immer geradeaus durch verschiedene Waldstücke gegangen sind, treffen Sie auf den Wanderweg, von dem aus Sie losgegangen sind. Sie biegen rechts ab und lassen einen weiteren Wanderweg unbeachtet hinter sich, der nach 300 m rechts abgeht, sondern halten sich links, wobei Sie die Forsthütte links von sich passieren. Bald werden Sie rechts das Hirschgehege von Ternell sehen und nach insgesamt 690 m, von der letzten Abbiegung aus gerechnet, Ihren Ausgangspunkt erreichen.

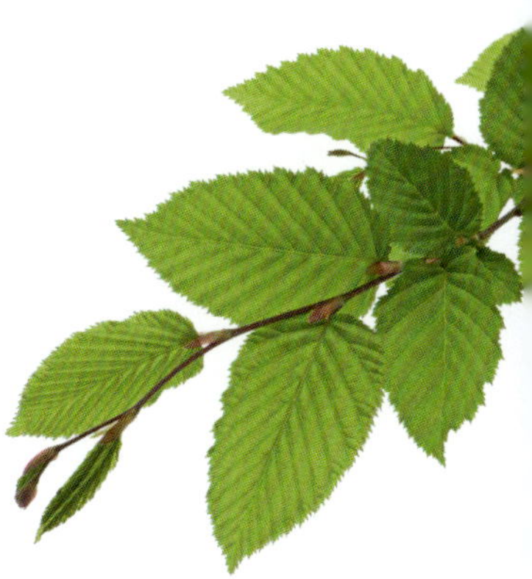

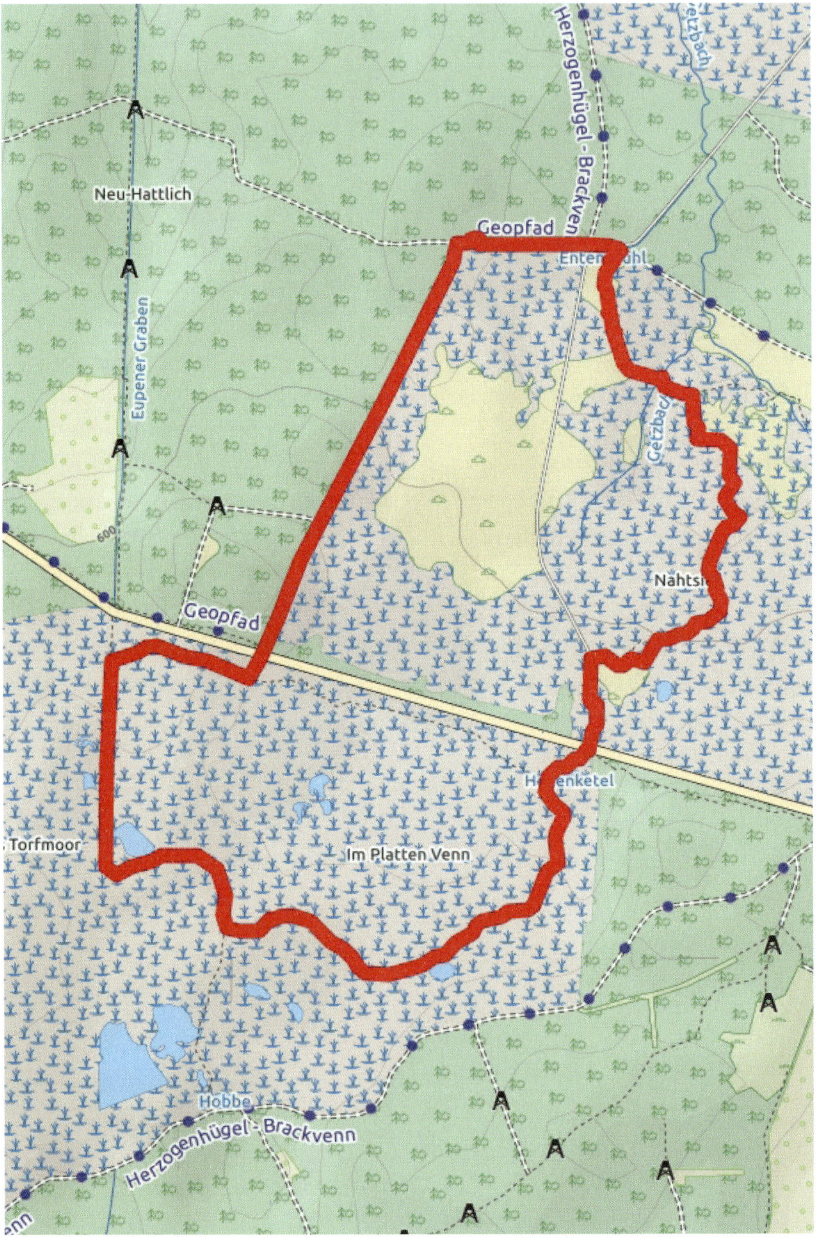
Herzogenhügel - Brackven
Neu-Hattlich
Geopfad
Eupener Graben
600
Getzbach
Nahtsi
Geopfad
Torfmoor
Im Platten Venn
Hobbe
Herzogenhügel - Brackvenn

WANDERUNG 5: PLATTES VENN UND NAHTSIEF

Start und Ziel: Parkplatz Nahtsief

Länge: 5,6 km

Gehzeit: ca. 2,5-3 Stunden

Hunde dürfen nicht mitgeführt werden.

Vorwiegend Stege, ein Grasweg, sehr abwechslungsreiche Moorlandschaft, botanisch und geologisch interessant, einige Lithalsen, leichte Wanderung, dennoch ist festes Schuhwerk notwendig.

Da es sich teilweise um eine Art Lehrpfad handelt, gibt es auf einem Teil der Strecke viele Informationstafeln.

Knotenpunkte: 44 - 26 - 73 - 97 - 84 - 58 - 32 - 63 - 77 - 53 - 44

Startpunkt ist der Parkplatz Nahtsief. Wir überqueren die Straße und sehen dort schon den Anfang der Stege durch das Platte Venn. Links neben dem Eingang befindet sich ein Fahnenmast. Wenn dort eine rote Flagge hängt, ist das Betreten des Venns nicht erlaubt. Rechts ist ein Schild mit einer Wanderkarte aufgestellt.

Nachdem wir die Stege betreten haben, treffen wir gleich zu Beginn unseres Weges auf eine Aussichtsplattform, von der aus man einen weiten Blick über das Venn und auf einen Lithalsen hat. Auf einer Tafel wird neben der Entstehung der Lithalsen erklärt, warum nur bestimmte Pflanzen, wie Wollgras, Torfmoose und die Rosmarinheide, in diesem Gebiet überleben können.

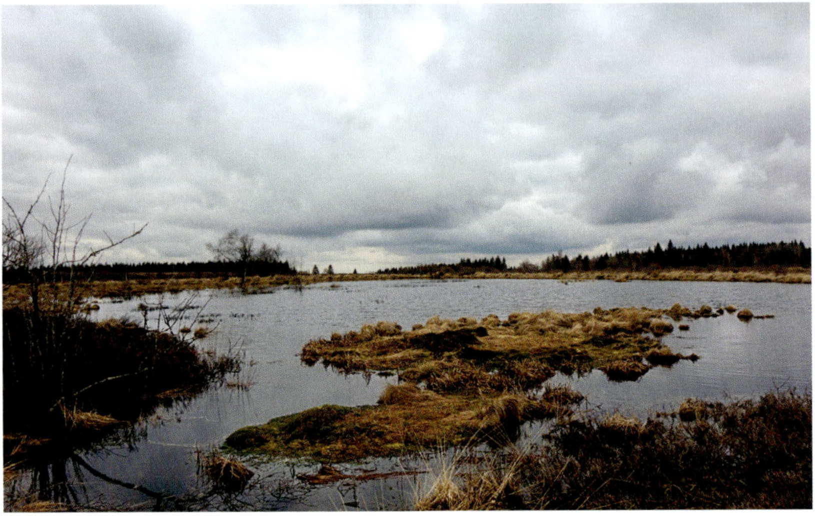

Lithalsen im Platten Venn

Wir gehen über die Stege weiter geradeaus und ignorieren eine Abzweigung nach rechts. Unterwegs sehen wir die für die Entstehung der Moore so wesentlichen Torfmoose und weitere, für das Ökosystem Moor typische Pflanzen. Unmittelbar hinter einem weiteren Lithalsen folgen wir dem Brettersteg geradeaus durch das Moor, wobei wir sehr viele Bulten und Schlenken zu sehen bekommen, aber neben anderen Pflanzen auch sehr viel Pfeifengras und vereinzelte Birken.

Schließlich gelangen wir zu einem kleinen See, der je nach Wasserstand und Wetter, insbesondere wenn der Wasserstand hoch ist und die Sonne scheint, wunderschön aussieht. Es handelt sich um ein Wasserrückstaubecken. Auf einem Schild wird der Hintergrund dieser Maßnahme erläutert.

Es handelt sich um einen Teil eines Projekts zur Wiederherstellung des Hochmoors. Durch die Errichtung des Wasserrückstaus soll das dominante Pfeifengras überschwemmt werden, damit sich die torfbildende Vegetation wieder durchsetzen und ausbreiten kann. Auch soll der Wasserabfluss verlangsamt und die Erosion an der bestehenden Hochmoorfläche des ***Misten***, eines Teilstücks des Moores, verringert werden.

Weiterhin finden wir an dieser Stelle einen Durchstich, an dem man die verschiedenen Lagen des Torfs sehen kann. An diesen und ähnlichen Stellen wurde von den Bewohnern Mützenichs Torf abgebaut. Auf einer Tafel wird der Unterschied zwischen Torf und Humus erklärt. Einer weiteren Hinweistafel kann man die Geschichte der hiesigen Landschaft entnehmen, so wie sie anhand der Rückstände im Torf rekonstruiert werden konnte. In diesem Zusammenhang wird auf die Bedeutung der Pollenrückstände und des Pollendiagramms eingegangen.

Wir wandern weiter auf den Stegen und gelangen zu einer Abzweigung, an der ein Holzschild aufgestellt wurde mit Hinweisen auf die Hill und die Getz, die beiden Bäche der Region. Wir folgen dem Schild „Getz" und biegen Richtung Monschauer Straße rechts ab.

Von hier an gehen wir entlang des „Eupener Grabens". Er wurde 1774 unter der Herrschaft der deutschen Kaiserin Maria-Theresia gezogen, um die Streitigkeiten wegen der Torfnutzung zwischen den Herzogtümern Jülich und Limburg zu beseitigen. Der „Eupener Graben" verläuft gerade in Nord-Süd-Richtung und trennt das durchwanderte Brackvenn von Misten, dem Königlichen Torfmoor, das sich bei unserer weiteren Wanderung linker Hand von uns erstreckt.

Auch der „Eupener Graben" hat zur Entwässerung und dauerhaften Störungen des empfindlichen Ökosystems Moor beigetragen. Das Mistenvenn verfügt noch über eine dicke Torfschicht. Es ist eines der größten aktiven Hochmoorgebiete Belgiens. Das Betreten dieses Hochmoors ist streng verboten, was auch ein Hinweisschild deutlich hervorhebt.

Bei feuchtem Wetter werden uns große Wasserflächen auffallen. Was es damit auf sich hat, wird auf einer weiteren Plattform erklärt. Später wird der Einfluss des Menschen auf die Gestaltung dieser Landschaft beschrieben. Hier sind insbesondere die Auswirkungen des Torfabbaus zu sehen. Die Existenz der großen Wasserflächen wird durch eine weitere Informationstafel erklärt: Durch den Bau von Torf- und Lehmdämmen soll eine Wiederbewässerung der trockengelegten Moore ermöglicht werden.

Unsere Wanderung führt uns weiter durch diese immer wieder faszinierende Landschaft. Überall auf dem Weg sind wieder viele Bulten und Schlenken zu sehen. Etwas weiter entfernt im Hintergrund entdecken wir einen Feuerwachturm, der sich auf der genüberliegenden Straßenseite an der Monschauer Straße am Rande des Platten Venns befindet. Trotz der Feuchtigkeit des Venns besteht insbesondere im Frühjahr und Sommer eine extrem hohe Brandgefahr, weshalb das Venn zu diesen Jahreszeiten aus Sicherheits- und Umweltschutzgründen oft gesperrt ist, was an den gehissten roten Fahnen an den Eingängen zu erkennen ist.

Kurz bevor wir die Monschauer Straße erreichen, biegen wir auf unserem Steg rechts ab, gehen 270 m geradeaus weiter und biegen dann links ab. Nach wenigen Metern überqueren wir die Monschauer Straße und erreichen nun einen breiten Grasweg, der entlang einer „D-Zone" des Moors führt. Rechter Hand breitet sich nun die typische Moorlandschaft mit ihrer speziellen Vegetation aus, linker Hand finden wir Waldwuchs.

Es lohnt sich, der Vegetation auf dem Weg selbst besondere Aufmerksamkeit zu schenken, da dort viele typische Vennpflanzen, wie Glockenheide oder Lungenenzian, wachsen. Nach 1 km auf dem Grasweg stoßen wir auf einen Waldweg. Beinahe gegenüber unserer jetzigen Position, auf der anderen Seite des Weges, lädt auf einer kleinen Wiese ein Holztisch und eine Bank zu einer Pause ein.

Gestärkt brechen wir wieder auf und gehen, vom Grasweg aus gesehen, nach rechts weiter. Unsere Route führt am Waldrand links von uns entlang. Rechter Hand kann weiterhin der Blick über das Moor genossen werden, bis wir nach 350 m auf eine Kreuzung zweier Asphaltwege treffen. Kurz zuvor lohnt es sich, einen Blick auf ein Schild des „Geopfades" rechts des Weges zu werfen, auf dem die Ardennen zur Quartärzeit beschrieben werden. Es ist erstaunlich, was für Veränderungen dieses Gebiet seit den Eiszeiten durchgemacht hat und welche unterschiedlichen Tiere hier gelebt haben.

Weiter geradeaus über die Kreuzung und dem Schild „Konzen" folgend, verläuft unsere Wegstrecke. Rechts von uns passieren wir einen Tümpel, der auch ***Entenpfuhl*** genannt wird.

Kurz hinter der Kreuzung biegen wir rechts in einen breiten Grasweg ein und schon nach wenigen Metern auf dem Grasweg gelangen wir rechter Hand wieder zu einem „Eingang" ins Venn.

Erneut betreten wir die Stege und passieren den ***Entenpfuhl***, der sich nun auf unserer rechten Seite befindet.

Nun sind wir ins Brackvenn gelangt, dessen landschaftlicher Charakter wesentlich durch den Bewuchs buschiger Vegetation geprägt ist und dessen Anmut und Erleben sich somit stark vom zuvor durchwanderten Teil des Venns unterscheidet.

Die Landschaft wirkt hier fast märchenhaft und verwunschen und wandelt sich auch mit den unterschiedlichen Lichtverhältnissen immer wieder.

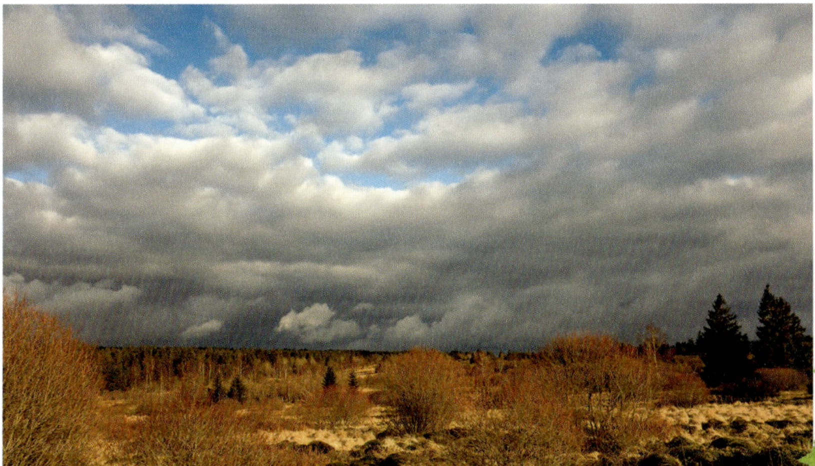

Bald überqueren wir ein größeres Rinnsal und können links von uns die Auswirkungen der „Arbeit" von Bibern entdecken. Wer sich besonders für die Biber im Brackvenn interessiert, kann an durch ***Haus Ternell*** organisierten Führungen zum Thema teilnehmen; auch liegt dort häufig entsprechendes Informationsmaterial aus.

Nach einiger Zeit zweigt ein Steg links ab. Unsere Route folgt aber weiter dem rechten Steg. Ein Schild weist Richtung „Parkplatz Nahtsief", der ja unser Ziel ist. Wieder durchqueren wir die typische Moorlandschaft.

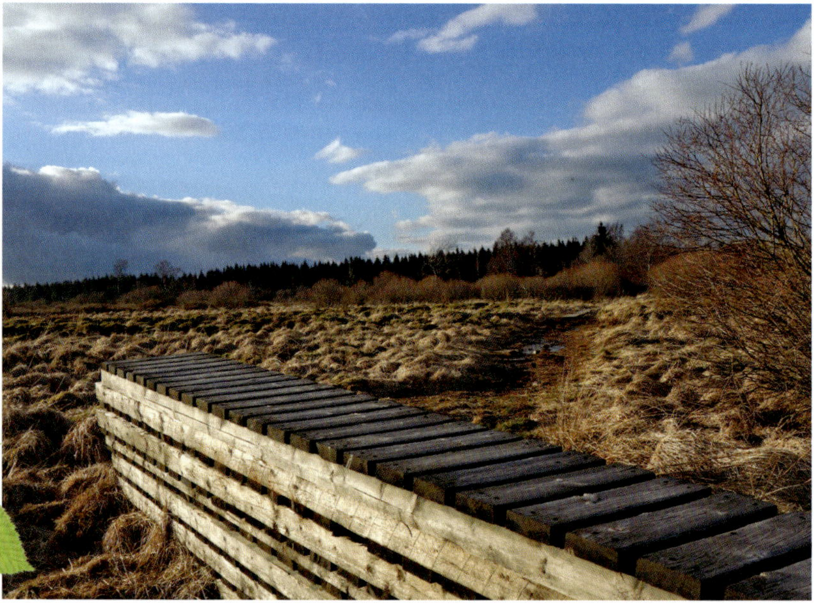

Hier werden die Stege im Frühjahr erneuert.

An einem Lithalsen links des Weges befindet sich eine kleine Plattform, von der aus man, je nach Jahreszeit, Beinbrech, Sonnentau, Wollgras und Fieberklee sehen kann. Auf unserem weiteren Weg finden wir abgestorbene Bäume, die oft von Pilzen, wie Porlingen, Moosen und Flechten, bewachsen sind.

Schließlich erreichen wir einen asphaltierten Weg, auf den wir links einbiegen. Ab hier können wir unseren Ausgangspunkt, den Parkplatz Nahtsief, schon in der Ferne erkennen.

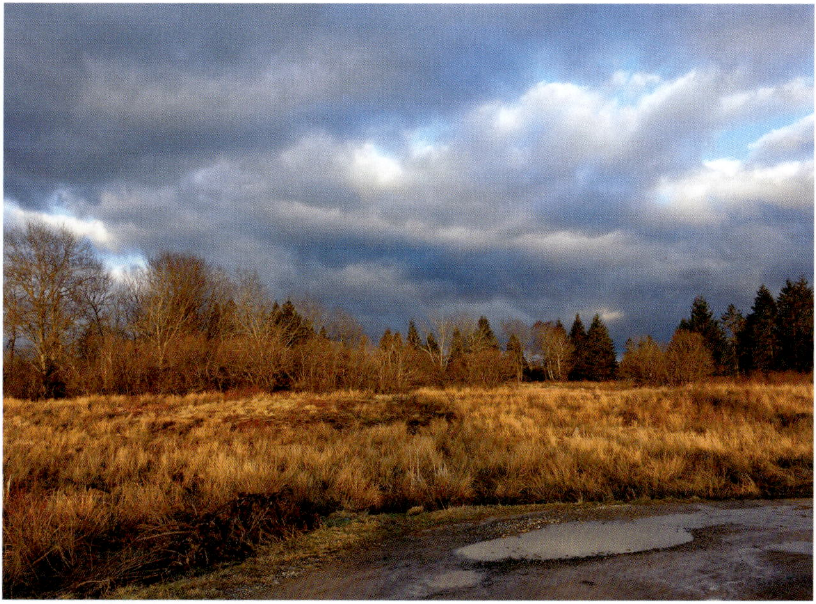

Abenddämmerung am Parkplatz Nahtsief

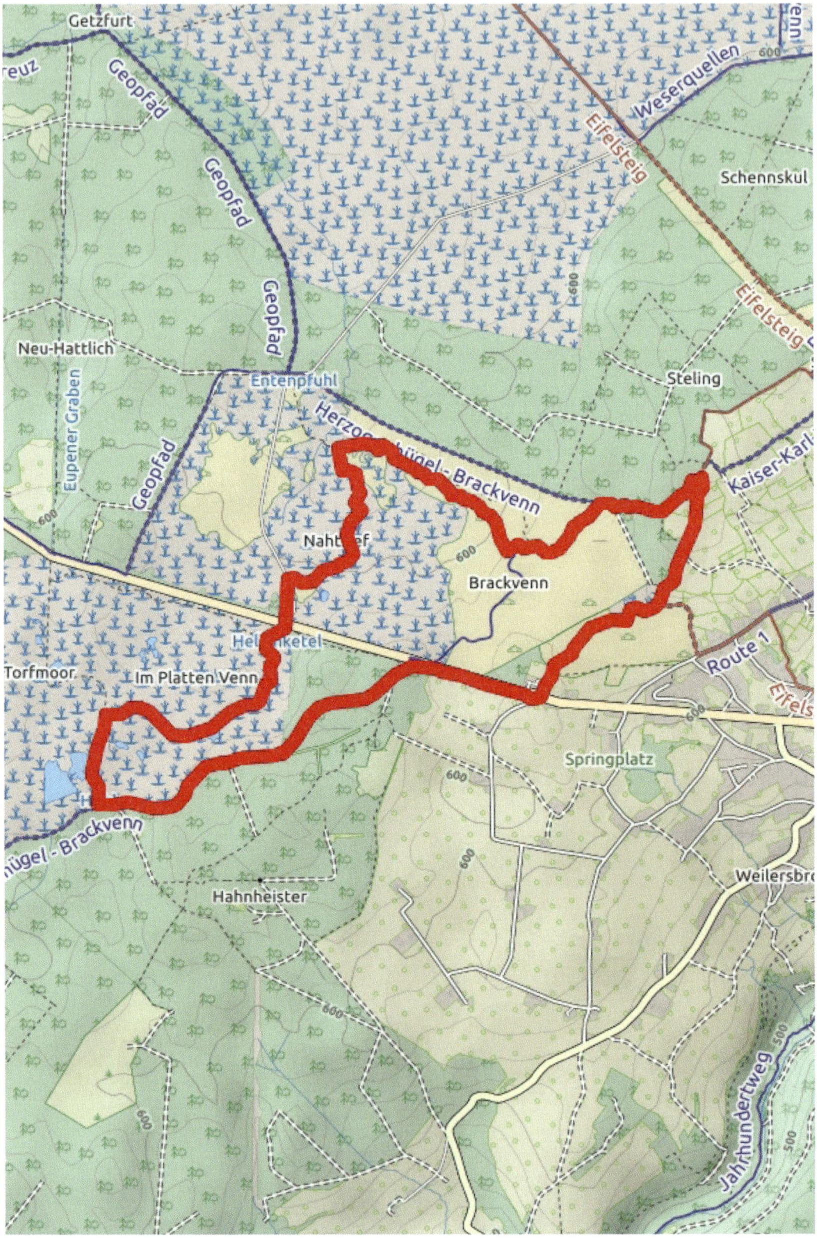
Getzfurt
Geopfad
Weserquellen
Eifelsteig
Schennskul
Neu-Hattlich
Entenpfuhl
Eupener Graben
Steling
Kaiser-Karl
Brackvenn
Torfmoor
Im Platten Venn
Route 1
Springplatz
Hahnheister
Weilersbr
Jahrhundertweg

WANDERUNG 6: PLATTES VENN UND BRACKVENN VOM GRENZWEG AUS

Start und Ziel: Parkplatz Grenzweg

Länge: 8,60 km

Gehzeit: ca. 3-4 Stunden

Hunde dürfen nicht mitgeführt werden.

Waldwege, viele Stege, schmale Pfade, Kaiser-Karls-Bettstatt, sehr abwechslungsreiche Moorlandschaft, Biber im Wandergebiet, botanisch und geologisch interessant, Lithalsen, sehr viele Informationstafeln, Aussichtsturm, Wanderung mit einigen schwierigen Stellen, je nach Wetter rutschig, festes Schuhwerk ist notwendig.

Wegen der Biber wird der Verlauf der Stege oder des Pfades gelegentlich verlegt. Dies wird auf dem Weg markiert.

Wir starten am Parkplatz Grenzweg und folgen einem breiten Waldweg in südwestlicher Richtung. Zu beiden Seiten treffen wir auf Fichtenbestand, bis der Waldwuchs nach einer Weile auflockert und in niedrigeren Mischwaldbestand übergeht. Ab und an sind Entwässerungsgräben zu sehen, die die Anpflanzung der Fichten erst möglich gemacht haben.

Recht bald erheischen wir auf der rechten Seite einen weiten Blick über das Moor, wohingegen linker Hand Mischwaldbestand und Schonungen beginnen, einander abzuwechseln. Eine Bank zur Linken lädt ein, sich niederzusetzen, um einen weiten Blick über die Vennlandschaft genießen zu können.

Ein Stück des Weges weiter bemerken wir links von uns große Flächen von Kahlschlag, wo bis vor Kurzem noch Fichtenwald wuchs. Nachdem wir am kleinen Rest des noch verbliebenen Fichtenwaldbestandes vorbeigegangen sind, erreichen wir auf der linken Seite ein Schild, auf dem man sich bei

Interesse über typische Merkmale dieses Waldes informieren kann. Im Hohen Venn ist die Fichte nicht heimisch. Die Fichtenwaldaufforstung dient allein dem wirtschaftlichen Zweck der Holzproduktion.

Schräg gegenüber betreten wir durch den vor uns liegenden Eingang ins Venn einen der hier typischen Stege und folgen ihm. Besonders im Frühjahr entstehen im Venn große Wasserflächen, aber auch sehr viel vertrocknetes Pfeifengras, von dem schon bei kurzer Trockenheit eine enorme Waldbrandgefahr ausgeht.

Im Frühjahr führen die Stege teilweise über ausgedehnte Wasserflächen, was der Landschaft dann einen ganz besonderen Reiz verleiht.

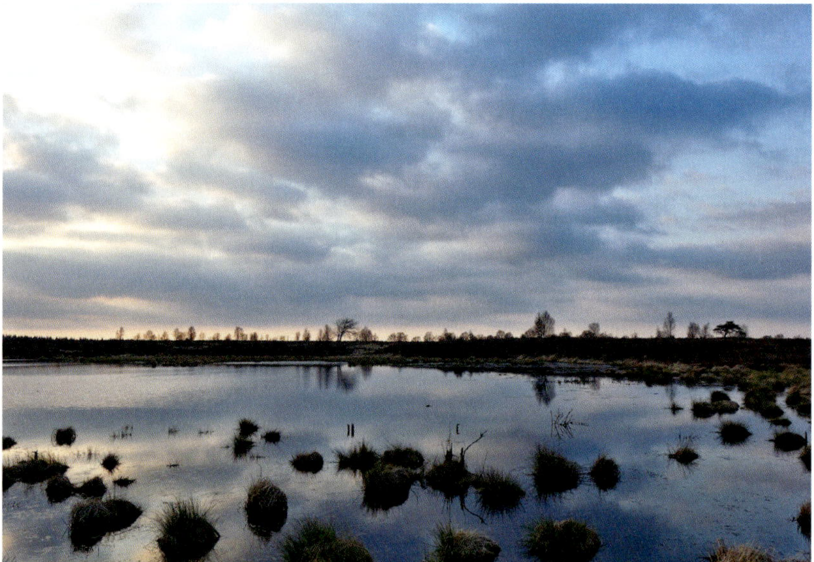

Nach einer Weile durchqueren wir auf unserer Route trockenere Gebiete. Das typische Torfmoos stellt auf diesem Streckenabschnitt die vorherrschende Vegetation dar, aufgelockert durch vereinzelt wachsende Birken.

Sobald wir auf einen nach rechts abgehenden, schmalen Steg treffen, folgen wir ihm. Entlang einiger Lithalsen führt er uns an einen kleinen See, der auch schon in Wanderung 1 beschrieben wurde. Mehrere Schilder klären auf, weshalb das Wasser hier gestaut wird und geben Hintergrundinformationen zum Torf. Zur praktischen Verdeutlichung vor Ort wurde hier ein Torfstich angelegt, auf dem die verschiedenen Schichten des Torfs deutlich zu erkennen sind.

Und weiter geht unsere Wanderung über die Stege an Wasserflächen entlang. Zu jeder Jahreszeit herrschen hier unterschiedliche Farbtöne vor.

Auf Höhe des nächsten Lithalsen stoßen wir auf eine weitere Plattform, auf der man, bei Interesse, viel über die Entstehung dieser Landschaft seit der Eiszeit nachlesen kann. Die folgende Stegstrecke stellt den Endpunkt dieses Teils des Venns dar.

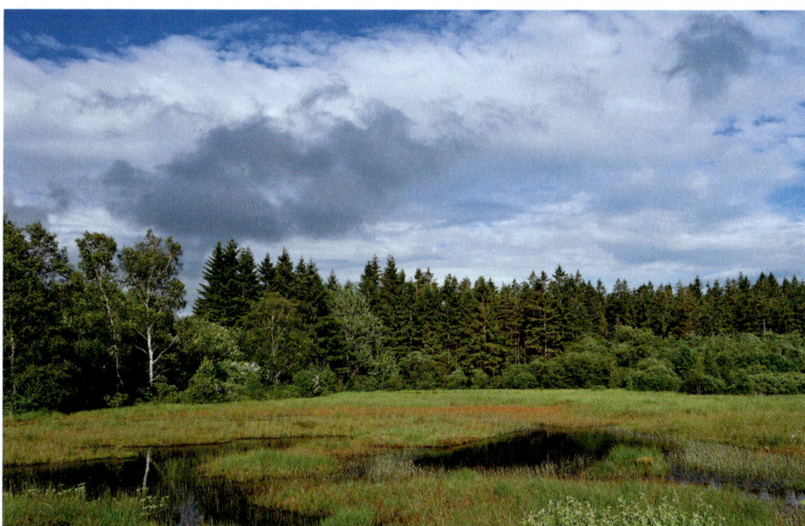

Lithalsen im Platten Venn

Wir überqueren die Monschauer Straße und sind an dieser Stelle 3,3 km vom Startpunkt entfernt. Hinter dem Parkplatz Nahtsief, den wir passieren, können wir rasch auf der rechten Seite erneut einen Eingang ins Venn ausmachen.

Ein Schild direkt links neben dem Eingang liefert allgemeine Informationen über die Renaturierung des Venns im Rahmen eines Life-Projekts. ***Life-Projekte*** sind EU-Förderprogramme, die Umwelt- und Naturschutzvorhaben unterstützen.

Und wieder geben uns die Stege die Richtung vor. Jetzt sind sie allerdings auch häufig unterbrochen, sodass unser Schuhwerk an diesen Stellen mit dem Moorboden in Berührung kommt. Gutes Schuhwerk und achtsames Gehen ist deshalb sehr wichtig, da die Bodenoberfläche teilweise rutschig und schlammig sein kann.

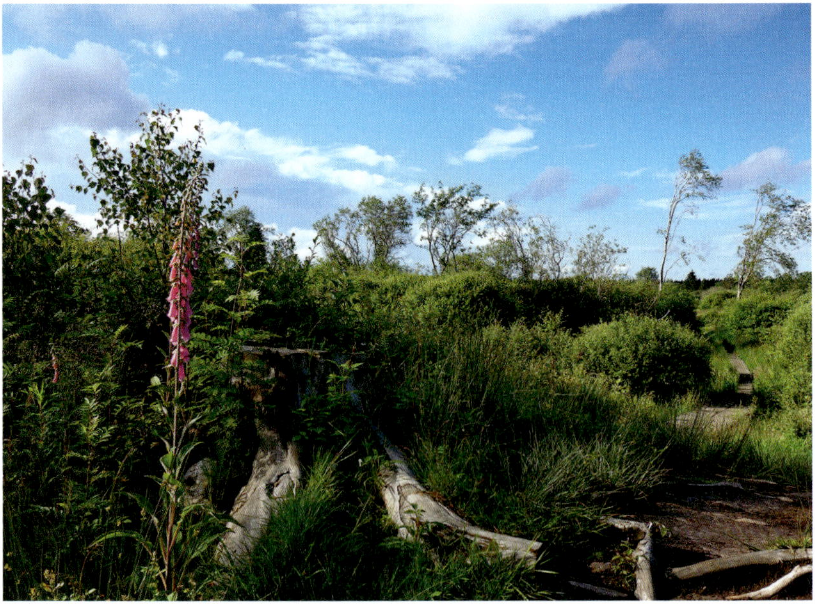

Im Venn bei Nahtsief

In diesem Teil des Venns sind wir von mit Moosen oder Flechten bewachsenen Bäumen umgeben. Obwohl viele Bäume umgestürzt und im Absterben begriffen sind, haben einige Fichten und Birken überlebt. Auch wurden aufgrund der Renaturierungsmaßnahmen viele Bäume, insbesondere Fichten als ortsfremde Gattung, entfernt.

900 m, nachdem wir wieder das Venn betreten haben, erreichen wir eine Abzweigung, die von mehreren Holzschildern umsäumt wird. Wir orientieren uns nach rechts, Richtung ***Grenzweg*** und ***Kaiser-Karls-Bettstatt***.

Im jetzt von uns durchquerten Teil des Venns wird die Landschaft hauptsächlich von buschigem Bewuchs geprägt, ganz anders als der Vennabschnitt, den wir vor der Überquerung der Monschauer Straße hinter uns gelassen haben.

Die Wasserflächen sind nicht so ausgedehnt, Moose und Flechten fühlen sich hier wieder besonders wohl und es finden sich auch wieder deutlich ausgeprägte Bulten und Schlenken um uns herum. So etwa ab der Mitte des Weges sind immer häufiger und deutlicher Spuren von Bibern zu entdecken, die diese lokale Region mehr und mehr zu den zu ihrer Lebensweise passenden Bedingungen umbauen. Es finden sich immer häufiger Stellen, an denen die Biber Bäume gefällt und Dämme gebaut haben. Auch der begonnene Verbiss durch die Biber ist an vielen Baumstämmen zu sehen.

Teilweise liegen sogar von Bibern gefällte Bäume quer über dem Weg. Die Stellen, an denen die Biber genagt haben, sind sehr gut zu sehen.

Nach einer Weile biegt ein Steg links ab. Ein Schild weist in Richtung ***Kaiser-Karls-Bettstatt***. Diesem Steg folgend, wandern wir weiter durch eine sehr feuchte, von vielen Büschen durchzogene Landschaft, die voller Moose und Flechten ist. An einigen Bäumen sind Porlinge zu sehen.

Die Arbeit an der Renaturierung des Moors hinterlässt überall ihre Spuren, wie eine große kahle Fläche rechter Hand von uns beweist. Jetzt lassen wir die Stege hinter uns und stoßen auf einen breiten Grasweg.

Rechts abbiegend, ist rasch auch auf der rechten Seite eine Infotafel mit der Abbildung einer Wanderkarte darauf erreicht. Die Bank zur Linken, die dort vorzufinden ist, lädt zu einer willkommenen Rast ein.

Nach unserer Rast gehen wir nur noch 100 m weiter auf dem Grasweg, der nach rechts abbiegt und dort am Rande des Venns weiter verläuft. Wir folgen dem Grasweg ab der Abbiegung nicht weiter, sondern gehen geradeaus auf einen Steg zu, der über einen kleinen Graben führt, mitten in eine Baumgruppe von Fichten hinein. Die Wanderrichtung zu ***Kaiser-Karls-Bettstatt*** ist einem Holzschild zu entnehmen.

Lassen Sie sich nicht dadurch verunsichern, dass in dem nun kommenden kleinen Waldstück zunächst kaum ein Weg erkennbar ist. Es gibt hier einen kleinen, sehr feuchten und wurzeligen Trampelpfad zwischen den Fichtenstämmen und linker Hand parallel findet sich, je nach Jahreszeit, auch wieder hohes Gras. Nach kurzer Zeit führt ein sehr kleiner, kaum erkennbarer Pfad durch Grasbewuchs weiter.

Je nach Wetterlage kann hier alles sehr feucht werden. Im Laufe dieses Teils unserer Wanderung nimmt der Fichtenbewuchs deutlich ab zugunsten eines schönen niedrigen Mischwalds, dessen Baumbestand sich hauptsächlich aus Laubbäumen zusammensetzt.

Schließlich führt der, abhängig von der Wetterlage, mitunter schwer auszumachende Weg zu einem Holzzaun, der für Wanderer einen Durchgang hat. Dahinter halten wir uns links und spazieren nun über einen Trampelpfad, dessen Grund von vielen unbefestigten Steinen durchzogen ist. Zur Linken finden wir einen Grenzstein mit der Nummer 720 und D darauf, der uns anzeigt, dass wir uns zwischenzeitlich in Deutschland aufhalten. Immer weiter folgen wir dem Weg, passieren einen weiteren, rechts abzweigenden Pfad und lassen ihn unbeirrt hinter uns.

Schließlich teilt sich unser steiniger Pfad, der breitere Weg geht rechts ab, der schmalere Pfad hält eher in Richtung links. Wir wählen den schmaleren Pfad und stoßen auf eine Ansammlung großer Quarzitsteine. Dieser Ort wird ***Kaiser-Karls-Bettstatt*** genannt. Lassen Sie sich bei Interesse von den aufgestellten Bänken und Informationstafeln zu einer informativen Rast verführen.

Auf Höhe der Informationstafeln ist eine Hütte zu entdecken. Begeben Sie sich weiter in diese Richtung bis zu einem breiten Stück Weg. Ein Schild weist rechts zu einem Palsen in 0,7 km, dem wir nach rechts folgen. Linker Hand sind jetzt Wiesen. Im Frühjahr besteht die Chance, hier auch Narzissen zu finden. Nur ein paar Schritte weiter erhascht man einen weiten Blick über Monschau hinweg bis tief in die Eifel. Rechts von uns gehen wir einen, mit vereinzelten Fichten durchzogenen Laubwald entlang, aber es gibt hier auch weitere Wiesen. Links sind Reste von historischen Buchenheckenkonstruktionen zu bemerken. Solche Konstruktionen gibt es seit dem 17. Jahrhundert, wo sie sowohl zur Einfriedung von Feldern als auch zur Markierung von Grenzen angelegt wurden.

Alle weiteren Abzweigungen bleiben unbeachtet und dabei halten wir uns rechts, immer weiter auf unserem breiten Weg geradeaus, dem Schild „Palsen" folgend.

Auf unserem weiteren Streckenabschnitt wandern wir auf der linken Seite einem Turm entgegen. Hier finden Sie nicht nur Holzbänke und Tische zum Rasten, sondern auch einen aufgebockt liegenden, großen, geschälten Baumstamm: ein Baumtelefon, das die Resonanzeigenschaften des Holzes erfahrbar macht. Das Prinzip funktioniert so: An einem Stammende kratzt oder klopft eine Person. Eine weitere legt das Ohr ans andere Ende des Baumstamms. Leise Signale werden vom Holz deutlich übertragen und sind ganz klar zu hören. Ein Schild gibt detailliertere Auskunft.

Auf der Turmspitze klären Informationstafeln den geneigten Leser sowohl über die Renaturierung als auch über die Folgen der Eiszeit auf. Die Infotafeln wurden von der biologischen Station des Kreises Aachen aufgestellt. Der weite Blick über die Landschaft bis tief hinein in die Eifel dürfte wohl eine Freude für jeden sein, der hier hochgestiegen ist.

Nachdem wir uns vom Turm aus auf den Weg gemacht haben, der nach links abzweigende Weg bleibt unbeachtet, folgen wir dem Schild „Palsen" weiter geradeaus. Das nächste Schild mit demselben Hinweis, „Palsen", geleitet uns auf einen Brettersteg, der uns nach rechts führt. Wieder gelangen wir an eine Wasserfläche, die als Habitat für geheimnisvolle Libellen dient.

Welche Libellen auf den Wasserflächen des Venns zu finden sind und wie sie leben, können Interessierte den aufgestellten Hinweisschildern entnehmen.

Nach diesem kurzen Abstecher kehren wir auf unseren Weg zurück und halten uns, von den Stegen aus gesehen, nach rechts. Wir folgen dem Weg und gelangen erneut zu einem Schild der biologischen Station, das das Thema, die Renaturierung dieses Vennabschnitts am Rande von Mützenich, aufgreift.

Recht bald ragen hinter einigen Weiden Häuser auf, die sich beim Näherkommen als ehemalige Zollhäuser entpuppen. Es ist beinahe schon in Vergessenheit geraten, aber bis zur Ratifizierung des Schengener Abkommens, das den Bürgern aller unterzeichnenden Staaten uneingeschränktes Kommen und Gehen über alle Ländergrenzen hinaus gewährt, wurden hier an der Grenze jahrzehntelang Zollkontrollen durchgeführt.

Nun überqueren wir die Monschauer Straße (N 67), an der sich auf beiden Seiten die Bushaltestelle „Zoll" befindet. Sie wird von der deutschen Linie 85 angefahren. Auch die belgische Linie 385 hält hier. Sie fährt allerdings vor allem in der Saison am Wochenende **(www.infotec.be)**. Nach Überquerung der Straße kommen wir zu unserer Rechten an einen Holzunterstand, der auch Bänke für eine Rast anbietet. Jetzt sind wir nicht mehr weit vom Ausgangspunkt unserer Wanderung entfernt. Unmittelbar hinter dem Unterstand befindet sich ein schmaler, gut befestigter Weg, der parallel zur Straße zurück zum Parkplatz Grenzweg führt. Nach 500 m erreichen wir unser Ziel.

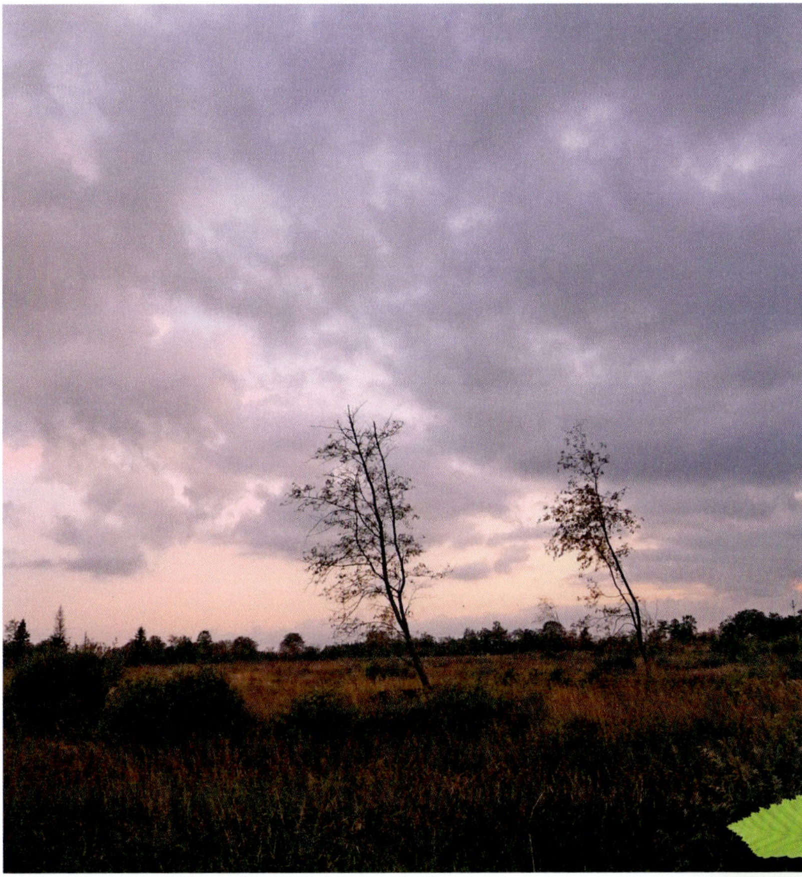

Kurz vor Parkplatz Nahtsief in der Abenddämmerung

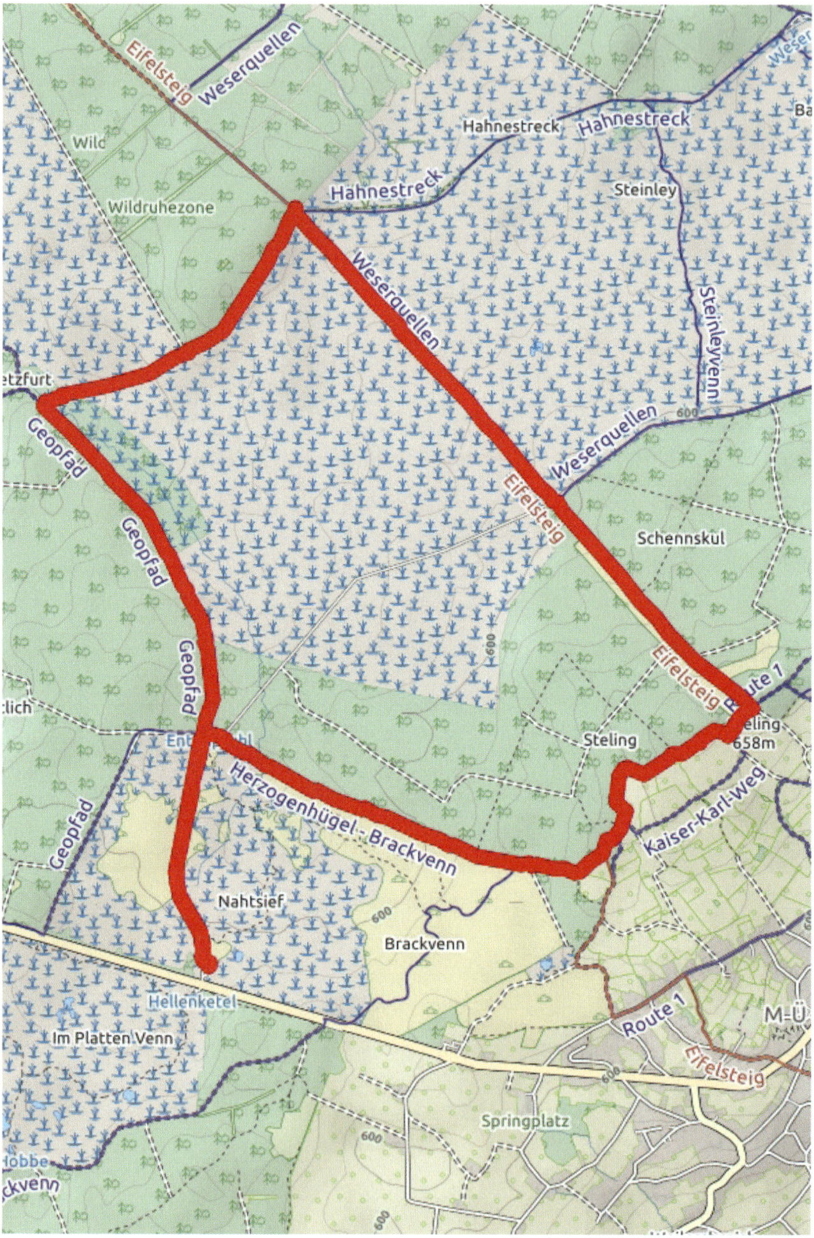
Eifelsteig
Weserquellen
Hahnestreck
Steinley
Wildruhezone
Steinleyvenn
Geopfad
Schennskul
Steling
658m
Route 1
Herzogenhügel - Brackvenn
Kaiser-Karl-Weg
Nahtsief
Brackvenn
Hellenketel
Im Platten Venn
Springplatz
600

WANDERUNG 7: AM ALLGEMEINEN VENN ENTLANG

Start und Ziel: Parkplatz Nahtsief

Länge: 11,9 km

Gehzeit: ca. 4 Stunden

Die Mitnahme eines Hundes ist wegen des Teilstücks zwischen Rotenbüschel und dem Allgemeinen Venn, zwischen 2,9 und 3,6 km vom Ausgangspunkt entfernt, möglicherweise nicht erlaubt. Wegen Umbauarbeiten war das bis zum Redaktionsschluss noch unklar. Am besten in ***Haus Ternell*** Tel. 00 32 (0) 87 55 23 13 nachfragen. Auf dem übrigen Weg sind Hunde erlaubt.

Lange, gerade Wege durch Vennlandschaft, teils Graswege, teils asphaltierte Wege, einsame Gegend, weite Landschaft, kaum Stege, teilweise von Wurzeln durchzogene, feuchte Pfade. Außer an einigen rutschigen Stellen sehr einfache Wanderung. Die Graswege sind meist feucht, daher sind wasserfeste Schuhe erforderlich.

Wir starten unsere Wandertour am Parkplatz Nahtsief und gehen geradeaus, entlang des vom Parkplatz in nördliche Richtung abgehenden, asphaltierten Weges. Zu beiden Seiten können wir einen weiten Blick über die Vennlandschaft genießen. Nach 1 km erspähen wir rechts von uns einen kleinen Teich, ***Entenpfuhl*** genannt, während wir auf eine Kreuzung stoßen. Diese Kreuzung überquerend, wandern wir auf diesem Weg weiter geradeaus.

Die uns umgebende Landschaft verändert sich, wir treffen auf Fichtenwaldbestand, unter dem sich auch einige Birken angesiedelt haben. Viele der Baumstämme im Waldbestand sind mit Moosen und Flechten bewachsen, was ein schönes Farbenspiel sehr unterschiedlicher Grüntöne zur Folge hat. Schließlich öffnet sich die Landschaft zu einem weiten Blick über das Allgemeine Venn.

Das Terrain rechts von uns wurde als ***D-Zone*** klassifiziert, was bedeutet, dass sie auf keinen Fall betreten werden darf. Zwischen den vielen Bulten und Schlenken dominieren Pfeifengras und Birken das Bild. Unsere Route führt weiter links am Fichtenwald entlang.

Nach einer Weile gelangen wir zu einem ***Life-Projekt-Gebiet***, in dem Renaturierungsarbeiten durchgeführt werden. Ein Schild rechts weist auf diesen Zusammenhang hin.

Schon bald wird der Birkenwald dichter. An dieser Stelle der Route sind wir 3 km vom Ausgangspunkt entfernt. Zwischen den Birken auf der rechten Seite ist eine kleine Holzbrücke auszumachen, unter der der ***Getzbach*** hindurchfließt. Ab hier ist es für die nächsten 600 m leider unklar, ob Sie einen Hund mitnehmen dürfen. Vielleicht wurde an dieser Stelle auch wieder ein entsprechendes Hinweisschild aufgestellt, bis der *Wanderführer* herausgekommen ist.

Wir biegen rechts ab, überqueren die Brücke und betreten einen sehr feuchten Grasweg. Bisher, Stand April 2016, befanden sich hier Holzstege. Aktuell sind aber nur kurze Wegabschnitte mit Holzstegen ausgestattet. Entlang des Getzbachs, der uns noch ein kleines Stück des Wegs begleitet, gedeihen viele moos- und flechtenbewachsene Bäume. Oft sind an den Baumstämmen Pilze, wie Porlinge, zu entdecken.

Während wir den Grasweg weiter geradeaus wandern und uns dabei vom Getzbach entfernen, beherrschen wieder Pfeifengras und Birken das umgebende Bild. Nach ein paar Schritten gelangen wir wieder zu einem, auf die Notwendigkeit von Renaturierungsmaßnahmen hinweisenden Schild des ***Life-Projekts***. Wer sich für diese Thematik interessiert, kann unter

» www.lifehautesfagnes.be

viele nützliche Informationen finden.

Nach einer Weile führt unsere Wanderung linker Hand an Fichtenwaldbestand vorbei, rechter Hand verfügen wir, abhängig vom Wetter, über einen enorm weiten Blick auf das Allgemeine Venn.

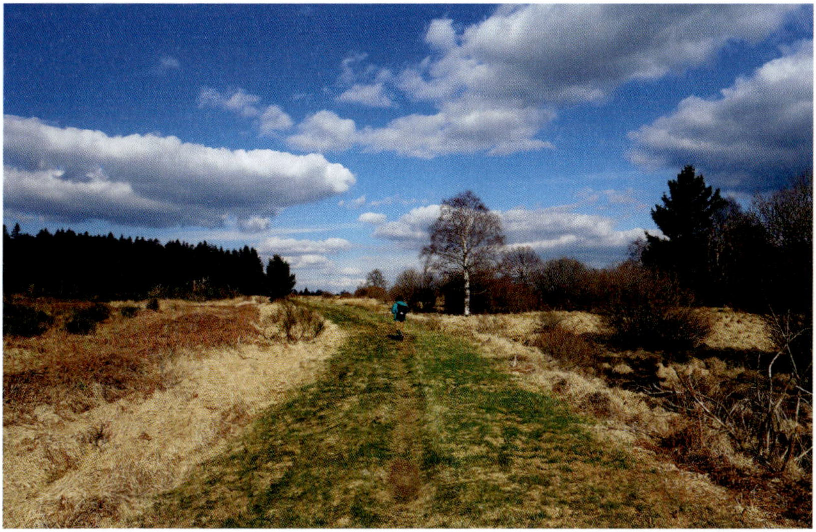

Erstaunlich, ja schon fast irritierend, ist die wundervolle Ruhe, die in diesem Gebiet herrscht, da wir uns weitab von jeglichem Straßenverkehr aufhalten. Ein Umstand, den man als moderner Zivilisationsmensch in Mitteleuropa leider nur noch selten erleben darf. Auch andere Wanderer trifft man hier so gut wie nie an. Der Grund unseres Weges zwischen den nun häufiger auftretenden Bulten und Schlenken wird allmählich feuchter. Die umgebende Vegetation ist wieder vermehrt durch Birken geprägt.

1,6 km, nachdem wir die Brücke überquert haben, kreuzt ein asphaltierter Weg, hinter dem ein Grasweg auszumachen ist.

Wenn Sie Ihre Wanderung noch verlängern und eine weitere Vennlandschaft kennenlernen möchten, folgen Sie diesem Grasweg. Von dort gelangen Sie ins Steinleyvenn bzw. Imgenbroicher Venn. Falls Sie sich für diese Variante entscheiden, folgen Sie bitte der Beschreibung bzw. der GPS-Aufzeichnung am Ende dieses Kapitels.

Auf unserer aktuellen Wanderstrecke jedoch biegen wir auf den asphaltierten Weg rechts ab. Links weist ein Holzschild ins Steinleyvenn, gegenüber, also rechts von uns, weist ein zweites Schild auf das Allgemeine Venn hin. In südöstlicher Richtung folgt unser nächster Streckenabschnitt dem asphaltierten Weg. Von beiden Seiten ist man nun von der Vennlandschaft umgeben.

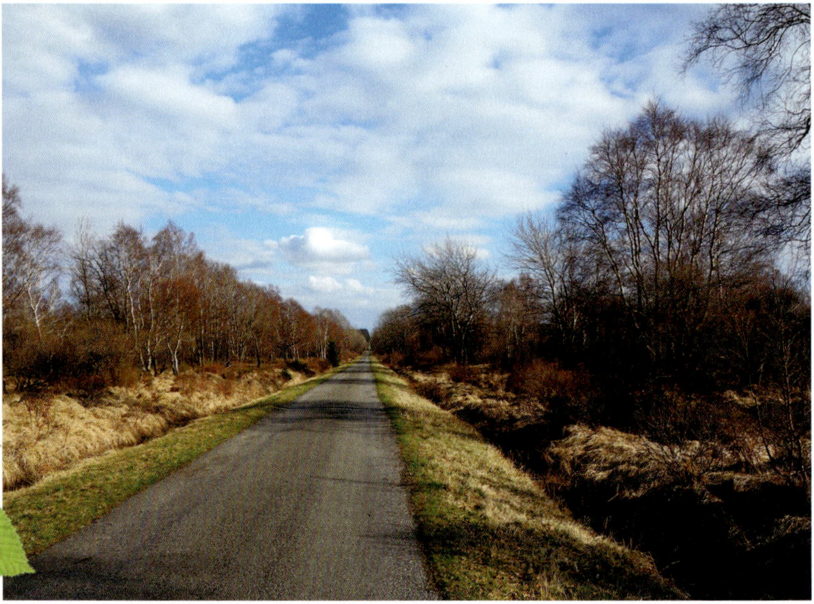

Anhand eines kleinen Schildes auf der rechten Seite erkennen wir, dass wir uns auf einem Teilstück des belgischen „Eifelsteigs" und einem historischen Pilgerweg befinden. Im weiteren Verlauf der Wanderung steht rechts an der Wegstrecke das sogenannte *Arnoldskreuz*. Ein darunter befestigtes, kleines Schild erzählt, wie an diesem Ort am 28. April 1767 der Burgvogt von Konzen verstarb. Nach einer Weile treffen wir am rechten Wegesrand auf ein weiteres Kreuz, das *Bilfingerkreuz*. Es erinnert an den deutschen Jagdflieger Horst Bilfinger aus Mannheim, der, nur 23 Jahre alt, am 17. August 1943 im Kampf gegen amerikanische Bomber gestorben sein soll.

Anschließend gelangen wir zu einigen besonders verwachsenen Bäumen, die einen nahezu verwunschenen Eindruck machen.

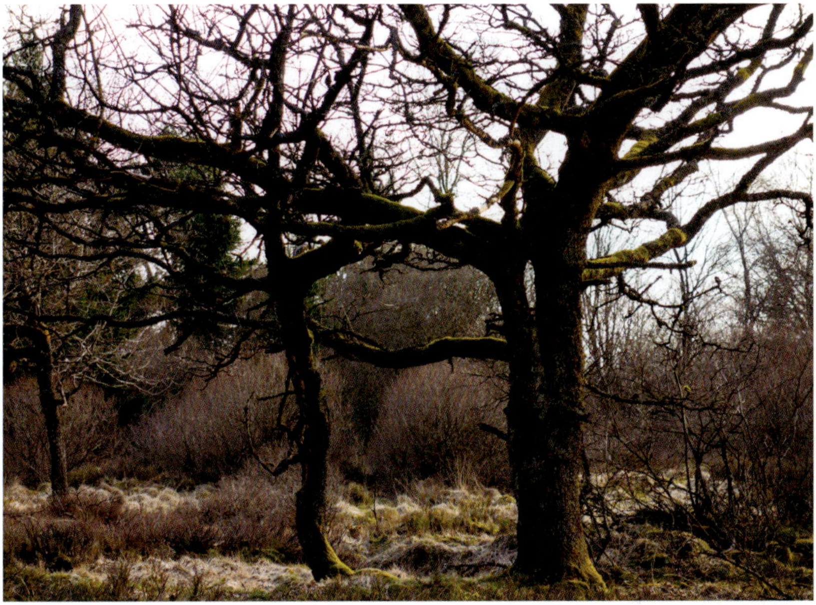

An einer Kreuzung mit einem weiteren Asphaltweg, nach einer auf unserem Asphaltweg zurückgelegten Strecke von 1,7 km, befinden sich auf der gegenüberliegenden Seite links von uns Bänke und eine Schutzhütte, die zu einer Rast einladen. Neugierige stillen ihren Wissensdurst auf einer Informationstafel an dieser Stelle.

Wir gehen hinter der Kreuzung geradeaus weiter. Nun haben wir endlich wieder Waldboden unter den Füßen. Uns umgibt aufgelockerter, heller Mischwaldbestand. Rechter Hand wurden viele Flächen mit sehr niedrigen Bäumchen eingezäunt, um die Jungbäume vor Wildverbiss zu schützen. Wirft man einen Blick zurück, so ist bei gutem Wetter eine extrem weite Sicht möglich und man kann den letzten Streckenabschnitt bis weit hinunter ins Tal verfolgen. Erst jetzt wird einem bewusst, dass man die ganze Zeit leicht aufwärts gegangen ist.

Wer sich für die Verlängerung der Wanderung entschieden hatte, trifft an der Hütte wieder auf unseren Hauptweg. Sie erreichen die Kreuzung aus nordöstlicher Richtung und biegen an der Schutzhütte links ab. Nun gehen Sie geradeaus weiter und folgen den folgenden Beschreibungen.

Ein breiter Weg geht 1 km von der letzten Kreuzung entfernt rechts ab in ein Waldgebiet. Wir lassen den Weg unbeachtet hinter uns und wandern weiter geradeaus. Der Boden wird teilweise feuchter und wird von mehr Wurzeln durchzogen.

Erst nach weiteren 300 m stoßen wir erneut auf eine Kreuzung. Rechts abbiegend, folgen wir den Schildern an dieser Kreuzung Richtung Monschau, Mützenich, „Eifelblick". Links können wir unser Auge jetzt über ausgedehnte grüne Weiden weit über die Monschauer Gegend hinweg schweifen lassen.

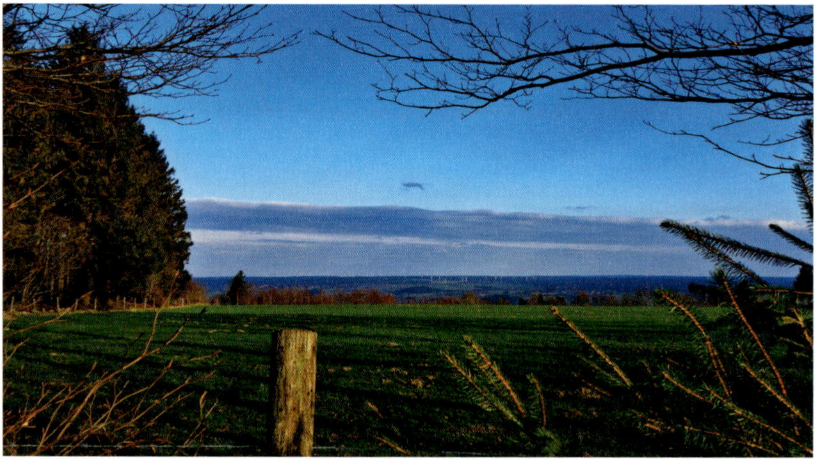

Am Waldbestand zu unserer Rechten sind im Frühjahr 2016 Forstarbeiten durchgeführt worden.

Nun spazieren wir an der Grenze zwischen Deutschland und Belgien entlang. Mal halten wir uns dabei kurz in Deutschland, mal in Belgien auf, was auch an den vielen Grenzsteinen zu erkennen ist. Auch die beschnittenen Buchen, links von uns, dienten früher der Grenzmarkierung.

Nach einer Weile entdecken wir auf der rechten Seite ein drittes Kreuz. Die Inschrift lautet: „Nacht des Wachens - 1995". Leider sind mir die Hintergründe nicht bekannt. Eine Bank neben dem Kreuz mag zu einer Rast genutzt werden, bei der entspannt die Aussicht genossen werden kann.

Ein Stück weiter auf der Strecke wird unsere Route von einem links herannahenden Weg gekreuzt. Dadurch lassen wir uns aber nicht in die Irre leiten, sondern verbleiben weiter auf unserer augenblicklichen Wegführung und halten uns dabei rechts. Ein bald zu erkennendes Schild weist auf ***Kaiser-Karls-Bettstatt*** in 0,8 km, dem wir in ein langes Stück Fichtenwald folgen. Links genießen wir über grüne Weiden erneut den ausgedehnten Eifelblick.

Im Frühjahr wachsen entlang dieser Strecke wunderschöne Narzissen. Zwischen Waldrand und Weiden schlängelt sich unser Weg und wandelt sich dabei immer wieder in einen von vielen Wurzeln durchsetzten Trampelpfad, bis er in einen breiteren Weg einmündet.

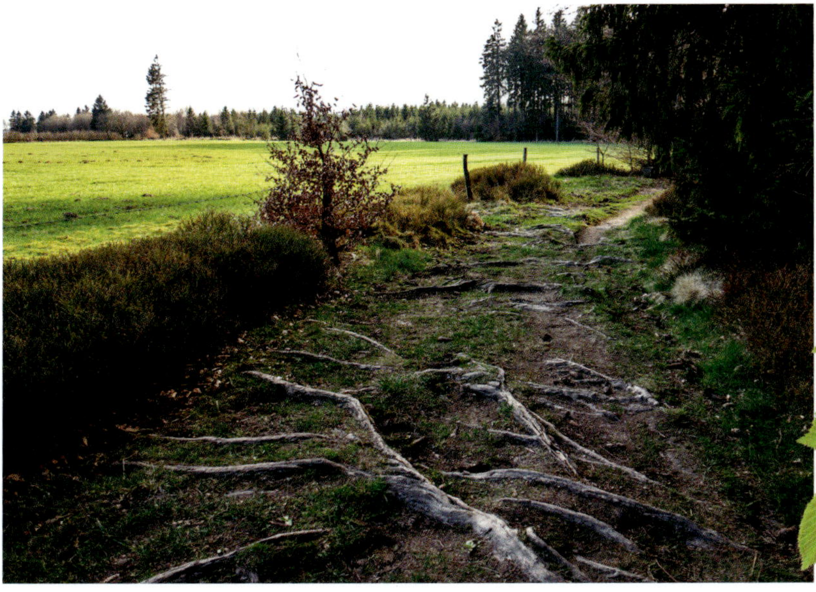

Wir orientieren uns nach rechts bis zum nächsten Hinweisschild in Richtung ***Kaiser-Karls-Bettstatt***, welcher am Kreuzpunkt der Wege auf der linken Seite aufgestellt ist, aber nach rechts weist. Wir wandern diesen nun etwas breiteren Weg weiter entlang, vorbei an Bäumen, die stark mit Moosen, Flechten und sogar großen Porlingen bewachsen sind.

Schnell stoßen wir auf eine Schutzhütte, vor der ein Weg zu ***Kaiser-Karls-Bettstatt*** rechts abgeht – das entsprechende Hinweisschild befindet sich auch hier. Wir statten ***Kaiser-Karls-Bettstatt***, einer Ansammlung riesiger Quarzitsteine, einen Besuch ab und legen bei Bedarf auf einer der Bänke vor Ort eine neue, kräfteweckende Rast ein. Hintergründe und Fragen beantwortende Informationen zu dieser geologischen Steinformation sind der aufgestellten Tafel zu entnehmen.

Gestärkt verlassen wir ***Kaiser-Karls-Bettstatt***, indem wir an dieser Steinformation vorbei einem kleinen Trampelpfad nach links folgen. Bei der nächsten Abzweigung rechts halten. Nun wandern wir auf einem schmalen Pfad, dessen Seiten rechts Laubbaum-, links vorwiegend Fichtenbestand, dahinter Wiesen säumen.

Leicht nach rechts biegt sich der Pfad. Kurz vor dieser Biegung schenken wir unten rechts am Wegesrand einem Grenzstein etwas Beachtung. „D" und „720" ist darauf zu lesen, also befinden wir uns auf deutschem Hoheitsgebiet, doch schon in der Rechtsbiegung kehren wir nach Belgien zurück. Geradeaus findet sich ein stark zugewachsener Weg, den wir aber unbeachtet zurücklassen.

Der rechts abbiegenden Wegstrecke folgend, gelangen wir zu einem Holzzaun, in dem aber in der Mitte eine Öffnung zur ungehinderten Passage für Spaziergänger vorgesehen ist. Hier gehen wir hindurch und kommen auf einen breiten, etwas feuchten Grasweg. Wir orientieren uns weiter geradeaus, bis wir rechts und links von Fichtenbestand umgeben sind. Ab jetzt ist der Wegesgrund sehr schlammig und von vielen Wurzeln durchzogen. Diese schwierigeren Wanderbedingungen halten nur ein kurzes Stück an und schon bald werden wir dafür mit einem fabelhaften Blick über das Brackvenn entschädigt. Über einen Steg erreichen wir einen weiteren breiten Grasweg.

Wir biegen rechts ab (halten uns dabei eher geradeaus) und schauen dann nach etwa 100 m nicht nur auf eine Rastbank, sondern ihr gegenüber auch auf einen Eingang ins Brackvenn.

Wer will, kann an dieser Stelle auf die Stege ins Brackvenn gehen und den Schildern Richtung Nahtsief folgen. Allerdings, wenn Sie sich für diese Option entscheiden, sollte, nachdem Sie bis hier bereits eine so lange Wegstrecke absolviert haben, sichergestellt sein, dass es noch früh genug am Tag ist, um vor Einbruch der Dämmerung den Parkplatz erreichen zu können. Bis zum Ende unserer regulären Wanderung liegen noch 3 km vor uns. Der hier vorgestellte alternative Weg, den Schildern Richtung Nahtsief folgend, über die Stege und Pfade im Moor ist länger, unübersichtlicher und man benötigt daher einen größeren Zeitaufwand, um ihn zu bewältigen. Hunde dürfen über die Stege nicht mitgenommen werden.

Bei der Fortführung unserer eigentlichen Route verbleiben wir auf dem Grasweg und wandern immer geradeaus. Links von uns breitet sich das Brackvenn aus, rechts von uns Fichtenwaldbestand. Es ist ein sehr schöner, leicht zu begehender Streckenabschnitt. Überall ist Wasserplätschern aus den vielen Gräben der Umgebung zu vernehmen. Gerade in den frühen Abendstunden ist der Weg auch für Fotografen sehr interessant, da die tiefer stehende Sonne immer wieder neue Lichtverhältnisse kreiert. Die verbleibende Strecke zum Parkplatz ist sehr übersichtlich.

Kurz vor Ende des Grasweges gehen wir über eine kleine Holzbretterbrücke. Aus vielen verschiedenen Quellen fließt hier das Wasser. Wirklich, ein sehr schöner Ort!

Der Grasweg endet am Anfang eines Asphaltwegs. Wir biegen links ab und kehren zurück auf die Kreuzung, über die wir zu Beginn der Wanderung gegangen sind. Jetzt biegen wir erneut links ab und folgen dem Schild Richtung Mützenich. Nun geht es noch 1 km geradeaus. Diesen Weg finde ich in der Abenddämmerung am schönsten, zumal man sich schon in sicherer

Entfernung zum Parkplatz befindet, also nicht von der Dunkelheit überrascht werden kann.

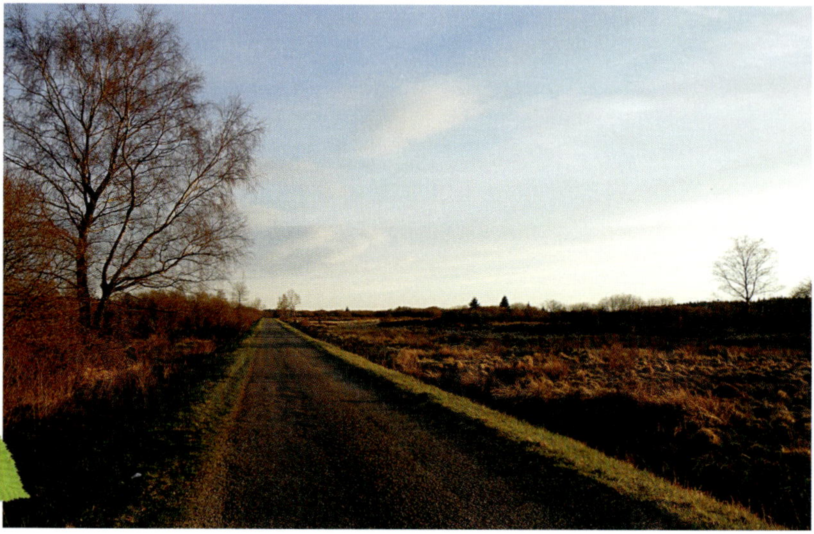

Gerade auf der linken Seite gibt es immer wieder einen wundervollen Blick über das Venn und den dahinter liegenden Wald, wohingegen man rechts die untergehende Sonne bewundern kann.

Schließlich erreichen wir nach fast 12 km den Parkplatz.

Verlängerungsmöglichkeit

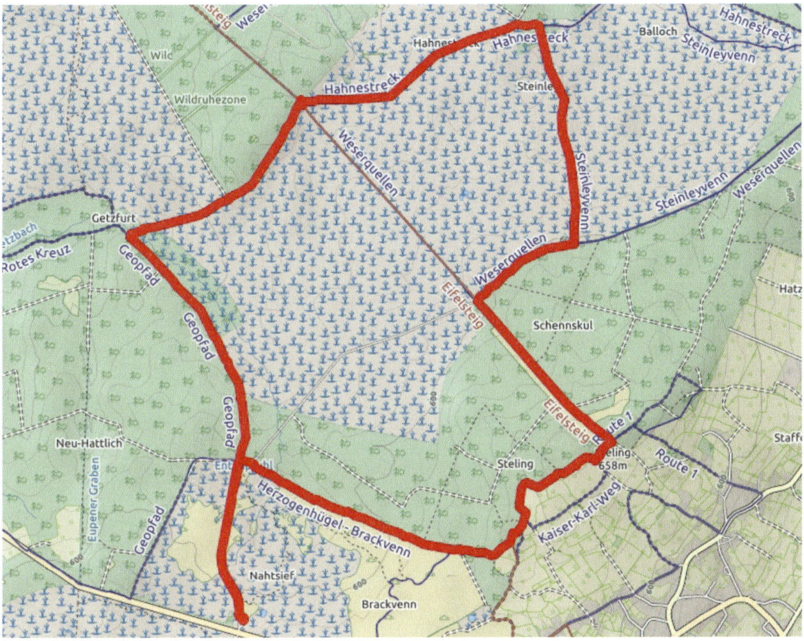

Auf der Karte können Sie den Wegverlauf erkennen, den Sie nehmen, wenn Sie sich für einen zusätzlichen Abstecher durch das Imgenbroicher Venn entscheiden. Bei dieser Verlängerung vermeiden Sie den asphaltierten Pilgerweg und gehen vorwiegend über gemähte Graswege, Pfade und einige Stege. Der Weggrund kann je nach Wetter sehr feucht sein.

Sie gehen nach der Kreuzung 1,58 km geradeaus bzw. folgen dem Weg auch durch einige Kurven, biegen dann rechts ab und gehen weitere 1,34 km durch das Venn. Dann stoßen Sie auf einen asphaltierten Weg, biegen rechts ab und kommen nach 800 m wieder zu unserer Hauptwanderung. Hier biegen Sie links ab und folgen den Beschreibungen der Wanderung 7.

Die Wanderung ist dann insgesamt 14 km lang. Hunde sind im Imgenbroicher Venn nicht erlaubt.

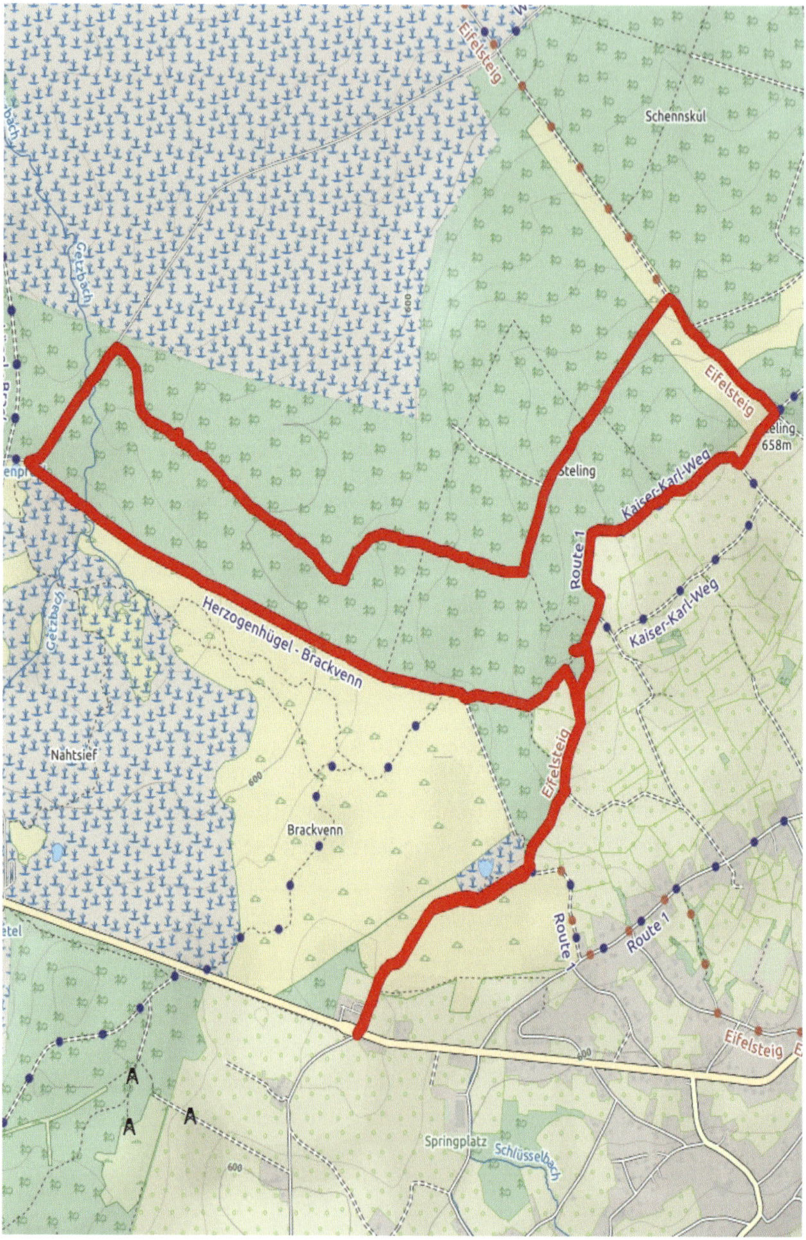
Eifelsteig
Schennskul
Getzbach
Eifelsteig
Steling
658m
Kaiser-Karl-Weg
Route 1
Kaiser-Karl-Weg
Herzogenhügel - Brackvenn
Nahtsief
Eifelsteig
Brackvenn
Route 1
Route 1
Eifelsteig
Springplatz
Schlüsselbach

WANDERUNG 8: AN DER GRENZE ENTLANG ZWISCHEN MÜTZENICH UND BRACKVENN

Start und Ziel: Parkplatz an der Grenze bei Mützenich hinter der Bushaltestelle „Zoll"

Länge: 9 km

Gehzeit: ca. 3 Stunden

Hunde dürfen mitgeführt werden.

Wald- und Graswege, kaum Asphalt, leichte Wanderung, gut auch im Schnee zu gehen. Wegen einiger Stellen mit feuchtem und rutschigem Untergrund sind feste Schuhe notwendig.

Wir überqueren die Monschauer Straße und gehen an ein paar ausgedienten Zollhäusern vorbei, zu einem bequem zu bewältigenden Wanderweg, der zwischen niedrigem Baum- und Grasbewuchs am Brackvenn entlangführt. Wer mag und keinen Hund dabeihat, kann bald auf der linken Seite Stege betreten und dort einen großen Palsen besichtigen. Eine Informationstafel über das Leben der in dieser Gegend heimischen Libellen bietet Interessierten hier vor Ort die Möglichkeit, ihr Wissen zu erweitern. Schon nach kurzer Zeit führt der Steg auf unseren ursprünglichen Wanderweg zurück.

Nach einiger Zeit ragt ein kleiner Aussichtsturm vor uns auf, bei dem ein Weg rechts abgeht. Wir biegen aber nicht ab, sondern gehen geradeaus weiter, halten uns dabei eher links und folgen dem Schild in Richtung ***Kaiser-Karls-Bettstatt***. Wenig später stoßen wir auf einen asphaltierten Weg, der rechts nach Monschau-Mützenich führt. Mit Orientierung nach links wandern wir in der von einem weiteren Schild angezeigten Richtung zu ***Kaiser-Karls-Bettstatt***. Rechter Hand, an blickdurchlässigen Stellen, wo der Bäume- und Büschebewuchs deutlich zurückweicht, kann man über Wiesen hinweg bis weit in die Eifel schauen.

Rechts stehen noch viele Harfenbuchen, die früher als Grenzmarkierung dienten. Auf unserer Route folgen wir in etwa dem Grenzverlauf zwischen Belgien und Deutschland. Jedoch halten wir uns zumeist auf deutschem Gebiet auf, was den Grenzsteinen am Wegesrand zu entnehmen ist.

Schließlich kommen wir über einen kurzen Pfad bei ***Kaiser-Karls-Bettstatt*** an. Bänke und Schutzhütte ermöglichen es dem geneigten Wanderer, eine kleine Rast einzulegen und sich die beeindruckenden, riesigen Quarzitsteine anzusehen.

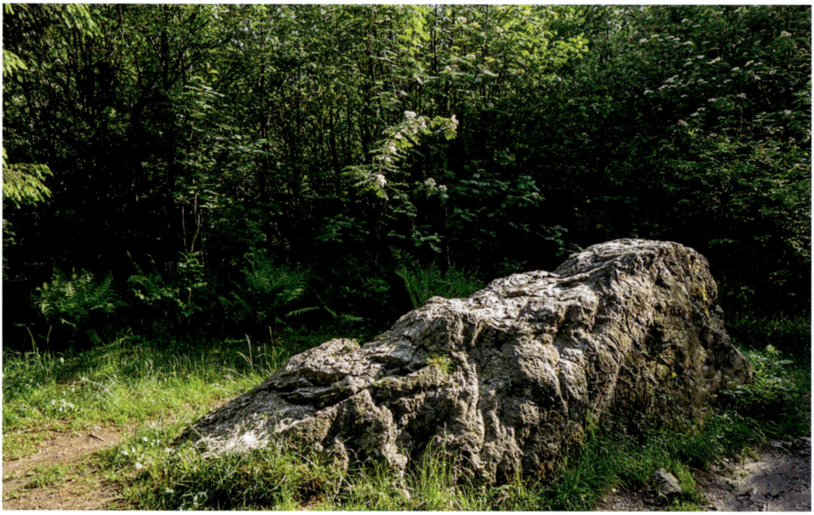

Quarzit bei Kaiser-Karls-Bettstatt

Anschließend kehren wir auf unseren ursprünglichen Weg zurück und folgen ihm bis zu einer Weggabelung. Rechts verläuft unser breiter Weg weiter Richtung Eifel, links beginnt ein schmaler Pfad, auf dem wir weiterwandern. Dieser Pfad ist ein Teil des ***Eifelsteigs***, ein 313 km langer Wanderweg durch die Eifel von Aachen nach Trier, wie uns ein kleines Schild am Pfosten erklärt.

Der Pfad schlängelt sich nun zwischen einer großen Wiese, Bäumen, Büschen und später am Waldrand entlang. Nach einiger Zeit wird der Boden mehr und mehr von Wurzeln durchzogen, aber trotzdem bleibt es angenehm, auf ihm zu gehen. An vielen Stellen erhaschen wir nun sehr weite und schöne Blicke ins Tal. Wer die Aussicht lieber ganz in Ruhe genießen will, kann das auf Rastbänken tun. Schon bald verbreitert sich unser Pfad, der nun zwischen Bäumen hindurchverläuft, rechts wächst eine Hecke mit Buchenbestand und linker Hand Fichtenwald.

Da in letzter Zeit häufig Fichtenbestände gefällt werden, kann es durchaus sein, dass links alle Fichten gerodet sind, wenn Sie das Buch in den Händen halten.

Bald kommen wir an einen Abschnitt, wo sich nach dem Fällen der Fichtenbestände schon neuer Pflanzenbewuchs entwickelt hat, also deutliche Erfolge der Renaturierungsprogramme zu verzeichnen sind.

Unser Pfad stößt nach einiger Zeit auf einen nach rechts in die Eifel führenden Asphaltweg. Auch an dieser Stelle verlockt der weite Blick ins Tal zum Verweilen und Betrachten. Wer dieser Verlockung nachgeben will, wird von den aufgestellten Rastbänken dabei unterstützt.

Ein Kreuz will an ein Ereignis erinnern, dessen Hintergrund ich leider nicht kenne. Wir biegen auch hier nicht rechts ab, sondern halten uns weiter eher links. Der Pfad wandelt sich in einen breiteren Schotterweg. Dank der sehr niedrig wachsenden Vegetation sind erneut weite Blicke in die Ferne problemlos möglich.

2,5 km vom Ausgangspunkt entfernt stoßen wir wieder auf eine Kreuzung. Auf der linken Seite steht ein kleines Holzschild mit der Aufschrift „Stelingberg". Davor zweigt ein breiter Grasweg links von unserem Wanderweg ab. Weitere Schilder weisen auf ein Fahrverbot für alle Kraftfahrzeuge, ausgenommen Forstfahrzeuge, hin, als auch auf den Umstand, dass Hunde an der Leine geführt werden müssen.

Wir biegen auf den Grasweg ein, dessen Boden an vielen Stellen sehr feucht und von vielen Wurzeln durchzogen ist. Rechts neben dem Grasweg am Waldrand verläuft aber ein weiterer trockenerer Pfad, auf dem man die hohe Bodenfeuchtigkeit umgehen kann. Hier wie auch an ähnlichen Stellen mit vergleichbaren lokalen Boden- und Klimabedingungen wachsen viele Heidelbeerbüsche.

Unsere Wegstrecke war bislang durch eine konstante leichte Steigung gekennzeichnet. Der Trend ändert sich an dieser Wegstelle und führt von nun an immer leicht bergab. Rechter Hand treffen wir auf Fichtenbestand und linker Hand auf Schonungen mit einer großen Pflanzenvielfalt. Landschaftlich ist der Streckenabschnitt sehr schön und bietet eine weite Aussicht, diesmal in nordwestliche Richtung über die Wälder hinweg.

Nach 400 m stoßen wir auf einen breiten, nach links in einen Wald hineinführenden Wanderweg. Wir wechseln auf diesen Weg und gelangen in einen Wald mit einem hohen Fichtenbestand, bei dem sich dennoch verschiedenste andere Vegetation ihren Lebensraum erobert hat.

Besonders die großen Quarzitfelsen, die hier häufig am Wegrand zu finden sind und ihr Bewuchs mit allerlei Pflanzen, vor allem unterschiedlichsten Moosen, gestalten den Weg äußerst abwechslungsreich. Unser breiter Waldweg mäandriert von nun an stark durch den Wald und wir folgen ihm auch bei etlichen Kurven. Je weiter wir gehen, desto feuchter wird der Wald, wobei unser Weg fest und trocken bleibt.

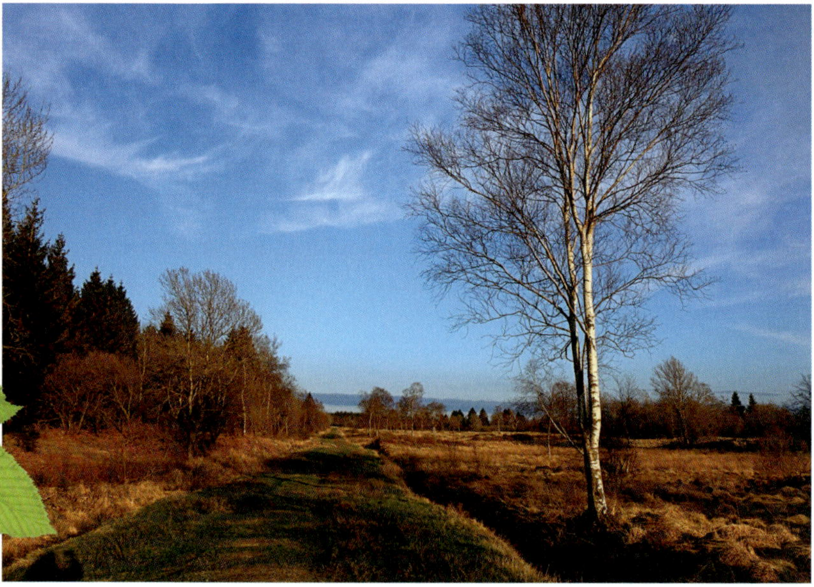

Schließlich stoßen wir auf einen Asphaltweg, dem wir nach links folgen. Der Weg führt nach kurzer Zeit über den ***Getzbach***, auf den ein Schild auf der rechten Seite hinweist. Im Frühling sind auf dem nächsten Wanderabschnitt viele Ginsterblüten zu bewundern, die der Landschaft einen freundlichen Ausdruck verleihen. Nach 400 m entdecken wir auf der linken Seite erneut einen breiten Grasweg und einen Eingang ins Venn. Wir biegen nun links in den Grasweg ab.

Am Beginn des Graswegs weist linker Hand ein Holzschild in Richtung ***Kaiser-Karls-Bettstatt*** und zeigt des Weiteren einen Rundweg an. Wir folgen diesem Schild immer weiter geradeaus. Auf der rechten Seite liegt jetzt wieder die Vennlandschaft und links der Waldbestand, den wir eben noch durchquert haben. Am Rande des Venns fließen viele Rinnsale, sodass man ständig Wasserplätschern hören kann.

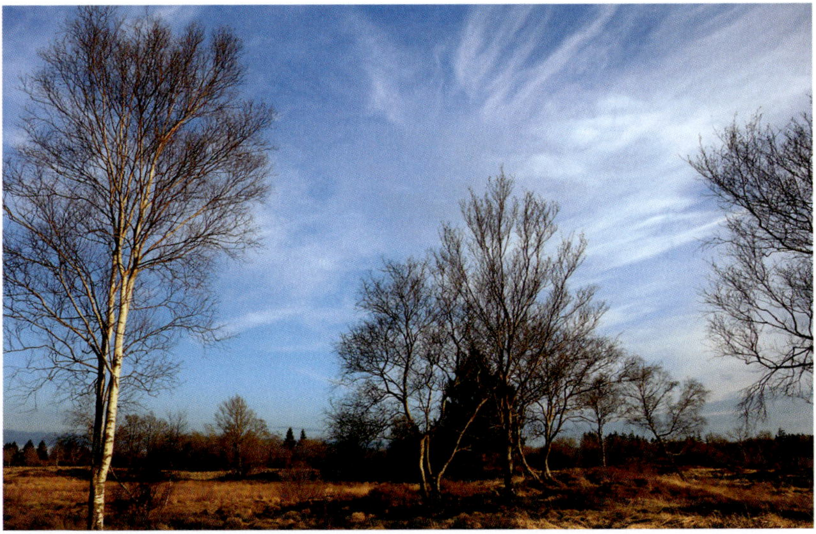

Blick aufs Brackvenn vom Grasweg aus

Entlang des Graswegs treffen wir auf eine abwechslungsreiche Vegetation: Birken, Ebereschen, Ginsterbüsche, wieder mit Moosen bedeckte Quarzitfelsen, Flechten und so manche bizarre Baumformation gehören hier zu den

Angeboten der Natur. Nach 1,5 km folgt unsere Route einer starken Kurvenbiegung nach rechts. Auf der linken Seite ist eine Bank aufgestellt mit einem Hinweisschild auf ***Kaiser-Karls-Bettstatt*** darüber. Diesem Schild geradeaus in ein kleines Waldstück hinein folgend, verlassen wir den Grasweg.

Nur 100 m von der Bank entfernt gelangen wir mittels eines kleinen Stegs über einen Wassergraben. Nun wandern wir auf einem Pfad mit einem feuchten, von vielen Wurzeln durchzogenen Untergrund durch ein kurzes Waldstück und über einen Weg durch eine kleine Wiese.

Der Wiesenweg endet vor einer Holzschranke, die eine ungehinderte Passage für Spaziergänger zulässt. Dahinter führt ein Trampelpfad in einer Linkskurve durch eine mit vielen Büschen bewachsene Landschaft. Wir folgen nun dem Trampelpfad, dessen Grund an manchen Stellen von vielen Wurzeln und Steinen durchzogen und sehr feucht ist, bis wir wieder nach kurzer Zeit auf einen Grenzstein stoßen mit der Inschrift 721. Dieser Stein markiert die Staatsgrenze. An dieser Stelle biegen wir rechts auf einen weiteren Pfad ab. Ein kleines Schild auf der rechten Seite zeigt an, dass wir auf den ***Eifelsteig*** zurückgekehrt sind.

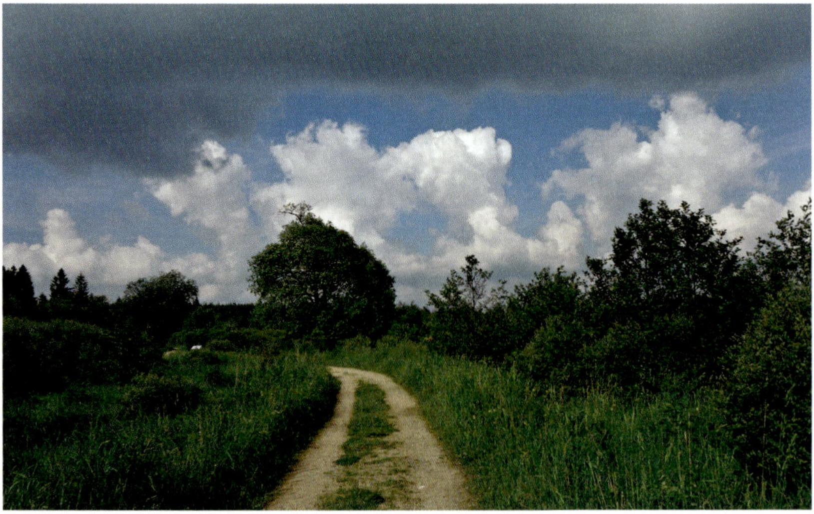

Wanderweg entlang der Grenze bei Mützenich

Ab hier sind wir wieder auf deutschem Territorium. Der Pfad trifft nach kurzer Zeit wieder auf den breiten Wanderweg, auf dem wir unsere Wanderroute begonnen haben.

Nun biegen wir rechts ab. Den Weg kennen wir ja schon vom Hinweg her. An jeder Weggabelung halten wir uns von nun an rechts und folgen nicht den Abzweigungen nach Mützenich, es sei denn, Sie möchten vielleicht in der Dorfgaststätte „Zur Buche" (Im Brand 39, 52156 Monschau, Tel. 00 49 (0) 24 72 14 97, **info@venngasthof-zurbuche.de**) einkehren, um sich mit einem Pfannenkuchen oder auch etwas Herzhaftem zu stärken.

Bald führt unsere Wegstrecke wieder am Aussichtsturm vom Routenanfang vorbei. Es stehen Tische und Bänke für ein Picknick zur Verfügung oder man probiert das hier stehende Baumtelefon aus. Die schöne Aussicht von oben genießen zu können, ist es jedenfalls wert, auf den Turm zu klettern, genauso wie der lehrreiche Blick auf die oben angebrachten Informationstafeln über diese Gegend. Der letzte Wegabschnitt schlängelt sich dann weiter an der Grenze entlang, bis wir wieder unseren Parkplatz erreichen.

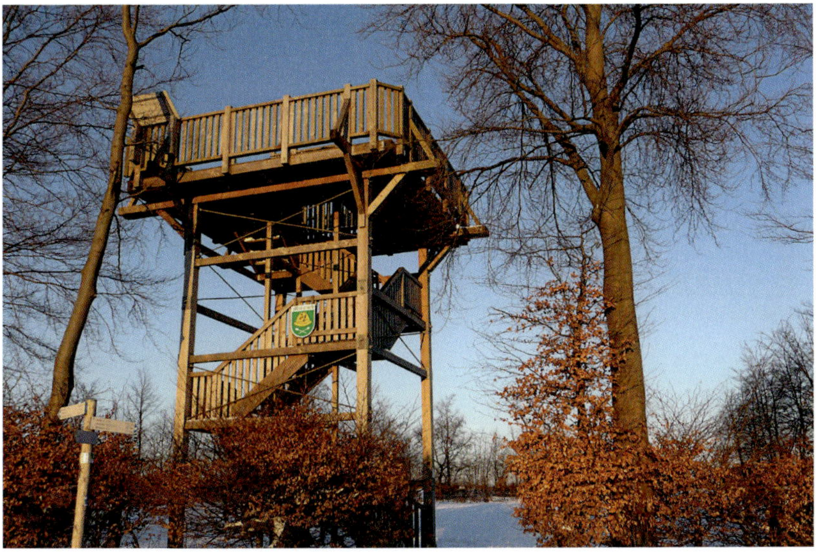

Aussichtsturm bei Mützenich im Winter

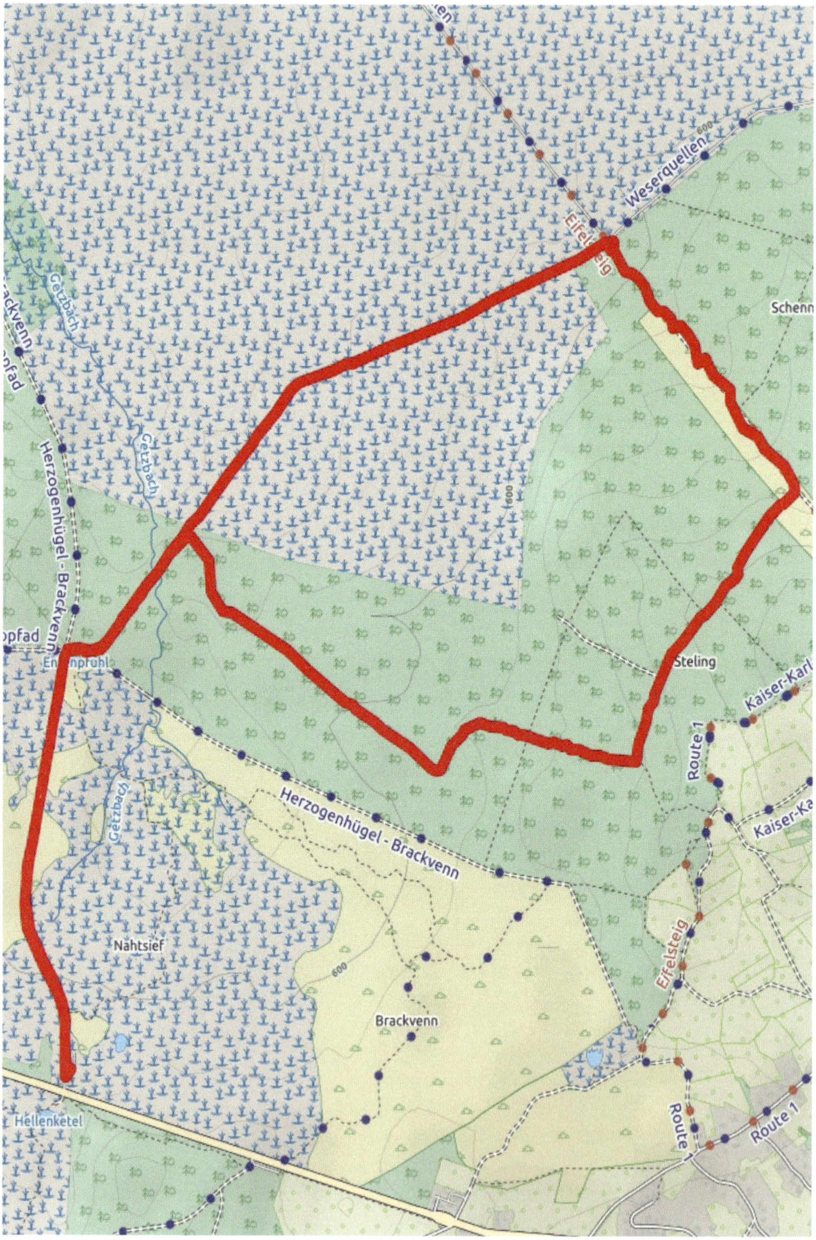
Weserquellen
Eifelsteig
Getzbach
Herzogenhügel - Brackvenn
Steling
Route 1
Nahtsief
Brackvenn
Hellenketel
600

WANDERUNG 9: DURCH WALD UND MOORLANDSCHAFT

Start und Ziel: Parkplatz Nahtsief

Länge: 8,25 km

Gehzeit: ca. 2,5-3 Stunden

Hunde dürfen mitgeführt werden.

Schöne, gemütliche Runde, außerhalb des Waldes Asphaltwege, keine besondere Trittsicherheit oder besonderes Schuhwerk notwendig. Auch gut bei Schnee zu begehen.

Wir starten am Parkplatz Nahtsief und gehen von dort über den asphaltierten Weg in nördliche Richtung. Auf beiden Seiten haben wir einen weiten Blick über die Vennlandschaft.

Nach 1 km erreichen wir eine Kreuzung, an der wir auf einen weiteren Asphaltweg rechts abbiegen. Kurz danach passieren wir auf der rechten Seite einen Grasweg, den wir unbeachtet hinter uns lassen. Wir folgen weiter unserer Route, die eine leichte Kurve in nordöstliche Richtung macht. Über eine kleine Brücke gelangen wir ans andere Ufer des ***Getzbachs***.

Knappe 300 m hinter der Kreuzung biegen wir rechter Hand in einen breiten Waldweg ein und folgen ihm. Endlich haben wir Waldboden unter unseren Füßen. Rechts und links sind wir von Fichtenbestand umgeben. Der Waldboden ist mit Moosen bedeckt und überall befinden sich kleine Rinnsale.

Einige Zeit später erspähen wir auf der linken Seite eine auf Stelzen stehende Jagdhütte. Nach 950 m auf diesem Waldweg folgen wir einer scharfen Linkskurve. Geradeaus und rechts von uns befinden sich lange Schneisen. Wir achten darauf, nicht in die Schneisen abzubiegen, denn sie können einem Weg täuschend ähnlich sehen, sondern folgen unserem Hauptweg nach links.

Der Waldbestand wird nun lichter und wandelt sich an manchen Stellen in Mischwald. Am Wegrand finden sich viele interessante Motive für Fotografiebegeisterte, wie von verschiedenen Moosen bewachsene Quarzitsteine und viele Flechten. Nach weiteren 500 m macht unsere Route einen scharfen Linksknick. Geradeaus treffen wir auf einen Trampelpfad und rechter Hand auf einen mit viel Farn bewachsenen Pfad, aber wir verbleiben auf unserem jetzt leicht bergauf führenden Hauptweg. Am Wegrand ist noch mehr Quarzitgestein mit interessanten Pflanzengemeinschaften zu finden.

Bei der Trackaufzeichnung im April 2016 konnte man an den vielen aufgewühlten Stellen im Boden ein hohes Ausmaß an Wildschweinaktivität ablesen. Wir sahen das als deutliche Warnung, den Hund an der Leine zu halten und hier auch nicht in der Dämmerung zu wandern. Auch aufgrund des Verhaltens meines Hundes, der eindeutig viele Witterungen aufnahm, ist darauf zu schließen, dass hier vor Ort sehr viel Wild unterwegs ist.

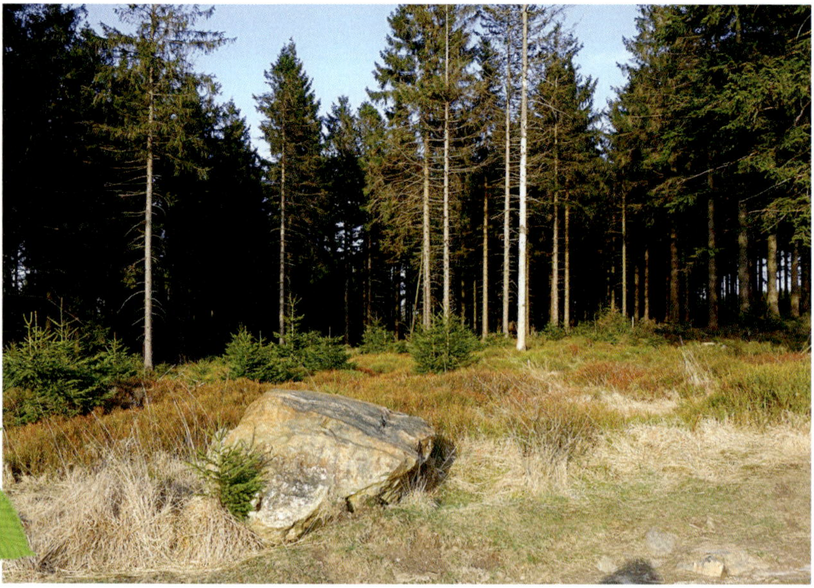

Beinahe am Ende des Waldweges führt unsere Route links an einer Schonung entlang. Rechter Hand erweckte es bei unserer Wanderung den Eindruck, dass hier erst kürzlich Bäume gefällt worden sind. 800 m hinter dem letzten Linksknick kreuzt unsere Route einen weiteren, breiten Wanderweg. Wir biegen links auf ihn ab. Immer geradeaus und leicht bergab verläuft unser aktueller Streckenabschnitt durch meist niedrigen Mischwaldbestand.

Jetzt sind links häufig eingezäunte Bereiche zu sehen, die den hier entstehenden Jungwaldwuchs vor Wildverbiss schützen sollen. Bei gutem Wetter hat man direkt vor uns einen sehr schönen weiten Blick über die Wälder hinweg. Dieser Wegabschnitt gefällt mir sehr. Knapp 1 km, nachdem wir in diesen Weg eingebogen sind, gelangen wir wieder an eine Kreuzung. Alle Wege bis auf unseren sind hier asphaltiert. Unmittelbar rechts vor der Kreuzung befindet sich die ***Steling-Hütte***, wo sich eine schöne Möglichkeit zur Rast bietet.

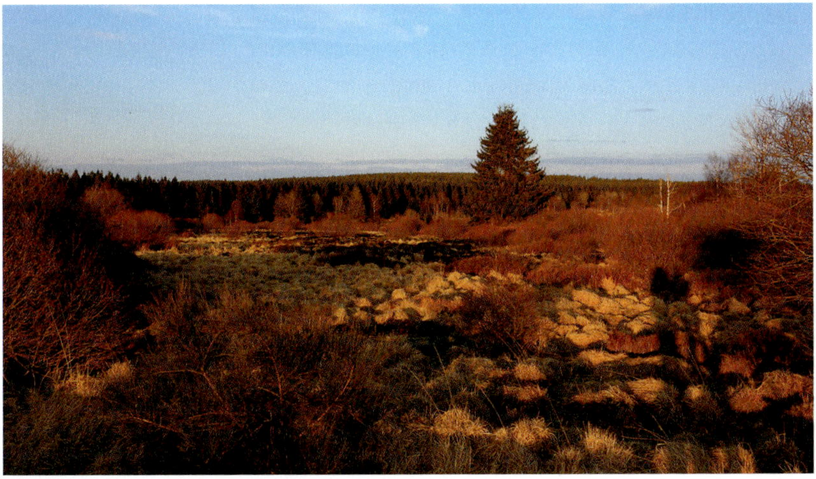

Blick aufs Venn in der Nähe von Nahtsief

Nach Wiederaufnahme der Wandertour biegen wir links unseres Weges auf einen Asphaltweg ab. Zur Orientierung ist an der Kreuzung eine Hinweistafel mit einer Wanderkarte aufgestellt. Nun gehen wir 2 km auf dem asphaltierten Wanderweg geradeaus. Zu beiden Seiten unserer Laufrichtung werden wir mit der Möglichkeit zu weiten Blicken über die Vennlandschaft verwöhnt, bis wir schließlich linker Hand wieder an dem Wald vorbeigehen, den wir vorhin durchquert haben.

Bald stoßen wir auch links von uns auf den Waldweg, in den wir auf dem Hinweg eingebogen sind, den wir nun aber ignorieren. Auch geht es an dem nun linker Hand liegenden Grasweg (ab hier können Sie auch eine Alternativroute gehen, s. u.) vom Anfang vorbei und kurz dahinter sehen wir auch die uns bekannte Kreuzung wieder. Links abbiegend, kehren wir dann nach 1 km zu unseren Ausgangspunkt, Parkplatz Nahtsief, zurück.

Alternativroute

Wenn Sie ohne Hund unterwegs sind, können Sie alternativ in den Grasweg einbiegen. Am Anfang des Weges werden Sie auf der rechten Seite einen Eingang ins Venn ausmachen. Ab hier wandern Sie auf den Bretterstegen oder schmalen Pfaden bis hin zu einer Abzweigung. Dort folgen Sie dem Schild „Nahtsief", Sie halten sich rechts, bis Sie zum Ausgang des Vennstücks kommen.

Sie stoßen nun auf unseren asphaltierten Wanderweg, biegen links ab und sehen schon bald den Parkplatz Nahtsief. Abhängig von der Wetterlage kann der Wegesgrund an manchen Stellen feucht und rutschig sein, daher ist hier gutes Schuhwerk unabdingbar.

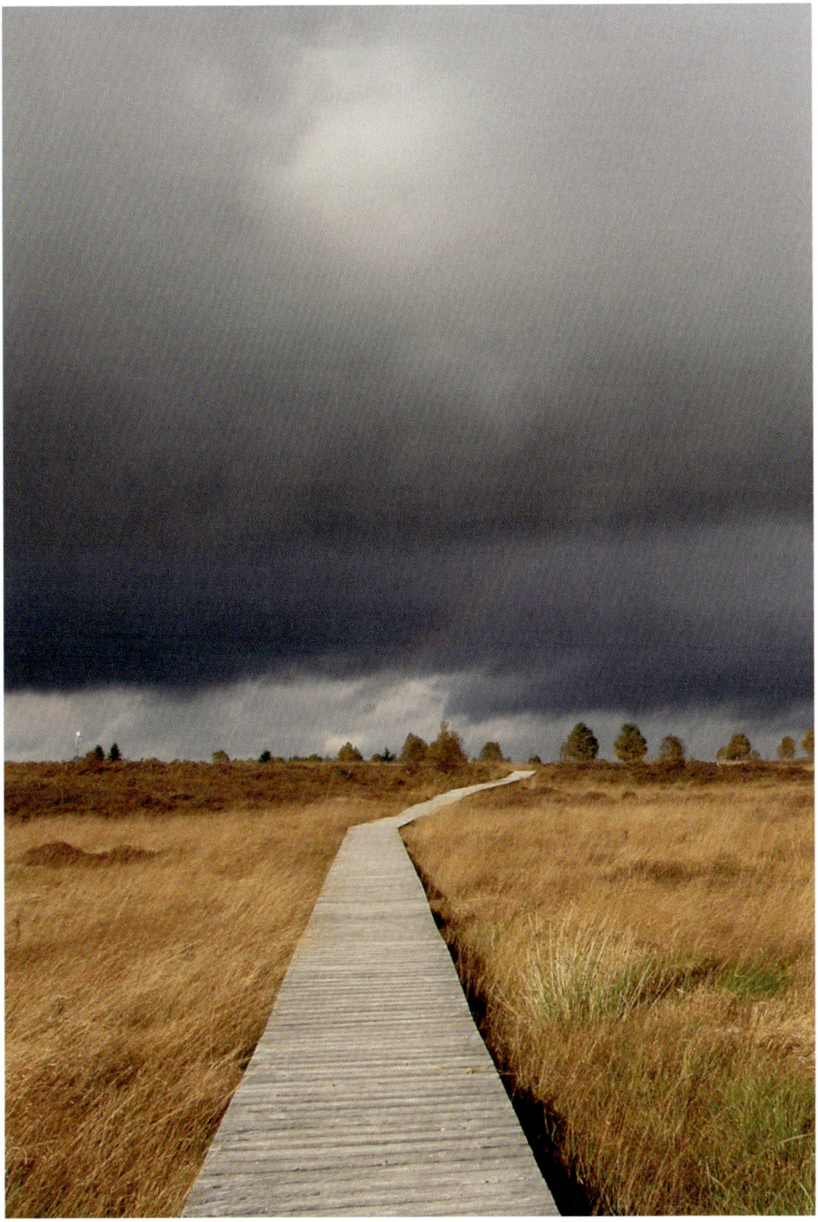

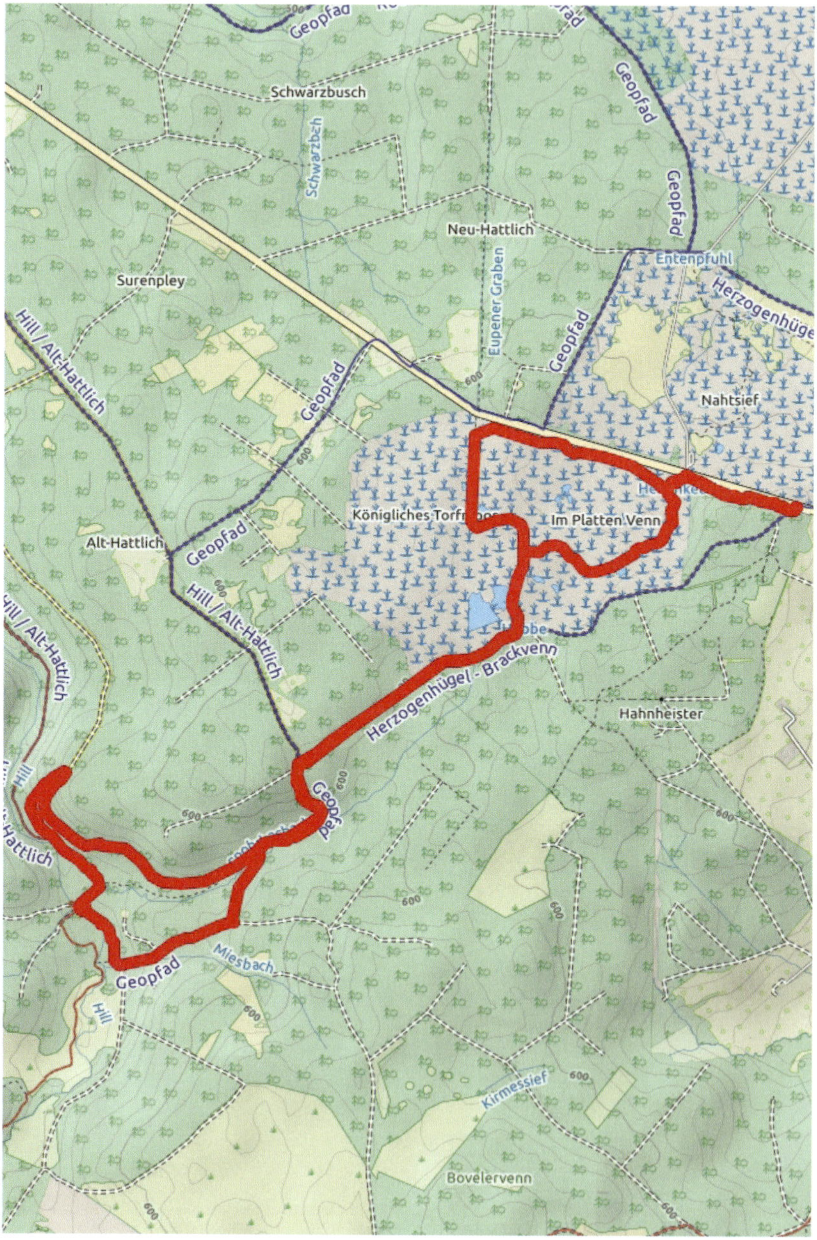
Schwarzbusch
Geopfad
Neu-Hattlich
Eupener Graben
Entenpfuhl
Nahtsief
Surenpley
Hill / Alt-Hattlich
Im Platten Venn
Alt-Hattlich
Herzogenhügel - Brackvenn
Hahnheister
Miesbach
Hill
Kirmessief
Bovelervenn
600

WANDERUNG 10:
VOM PLATTEN VENN ZUM HERZOGENHÜGEL

Start und Ziel: Parkplatz Grenzweg (alternativ ist auch der Parkplatz Nahtsief möglich)

Länge: 13,6 km

Gehzeit: ca. 4,5-5,5 Stunden

Die Mitnahme eines Hundes ist möglich. Dann müssen Sie allerdings auf die Runde durch das Platte Venn verzichten und stattdessen direkt vom Parkplatz Grenzweg aus auf einem breiten Waldweg in südwestliche Richtung zunächst durch Wald und dann am Platten Venn entlanggehen. Nach etwa 2 km treffen sich die Wege. Auf dem Parkplatz ist auch ein Schild, das in Richtung unseres Ziels Herzogenhügel weist. Dasselbe gilt entsprechend andersherum für den Rückweg.

Zwei Schwerpunkte in einer Wanderung: Plattes Venn und Herzogenhügel. Auf Stegen und schmalen Pfaden durch Moorlandschaft, eine längere, asphaltierte Strecke durch eine attraktive, bewaldete Gegend, zauberhafte Stellen am Herzogenhügel, Bach, Steinbruch und im Frühjahr Narzissen.

Wegen einiger nasser, rutschiger Stellen im Platten Venn sind gute Schuhe erforderlich. Falls Sie die „Hundevariante" des Weges wählen, ein sehr leicht zu gehender Weg, sind keine besonderen Schuhe notwendig, dieser ist auch bei Schnee normalerweise gut zu bewältigen.

Wir parken auf dem Parkplatz Grenzweg und gehen zunächst auf einem Pfad neben der Monschauer Straße entlang Richtung Eingang des Brackvenns. Ein Schild weist darauf hin, dass es hier auch Richtung Parkplatz Nahtsief geht (wo Sie alternativ auch parken könnten). Der Pfad führt durch ein Waldstück und ist teilweise sehr feucht, sodass auch hier wieder gute Schuhe erforderlich sind. Teilweise führt diese Strecke auch über Stege.

Nach 600 m haben wir den Eingang ins Brackvenn erreicht, der sich links von uns befindet.

Stege führen uns gleich am Anfang zu einer Plattform vor einer großen Lithalsen, von der aus man einen weiten Blick über das Brackvenn hat. Große Informationstafeln erklären die Entwicklung dieser Landschaft.

Wir folgen dem Steg und schon nach wenigen Metern sehen wir eine Abzweigung nach rechts, der wir folgen. Wir wandern nun auf schmalen Pfaden und Stegen durch eine abwechslungsreiche Moorlandschaft.

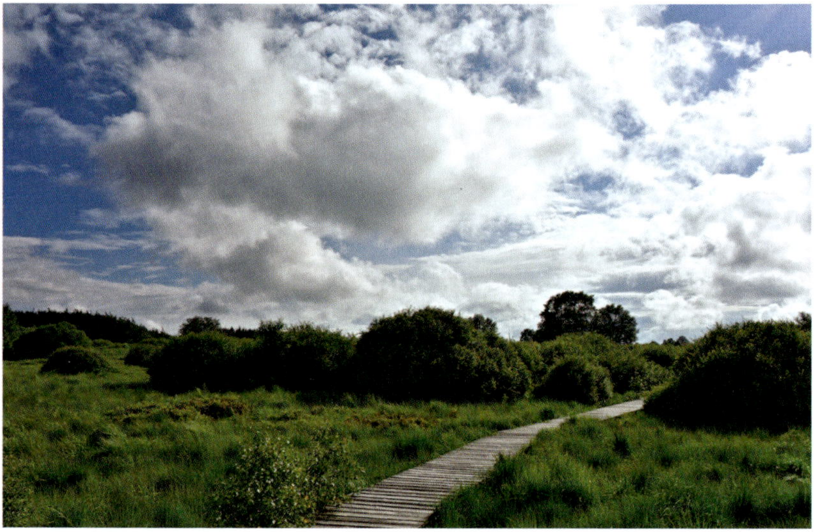

Nach etwa 1 km stoßen wir auf einen weiteren Steg. Auf diesen biegen wir nach links ab. Nun gehen wir 400 m geradeaus, bis der Weg eine scharfe Biegung nach links macht, der wir folgen. Nach weiteren 350 m sehen wir links eine Abzweigung. Dieser folgen wir nicht, sondern wandern geradeaus weiter (halten uns dabei eher rechts) und erreichen nach weiteren 400 m den „Ausgang" des Venns.

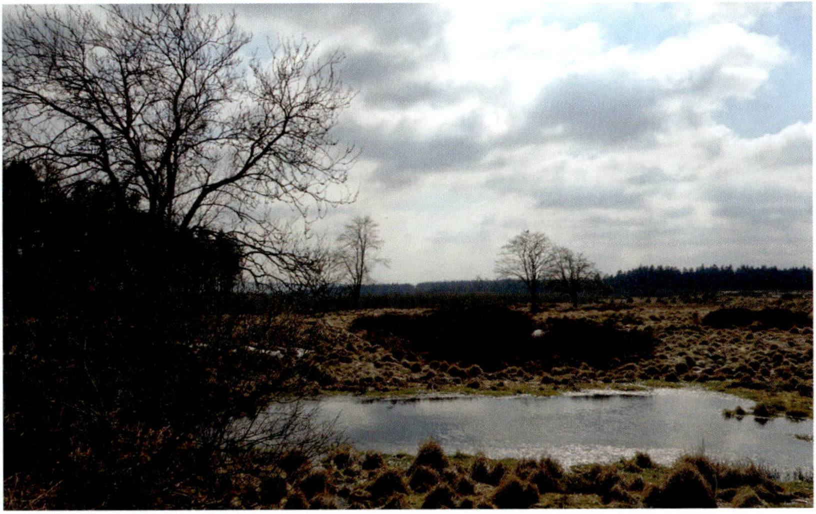

Kurz vor dem Ausgang des Venns

Hier trifft unser Weg auf die „Hundevariante". Gerade auch auf dem letzten Wegstück vor dem Ausgang sehen wir im Frühjahr weite Wasserflächen. Viele Moospolster, Heidepflanzen, Bulten und Schlenken und einige wenige Bäume, vor allem Birken, runden das Bild ab. Und wie fast überall im Venn sind große Flächen mit Pfeifengras bedeckt, die zum Zeitpunkt unserer Wanderung im Mai vertrocknet sind und damit eine große Brandgefahr verursachen.

Nachdem wir die Stege verlassen haben, treffen wir auf einen sehr breiten und gut befestigten Wanderweg, auf den wir nach rechts abbiegen. Wir gehen nun an Fichtenwald links von uns entlang, wohingegen wir rechter Hand am Venn entlangspazieren. Ein Schild weist in Richtung Hilltal, wo wir auch hinwollen. Wir folgen nun dem Weg in Richtung Hilltal, der die meiste Zeit asphaltiert ist. Von diesem Weg aus haben wir nach einer Weile auf der linken Seite häufig einen Blick bis weit in die Eifel. Hier sind viele Schonungen mit niedriger Vegetation und wir gehen über eine Hochebene.

Nach einer Kuppe können wir weit den Weg überblicken, der nun vor uns liegt und uns geradeaus leicht bergab führt. Wir gehen zwar durch Wald, aber der Weg ist bei schönem Wetter überwiegend sonnig. In den Gräben rechts und links fließt Wasser und man findet am Wegrand wieder viel zu bestaunen, Gesteine, Moose, Flechten und vieles mehr.

Kurz bevor diese gerade Wegstrecke endet, befindet sich auf der linken Seite eine Schneise, auf der auf unserer Wanderung sehr viele Spuren von Wildschweinen zu sehen sind. Hier sollte man nicht in der Dämmerung unterwegs sein.

1,3 km nach dem „Ausgang" aus dem Platten Venn treffen wir auf einen weiteren asphaltierten Weg. Wir folgen hier den nach links weisenden Schildern, auf denen „Herzogenhügel" und „Hilltal" steht. Ab hier führt der Weg in Kurven bergab. Nachdem wir eine Weile durch Wald gewandert sind, blicken wir links in ein Tal, durch das ein Bach fließt. Der Baumbewuchs wird auf dieser Seite spärlich und wir sehen immer mehr Bulten, Schlenken und Moorpflanzen. Ab hier sind im Frühjahr auch Narzissen zu finden.

Rechts haben wir nun interessante Gesteine, häufig Schiefer, und die Bäume stehen mit ihren Wurzeln weit über uns, sodass wir vom Weg aus Wurzeln, Gesteine, Moose, Flechten und Heidepflanzen sehen. Sogar Vennflechten sind zu entdecken.

Nach 650 m, von der Abzweigung aus gerechnet, gabelt sich der Weg. Wir folgen wieder den Schildern zum Herzogenhügel und halten uns links. Ein weiteres Schild gibt darüber Auskunft, dass der Bach, an dem wir entlanggewandert sind, ***Sporbach*** heißt. Wir gehen nun durch ein Stück Fichtenwald und treffen nach einer Weile auf eine Abzweigung nach links Richtung Küchelscheid, wie ein Schild besagt (hier waren wir bei Wanderung 4 in der Dämmerung versehentlich abgebogen und haben uns im Anschluss verlaufen).

Dort biegen wir nicht ab, sondern folgen weiter den Schildern zum Herzogenhügel bzw. ins Hilltal. Wir gehen nun durch einen lichten Mischwald, der immer mehr auflockert. Der Weg führt immer weiter bergab. Nach einer Weile sehen wir eine weitere Abbiegung nach links. Ein Schild weist darauf hin, dass es hier nach Sourbrodt geht. Auch diesen Weg ignorieren wir.

Bei der später beschriebenen Wanderung 26 in Richtung Baraque Michel biegen Sie hier ab.

Rechter Hand befindet sich immer noch Wald, aber links von uns weitet sich das Hilltal. Bald sehen wir auf der rechten Seite einen Steinbruch, der je nach Licht fast rotgolden glänzt.

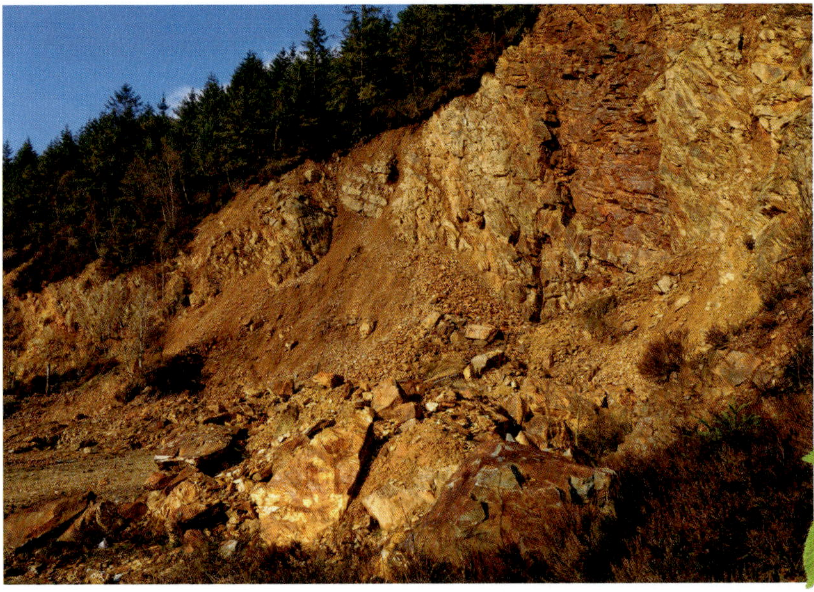

Links sehen wir eine durch ein Schild gekennzeichnete Quelle. Davor steht ein Gerät, mit dem man messen kann, wie viel Wasser Torfmoose aufnehmen können. Nun fließt die Hill direkt links neben unserem Weg. Auf einem Schild des „Geopfades" wird der hier zu findende ***Hilltal-Tonalit*** beschrieben und seine Entstehung erklärt (siehe auch Wanderung 4).

Wenig später entdecken wir linker Hand vor der Hill eine Grasfläche. Zwei Holzbänke und ein Tisch stehen hier nahe am Ufer. Für mich ist dieser Ort mein Lieblingsrastplatz im Hohen Venn. Man hört das Rauschen des Wassers, hat einen Blick über den Bach, dessen Wasser bei Sonne tiefblau wirkt, und vor sich die Vennlandschaft.

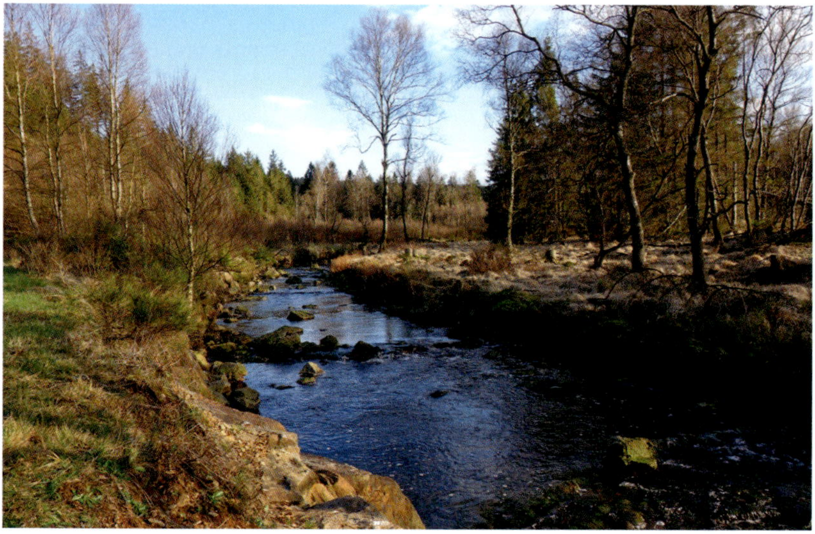

Im Frühjahr sieht man viele blühende Narzissen und im Hintergrund leuchtet der rotgoldene Steinbruch.

Hier sind wir nun am ***Herzogenhügel***, wie auch ein Schild in der Nähe besagt.

Hinter diesem Rastplatz sehen Sie zunächst eine sehr kleine und dann eine etwas größere Brücke über die Hill. Dahinter führt ein Weg direkt an der Hill entlang und ein weiterer Weg zunächst bergauf und dann am ***Geitzbusch*** entlang nach ***Baraque Michel***. Diese Wege sollten nur bei sehr trockenem Wetter gegangen werden und nachdem Sie sich gründlich über den Zustand der Wege und die aktuelle Wegführung informiert haben.

Nach einer ausgiebigen Rast verlassen wir den Ort und gehen weiter. Wir entdecken bald eine Bank, ein Schild, auf dem „Sporbach" steht und eine kleine Brücke, die über diesen Bach führt. Dahinter führen zwei Stege auf einen Trampelpfad, dem wir bei dieser Wanderung aber nicht folgen. Wir bleiben auf unserem breiten Wanderweg, der nun leicht bergauf führt, immer weiter von der Hill weg, die bald links im Tal unter uns liegt. Auch die Vegetation verändert sich und wir wandern vermehrt durch Fichtenwald.

Schließlich erreichen wir eine Stelle, an der uns linker Hand ein Holzzaun vor einem gefährlichen Abhang schützt, von dem man sich besser fernhalten sollte. Kurz dahinter sieht man ein Holz- bzw. aus Seilen bestehendes Geländer, an dem man sich festhalten kann, wenn man von der Hill aus hier hochklettert (siehe Wanderung 4) oder an der Hill entlang in Richtung Ternell gehen möchte.

Wir wollen bei dieser Wanderung aber zurück zum Ausgangspunkt und bleiben auf unserem Weg, bis wir auf einen weiteren asphaltierten Weg stoßen, der scharf nach rechts abgeht (links geht es nach Ternell) und dem wir folgen. Dabei steigt der Weg immer weiter an und führt zunächst durch Fichtenwald, später eher durch niedrigen Mischwald.

1,5 km nach der Abzweigung kommen wir an die Kreuzung, an der wir auf unserem Hinweg in Richtung Herzogenhügel abgebogen sind. Hier gehen wir, anstatt rechts abzubiegen, weiter geradeaus. Nun befindet sich links von uns der Wald und rechts das Tal mit aufgelockerter Vegetation. Es geht in Kurven immer steiler bergauf, bis wir nach weiteren 550 m an die Kreuzung kommen, an der es geradeaus Richtung „Hattlich" und „Ternell" geht, wie ein Schild besagt. Hier biegen wir nach rechts ab in Richtung Mützenich.

Sicher haben Sie den Weg schon längst wiedererkannt. Ab hier geht es bequem durch die eben schon beschriebene Waldlandschaft geradeaus und man kann flott gehen. Nach einem längeren Stück auf der uns ja schon vom Hinweg bekannten Strecke erreichen wir links von uns wieder den Eingang ins Brackvenn.

Hier können Sie sich entscheiden: Wenn Sie mit dem Hund unterwegs sind, keine stabilen Schuhe anhaben oder die Dämmerung schon begonnen hat, dann gehen Sie einfach immer weiter geradeaus, zunächst am Rande des Platten Venns entlang, dann durch ein Waldstück und Sie laufen geradewegs auf den Parkplatz Grenzweg zu.

Bei der hier aufgezeichneten Wanderung biegen wir links ab und gehen durch den „Eingang" auf Stegen ins Platte Venn. Nachdem wir die nächsten 400 m durch schon vom Hinweg bekanntes Gelände gewandert sind (wobei es aus der nun anderen Richtung und besonders auch bei verändertem Licht gegen Abend wieder ganz anders aussehen kann), biegen wir bei der dann kommenden Abzweigung rechts ab. Wir folgen den Stegen und Pfaden, bis wir wieder an der ursprünglichen Plattform sind. Auf dieser Strecke sind im Frühjahr oder nach langen Regenperioden die ausgedehnten Wasserflächen, die wir auf dem Steg überqueren, sehr beeindruckend.

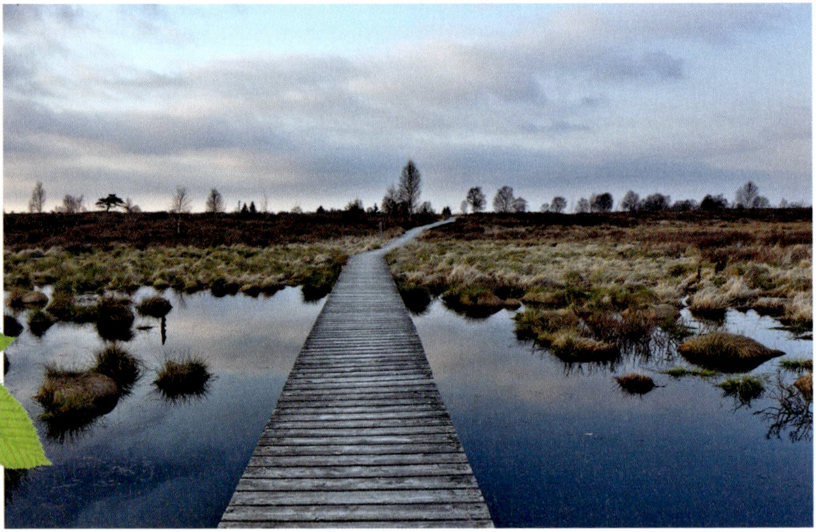

Nachdem wir hinter der vom Anfang der Wanderung schon bekannten Plattform das Platte Venn verlassen haben, wandern wir rechts den uns schon vom Hinweg her bekannten Pfad neben der Monschauer Straße entlang, bis wir unseren Parkplatz erreichen.

5.2 WANDERUNGEN IM EINZUGSBEREICH VON BOTRANGE UND BARAQUE MICHEL

Baraque Michel ist meines Wissens die einzige Herberge, die direkt am *Grande Fagne*, in der Nähe des Wallonischen Venns liegt. 1811 erbaute Michael Schmitz, der je nach Chronist ein Steinmetz oder ein Schneider aus dem Rheinland gewesen sein soll, das ursprüngliche Gebäude, welches wenig später als Herberge ausgebaut und als die Straße zwischen Eupen und Malmedy (N 68) gebaut wurde, noch erweitert wurde. In der Nähe von Baraque Michel befindet sich die ***Kapelle Fischbach***. Sie wurde 1831 errichtet. Sowohl durch Läuten der Glocken als auch durch Leuchtfeuer wurde von hier aus Wanderern geholfen, ihren Weg zu finden.

Erwähnenswert ist auch, dass hier 1815 die preußische Grenze zum Königreich der Niederlande und ab 1830 bis 1920 zu Belgien verlief. Sie werden in dieser Gegend einige historische Grenzsteine und Informationstafeln über die Geschichte und den Grenzverlauf in dieser Region finden.

Die Adresse ist:
Fermes en Fagnes 36, B-4845 Jalhay
Tel. 00 32 (0) 80 44 48 01
» www. labaraquemichel.be.

Man kann hier nicht nur übernachten, sondern auch lecker essen. Vor der Herberge ist ein großer Parkplatz.

Es gibt hier auch eine Bushaltestelle. Hier fährt die Linie 394 TEC, Strecke Eupen-Büllingen-St. Vith. Die Haltestelle heißt „Baraque Michel".

Hier starten und enden die Wanderungen 12, 13, 14, 17 und 18.

Wenn Sie von Baraque Michel, aus Eupen kommend, auf der N 68 weiterfahren, erreichen Sie nach ca. 1,3 km ***Mont Rigi***. Es liegt direkt an der Abzweigung der N 676 von der N 68. Hier gibt es ein sehr nettes Restaurant mit großzügigen Öffnungszeiten und mit einer sehr schönen Außenterrasse hinter dem Gebäude. Hinter dem Restaurant liegt das Polleurvenn, welches ich Ihnen in Wanderung 11 vorstelle. Noch vor dem Eingang ins Venn finden Sie ein Informationsbüro, in dem man Karten und reichhaltiges Informationsmaterial erhalten und Auskünfte einholen kann.

Dahinter befindet sich ein Institut der Universität Lüttich, welches hier eine Wetter- und Forschungsstation betreibt. Die Wetterstation ist am Beginn des Polleurvenns zu sehen. Hier befindet sich auch eine Webcam. Die Aufzeichnung und der aktuelle Wetterbericht einschließlich weiterer Messwerte und Warnungen finden Sie unter
» www.meteo.be

Weitere Informationen auch unter
» www.mont-rigi.be.

Die Adresse ist:
Mont Rigi, Route de Botrange 137, B-4950 Waimes
Die telefonische Hotline des ansässigen Informationsbüros lautet: 00 32 (0) 80 44 72 73

Natürlich ist auch hier ein großer Parkplatz und die oben erwähnte Buslinie 394 hält hier auch.

Hier ist der Start- und Endpunkt von Wanderung 11.

Wenn Sie bei Mont Rigi auf die N 676 (Route de Botrange) abbiegen, dann erreichen Sie nach etwa 1,1 km ***Signal de Botrange***. Hier ist mit 694,24 m der höchste Punkt Belgiens. Um eine Höhe von 700 m zu erreichen, wurde hier ein Hügel aufgeschüttet, der sogenannten *Baltia-Hügel* (benannt nach einem belgischen Generalleutnant und Generalgouverneur der Ostkantone). Es gibt hier einen 24 m hohen, 1934 erbauten Turm, der sowohl als Aussichtsturm als auch als Sendeanlage dient. Weiterhin befindet sich hier ein Informationsbüro und eine Gastronomie. Auf dem Gelände sind auf Informationstafeln und an Gedenkstätten weitere Informationen zu finden.

Die Adresse ist:
Rue de Botrange 133, B-4950 Robertville-Waimes
Tel. 00 32 (0) 80 44 73 00
das Restaurant: 00 32 (0) 80 44 48 44

Auch hier befindet sich ein großer Parkplatz.

Hier halten die Busse der Linie 390 von Verviers nach Rocherath und 394 von Eupen nach St. Vith. Die Bushaltestelle heißt „Signal de Botrange".

Wanderung 16 startet hier.

Wenn Sie etwa 1,3 km weiterfahren, werden Sie rechts am Straßenrand ein kleines Hinweisschild finden, welches Sie zum ***Naturparkzentrum Botrange*** führt.

Die Adresse ist:
Naturparkzentrum Botrange, Route de Botrange 131, B-4950 Waimes
Tel. 00 32 (0) 80 44 03 00
›› www.botrange.be

Hier gibt es Ausstellungen, es werden wie in Ternell geführte Wanderungen angeboten, es gibt einen Heilpflanzengarten, einen großen Kinderspielplatz, einen kleinen, sehr netten Buchladen und eine kleine Gastronomie. In der Vorweihnachtszeit finden Sie hier auch einen kleinen Weihnachtsmarkt mit regionalen Produkten.

Gegenüber dem Naturparkzentrum befindet sich ein interessanter Naturlehrpfad. Natürlich gibt es auch hier einen großen Parkplatz.

Die oben beschriebenen Buslinien halten auch hier.

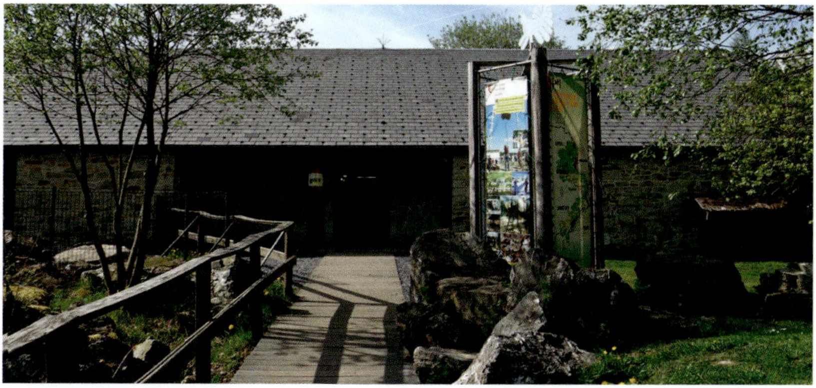

Naturparkzentrum Botrange

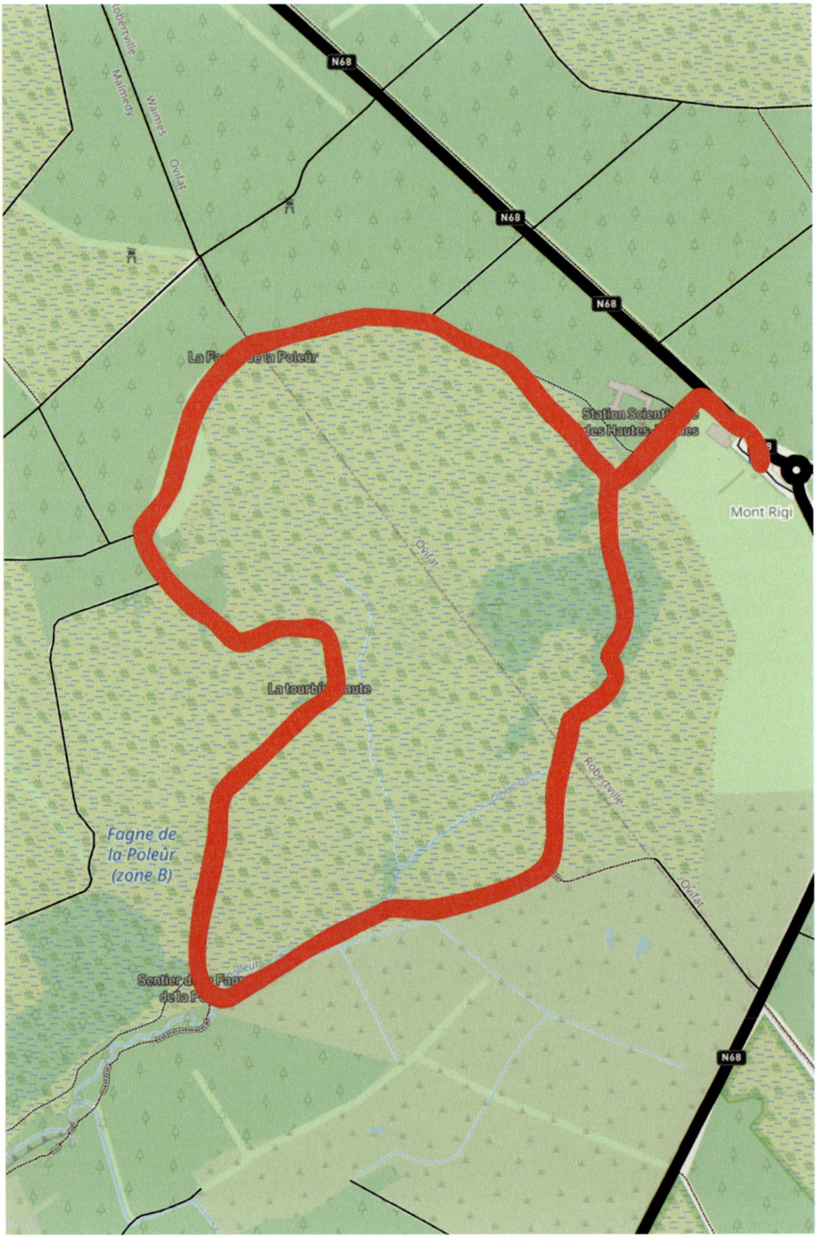
N68
Malmedy
Waimes
Ovifat
Robertville
Mont Rigi
Fagne de
la Poleûr
(zone B)

WANDERUNG 11: NATURLEHRPFAD POLLEURVENN

Start und Ziel: Parkplatz Mont Rigi

Länge: 3,35 km

Gehzeit: ca. 1,5 Stunden

Aufgezeichnet: Mai 2016

Im Juli 2016 wurden umfangreiche Verbesserungsarbeiten auf der Strecke begonnen, die bis Redaktionsschluss noch andauerten.

Hunde dürfen mitgeführt werden.

Auf kurzer Strecke sehr abwechslungsreich und lehrreich, weite Landschaft, Moor, der Weg führt teilweise am Polleurbach entlang. Auf 54 ha ist die gesamte Vielfalt des hohen Venns vereint. Standort einer wissenschaftlichen Station der Universität Lüttich.

Das Polleurvenn ist auch dann begehbar, wenn andere Strecken wegen Brandgefahr gesperrt sind (rote Fahnen).

Normalerweise sehr leichte Wanderung, zum Zeitpunkt der Aufzeichnung allerdings wegen defekter Stege eher schwer zu gehen. Aufgrund der derzeitigen Reparaturarbeiten werden Sie sicherlich einen sehr gut zu begehenden Weg vorfinden, der weder besondere Trittsicherheit oder besonders stabiles Schuhwerk erfordert.

Auch als Familienwanderung gut geeignet.

Gut mit Wanderung 12 und 16 kombinierbar.

Bei der Überprüfung der Wanderung im Sommer 2022 waren viele Stege durch Schotterwege ersetzt worden. Die meisten Informationstafeln waren entfernt. Die verbliebenen Stege waren zu dem Zeitpunkt in einem guten Zustand.

Wir beginnen unsere Trackaufzeichnung an einem sehr heißen und schwülen Tag im Mai 2016 mit einer Einkehr ins Restaurant von Mont Rigi. Man kann dort sehr schön auf der Terrasse sitzen und schon einen Blick auf das Polleurvenn werfen. Auch für Kinder ist gesorgt. Hier befindet sich eine große Rasenfläche, auf der Kinder gerade Ball spielten, als wir uns dort aufhielten, und auch ein kleiner Spielplatz mit Geräten ist vorhanden.

Nachdem wir unseren leckeren Blaubeerkuchen verspeist haben, machen wir uns mit einem bangen Blick zum Himmel auf, da die Unwetterzentrale eine Gewittervorwarnung herausgegeben hatte. Deshalb hatten wir uns für diesen Tag auch eine sehr kurze Wanderung vorgenommen.

Wenn wir am Restaurant rechts vorbeigehen, erreichen wir einen Steg, der ins Polleurvenn führt. Es kann besonders im Frühjahr vorkommen, dass die Stege noch nicht vollständig nach den Strapazen des Winters wiederhergestellt sind, deshalb sollte man achtsam gehen. Wenn alles repariert ist, ist diese Runde sehr leicht zu bewältigen. Wir biegen direkt, nachdem wir ein paar Meter auf den Stegen gegangen sind, nach links ab. Hier gibt es zunächst viele Bäume und Büsche, später die typische Vennvegetation mit Bulten und Schlenken.

Teilweise führen die Stege den Wanderer wie bei einer Brücke ein paar Meter hoch über das Moor hinweg. Diese Stellen sind durch stabile Geländer an beiden Seiten gesichert und auch am Boden ist alles sehr stabil. Nach kurzer Zeit lassen wir die buschige Vegetation hinter uns und laufen weiter auf erhöhten Stegen über ein großes Moorgebiet. Bei der Trackaufzeichnung war hier neben einigen vereinzelten Birken vor allem Pfeifengras zu sehen. Man hat hier einen extrem weiten Blick bis weit über entfernt liegende Wälder.

Das Klima ist hier während unserer Wanderung bei ansonsten schwülem Wetter durch die aus dem Moor aufsteigende Feuchtigkeit und die sehr saubere Luft sehr angenehm. Der Unterschied ist sofort zu spüren.

Nachdem unser Steg eine scharfe Biegung nach rechts gemacht hat, verläuft er nur noch knapp über dem Boden und der weitere Weg führt jetzt leicht bergab.

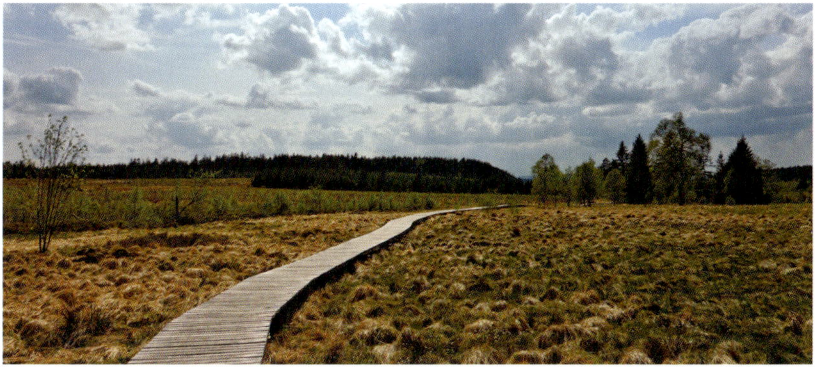

Nach links geht in der Nähe dieser Biegung ein weiterer Steg ab. Ein Schild weist darauf hin, dass es hier Richtung Botrange geht. (Von hier aus werden wir in Wanderung 13 ins Polleurvenn starten.) Wir bleiben aber auf unserem Hauptsteg und biegen nicht ab. Nach einer Weile verändert sich die Vegetation wieder. Wir gehen nun neben dem ***Polleurbach***, an dem entlang verschiedene Bäume stehen, vor allem Kiefern, aber auch einzelne Fichten, die teilweise so verwachsen sind, dass sie ein bizarres Aussehen haben.

Mir ist von einem Naturführer gesagt worden, dass dies an der natürlichen Radonbelastung (Radon ist ein natürliches radioaktives Element) in dieser Gegend läge.

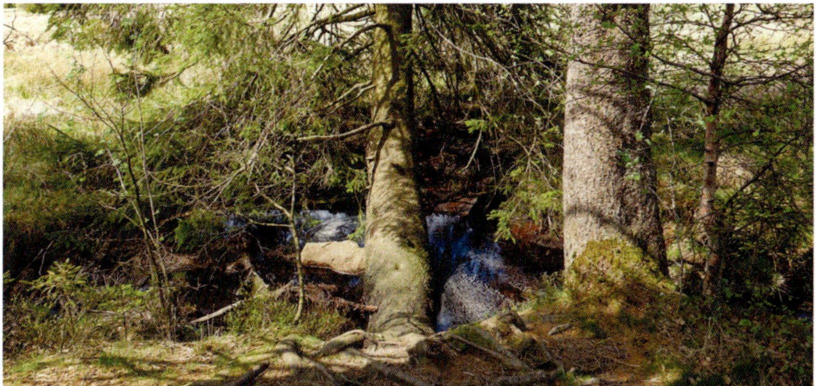

Bevor unser Weg einen weiteren scharfen Knick nach rechts macht, führt ein weiterer Steg geradeaus. Hier konnte man früher am Polleurbach entlangwandern. Dieser Abschnitt ist wegen gefährlicher Stellen gesperrt. Wir folgen also unserem Steg nach rechts, der uns wieder über eine weite Landschaft mit einer herrlichen Aussicht führt. Bald treffen wir auf eine Plattform mit einer Bank, sodass man hier rasten und die Landschaft auf sich wirken lassen kann.

Auf dem weiteren Weg gehen wir wieder über einen erhöhten Steg, der von beiden Seiten durch Geländer gesichert ist. Auf dieser Teilstrecke wurde früher Torf abgebaut, was auf einer Informationstafel erläutert wird und auch an der Landschaft sichtbar ist.

Schließlich führt der Weg kurz hinter einem rechts von uns liegenden Birkenwäldchen auf einen befestigten Waldweg. Rechts haben wir nun Birken, links ein Stück Fichtenwald. Wir kommen an zwei großen Quarzitblöcken vorbei und rechts und links von uns sind Flächen mit Gras, vielen Narzissen und an vielen Stellen ist auch blühendes Wollgras zu sehen.

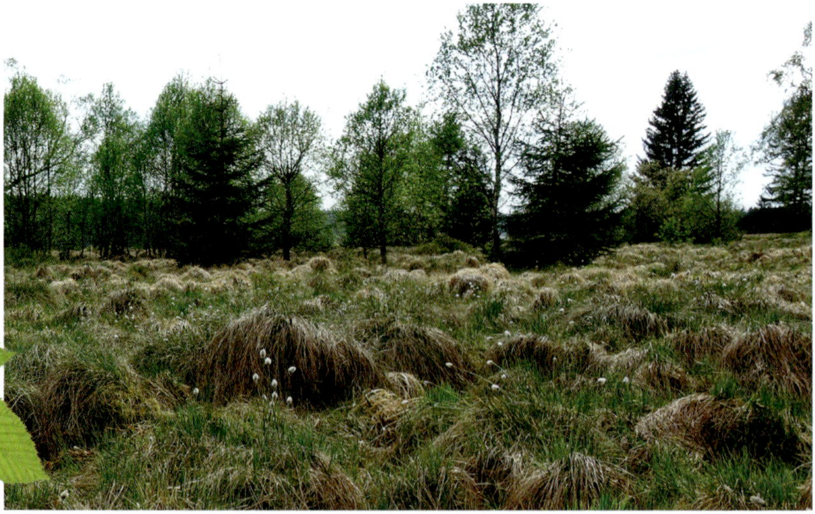

Wollgras, Bulten und Schlenken

Als ich im Juli wieder hier war, konnte man auf der hier befindlichen Wiese viele für die Gegend typische Sommerblumen blühen sehen.

Nach einer Weile biegt ein weiterer Waldweg links ab. Wir folgen ihm aber nicht, sondern bleiben auf unserem Hauptweg. Nachdem der Weg weiter an Grasflächen und an jungen Buchen entlangführte, treffen wir wieder auf einen Steg, auf dem wir unseren Weg fortsetzen. Wir sehen bald rechts von uns futuristisch wirkende Gerätschaften. Hierbei handelt es sich um die Wetterstation Mont Rigi der Universität Lüttich, deren Institutsgebäude von hier aus zu sehen ist.

Kurz danach wandern wir an einigen Bäumen vorbei, an denen verschiedene Flechten gut zu sehen sind. Flechten können auch als Bioindikatoren für die Luftqualität dienen, da sie nur unter bestimmten Luftbedingungen existieren können. Am Ende des Rundgangs sehen wir auf der linken Seite den Steg, auf dem wir unsere Wanderung begonnen haben. Wir folgen ihm und sind bald an unserem Ausgangspunkt.

Wenn wir das Polleurvenn verlassen, sehen wir linker Hand ein Gebäude, in dem sich ein Informationsbüro befindet. Die sehr netten Mitarbeiter dort können den Interessierten mit Informationsmaterial versorgen oder beraten. Da wir uns im französischsprachigen Teil der Wallonie befinden, ist es günstig, hier sein Französisch anzuwenden. Ich kann leider selbst nicht besonders gut Französisch, aber mit einer Mischung aus Französisch, Englisch und Deutsch kommt man dann doch meist ganz gut weiter.

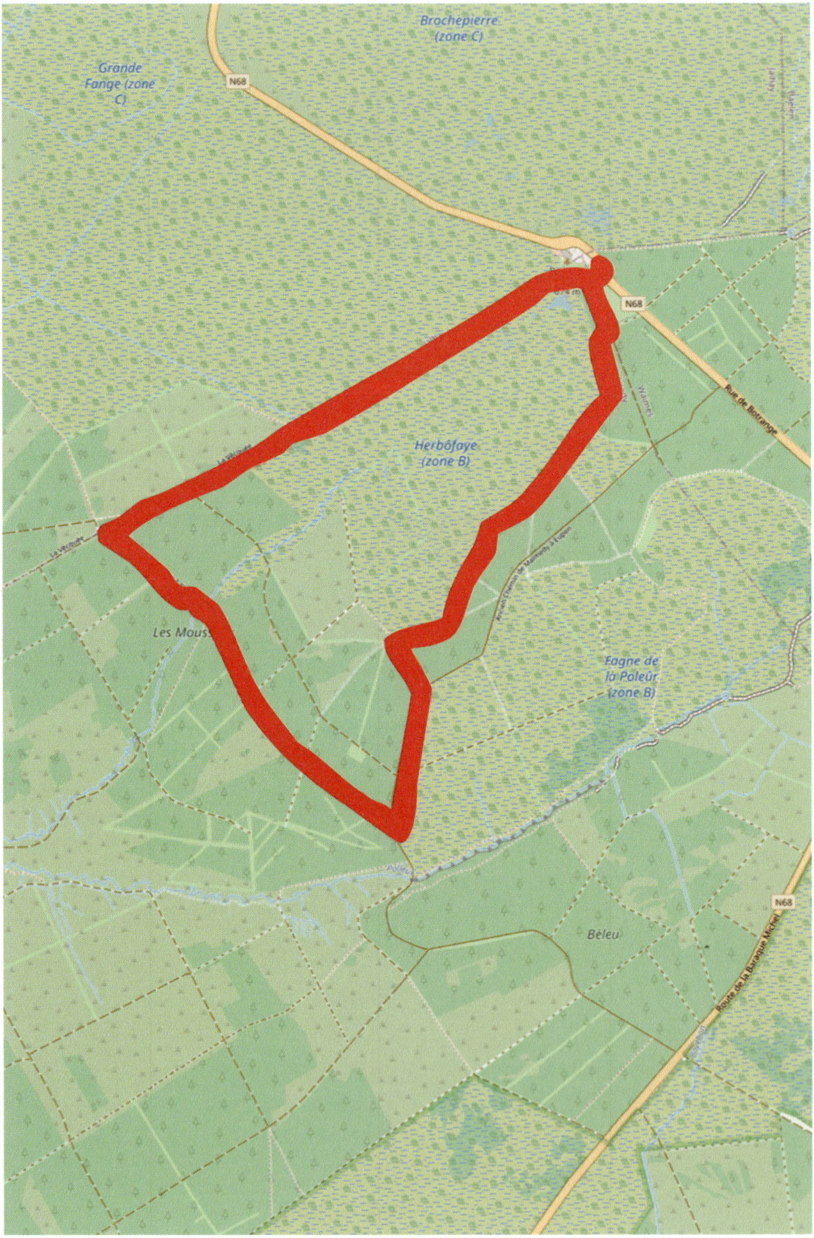
Brochepierre
(zone C)
Grande
Fange (zone
C)
N68
N68
Rue de Botrange
Herbôfaye
(zone B)
Les Mouss
Fagne de
la Poleûr
(zone B)
Beleu
N68
Route de la Baraque Michel

WANDERUNG 12: VON BARAQUE MICHEL ZUM „KREUZ DER VERLOBTEN“

Start und Ziel: Parkplatz Baraque Michel

Länge: 6 km

Gehzeit: ca. 2 Stunden

Aufgezeichnet: Juli 2016

Hunde dürfen mitgeführt werden.

Schotterweg und schmaler Pfad durch Wald, Venn und Heide, Rast am Polleurbach. Sehr feuchter Grasweg am Rande des Polleurvenns. Auf halber Strecke muss ein kleiner Bach durchquert werden, ansonsten leichte Wanderung. Gute, wasserfeste Schuhe sind notwendig. Landschaftlich sehr schön.

Diese Wanderung ist mit einem roten Rechteck markiert.

Wir starten am Parkplatz Baraque Michel und gehen 100 m links (südöstlich) zur ***Kapelle Fischbach***. Sie wurde 1831 erbaut und in ihrem Turm waren früher Leuchtfeuer, die Wanderern zur Orientierung dienten. Auch wurde hier abends eine Glocke geläutet. Dadurch wurden alleine im 19. Jahrhundert über 100 verirrte Personen gerettet. An der Kapelle werden Sie Tafeln mit mehr Informationsmaterial hierzu finden.

Hinter der Kapelle gehen mehrere Wanderwege ab. Hier steht auch eine große Wanderkarte. Wir halten uns geradeaus und gehen auf einem schmalen Schotterweg durch eine weite Venn- und Heidelandschaft.

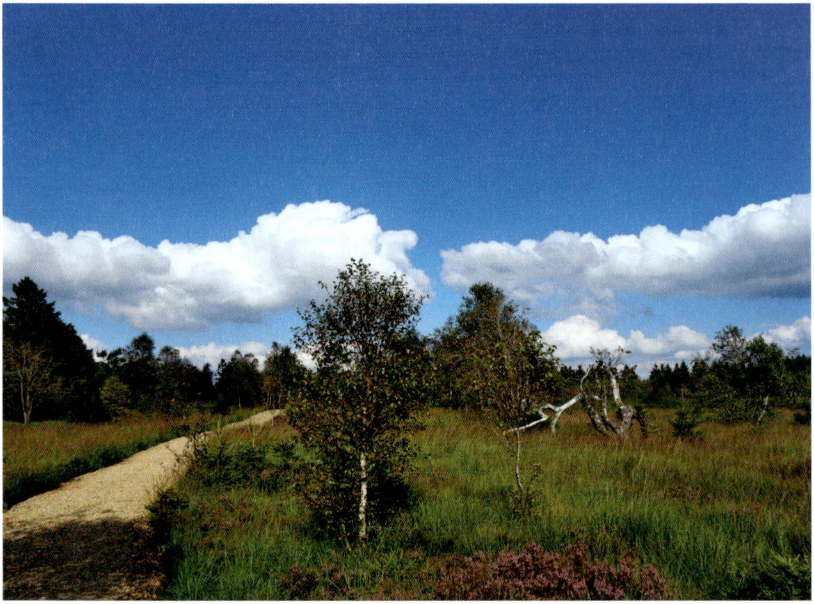

Hier dominieren Pfeifengras, Heidekraut und Birken, auch ist an einigen Stellen noch Wollgras zu sehen.

Nach etwa 2 km sehen wir auf der linken Seite das ***Kreuz der Verlobten***. Dieses Kreuz wurde zum Gedenken an Maria Solheid und François Reiff errichtet, die am 21. Januar 1871 bei einem Schneesturm umgekommen sind. Sie waren auf einem 20 km weiten Weg durch das Venn unterwegs, um Heiratspapiere zu besorgen. Sie verirrten sich im hohen Schnee und in der frühen Dunkelheit. Erschöpfung, Hunger und Kälte führten dazu, dass sie zusammenbrachen und starben. Erst Wochen nach ihrem Tod wurden sie von einem preußischen Zollbeamten gefunden.

Dieses Kreuz steht stellvertretend für viele Menschen, denen die raue Natur des Venns zum Verhängnis wurde. Bis in die jüngste Zeit sind immer wieder Menschen umgekommen, die sich im Venn verirrt hatten.

Nur wenige Meter hinter dem ***Kreuz der Verlobten*** biegt ein eher unauffälliger, schmaler Pfad links ab, den ich bei der Aufzeichnung dieser Wanderung beinahe übersehen hätte. Diesem Pfad folgen wir. Nun gehen wir durch teils niedrigen Mischwald, Büsche, Heidekraut und Grasflächen. Es ist ein sehr schöner Weg, der sich durch die Landschaft schlängelt.

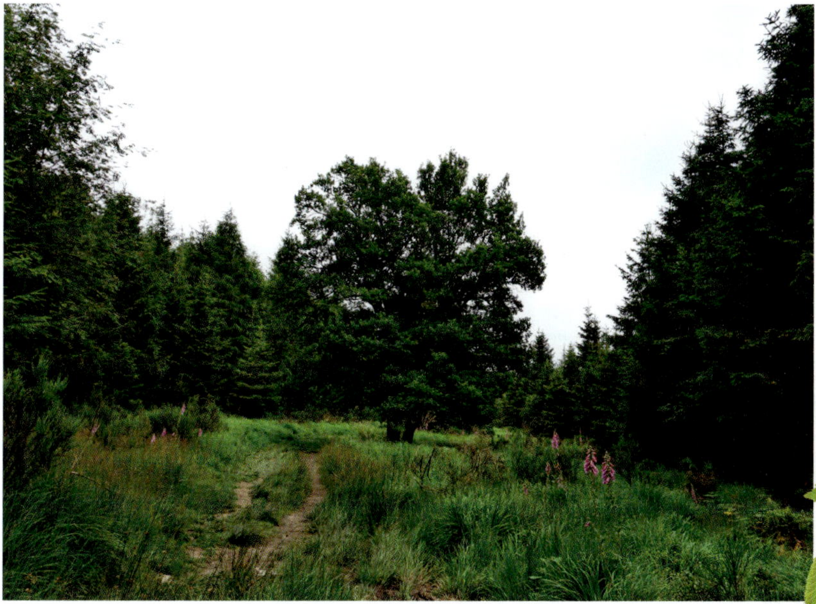

Von Zeit zu Zeit sehen wir an den Markierungen der Bäume, dass wir uns auf dem richtigen Weg befinden. An einigen Stellen wird der Pfad durch einen schmalen Holzsteg ersetzt. Schließlich erreichen wir einen kleinen Bach, den wir auf etwas größeren Steinen überqueren müssen. Es gibt ein Geländer, an dem man sich dabei festhalten kann. Wenn die Steine nass sind, ist hier Vorsicht geboten.

Nachdem wir den Bach überquert haben, wird der Pfad etwas breiter und führt durch Fichtenwald. Wir wandern aber auch durch offene, mit Farn bewachsene Flächen, von denen aus man einen weiten Blick ins Tal hat. Nach einiger Zeit überqueren wir eine breite, grasbewachsene Schneise und gehen geradeaus weiter. Auch unser Weg ist nun zu einem breiten Grasweg geworden. Schließlich erreichen wir, nachdem wir 2,5 km nach der Abbiegung hinter dem ***Kreuz der Verlobten***, von einigen Kurven abgesehen, immer geradeaus gegangen sind, einen asphaltierten Weg.

Hier biegen wir abweichend von den roten Markierungen rechts ab, um an einer Hütte, die unweit von hier am ***Polleurbach*** steht, Rast zu machen. An der Hütte vorbei fließt der Polleurbach, auch sehen wir hier eine eindrucksvolle Schieferwand. Bis 2014 konnte man von hier aus am Ufer des Bachs entlang bis hoch zum Naturlehrpfad im Polleurvenn wandern. Der Pfad ist aber mittlerweile aus Sicherheitsgründen gesperrt und es ist mir unbekannt, wann er wiedereröffnet wird.

Nach unserer Rast wandern wir den asphaltierten Weg zurück in Richtung Baraque Michel. Hier sehen wir Heidekraut, Ginster, Farn und vereinzelte Birken. Und wieder hat man einen sehr weiten Blick.

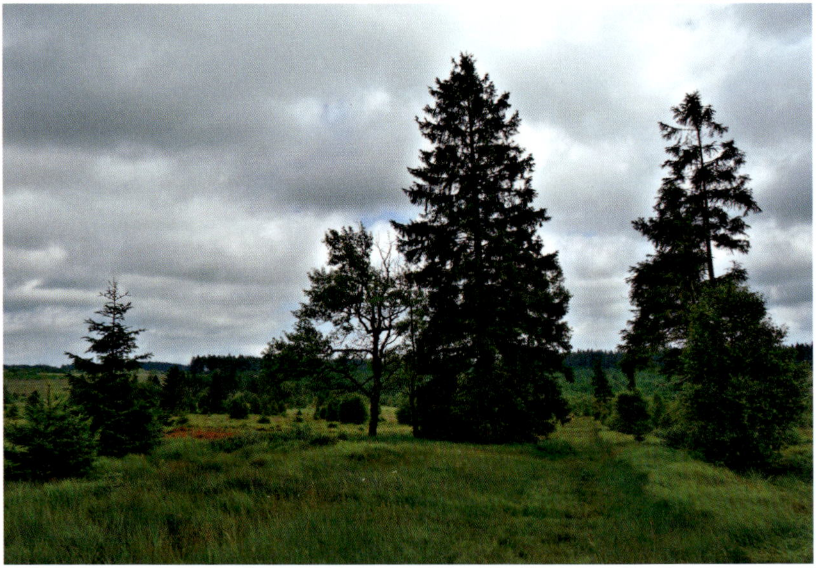

Abkürzung bzw. Ausweichstrecke

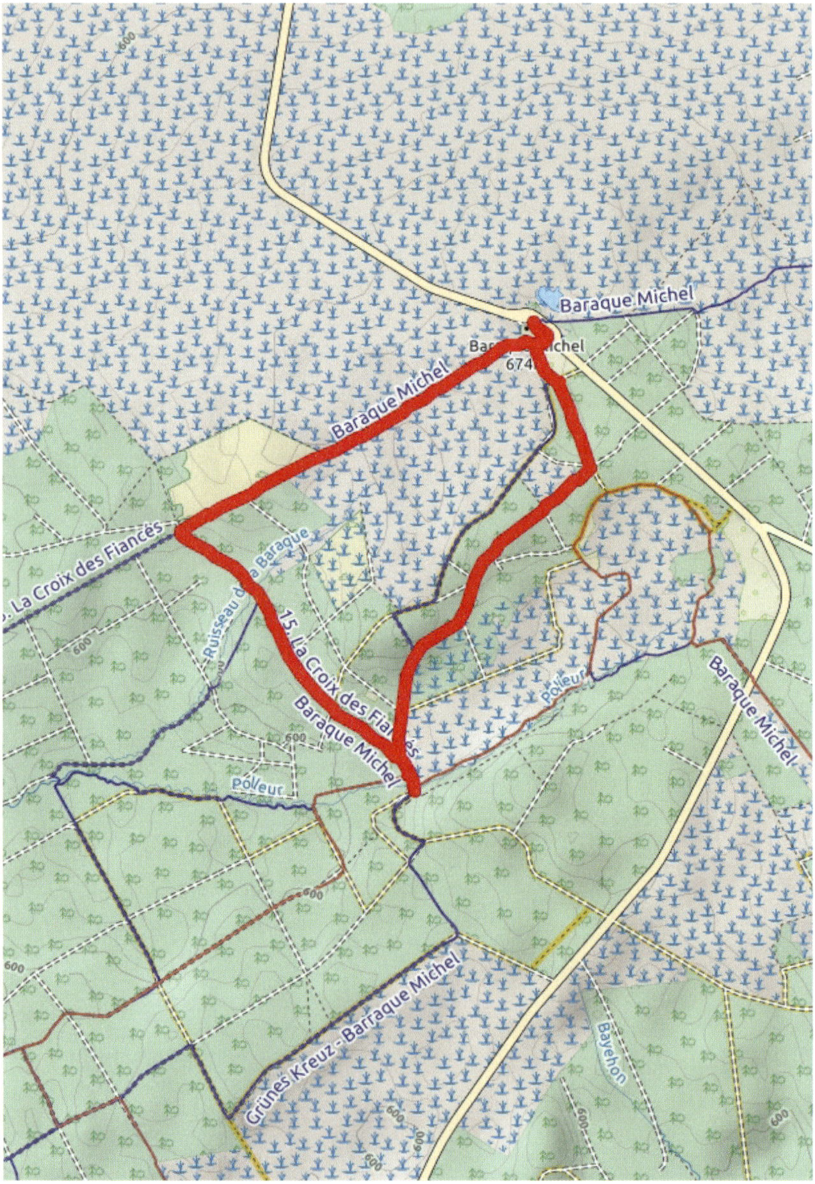

Länge: 6,49 km

Gehzeit: ca. 2-2,5 Stunden

Bei dieser Variante gehen Sie nach der Rast an der Hütte am Polleurbach auf dem asphaltierten Weg zurück Richtung Baraque Michel, wie auch oben beschrieben. Der Weg führt meist leicht aufwärts durch ein weites Tal. Nach 1,9 km treffen Sie auf einen breiten Weg, der nach rechts in Richtung des Polleurvenns führt (hier bietet sich im Anschluss die Wanderung 11 an).

Auf dem Weg zurück Richtung Baraque Michel biegen Sie hier in den breiten Weg nach links ein und gehen 600 m weiter geradeaus. Dann sind Sie schon fast da. Sie werden hier auf kurze, schmale Pfade stoßen, wo Sie Schilder in Richtung Baraque Michel leiten und Sie sich auch schon an der nahen Straße orientieren können.

Bald sehen wir links von uns den Pfad, von dem aus wir auf diesen asphaltierten Weg gelangt waren. Wir bleiben nun für 460 Meter auf diesem Weg und folgen dann der roten Markierung nach links auf eine Art Schotterweg, der 200 Meter durch ein kurzes Waldstück führt. Nun führt uns, der Markierung folgend, der Weg scharf nach rechts. Wir folgen diesem landschaftlich sehr schönen Pfad für 1,4 km. Links von uns haben wir überwiegend Heidelandschaft und rechts vorwiegend Wald. Am Ende dieses Weges treffen wir wieder rechter Hand auf ein weiteres Waldstück. Wir biegen der Markierung folgend scharf rechts ab und schon nach 60 Metern scharf nach links auf einen Pfad, der unter Bäumen und Sträuchern hindurchführt. Rechter Hand können wir schon die „Rue de Botrange" sehen. Nach 170 Meter haben wir die Kapelle Fischbach erreicht, von wo aus wir schon unseren Ausgangspunkt mit dem zugehörigen Restaurant sehen können.

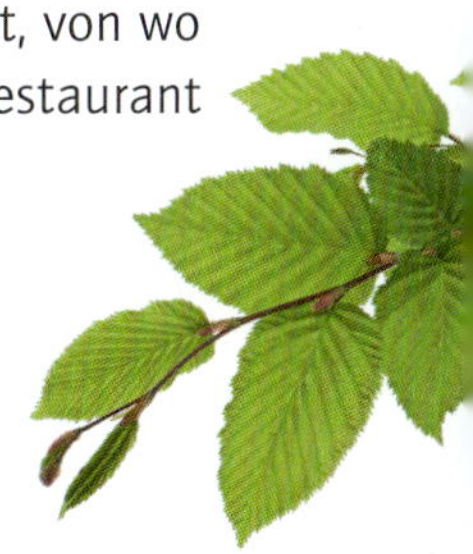

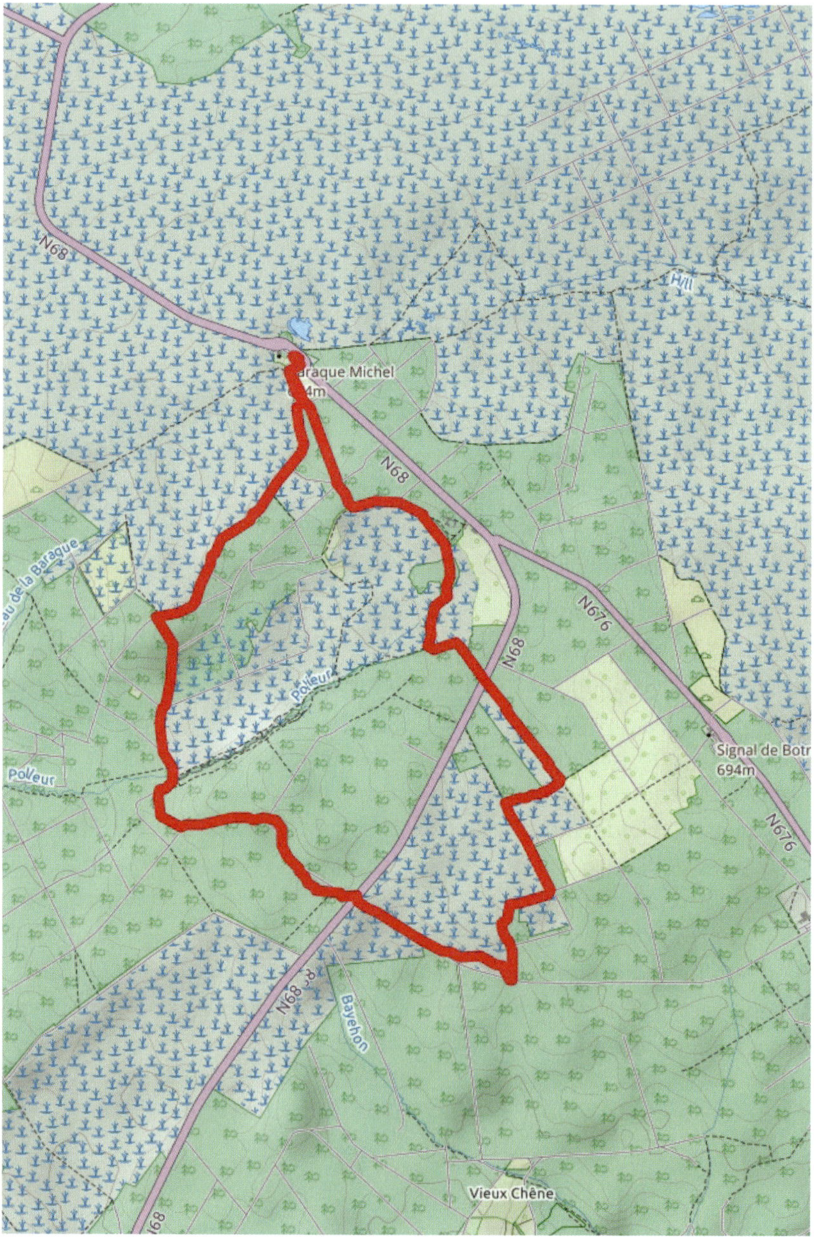
N68
Hill
N676
Polleur
694m
Bayehon
Vieux Chêne

WANDERUNG 13:
VON BARAQUE MICHEL ZUM NEÛR LOWÉ

Start und Ziel: Parkplatz Baraque Michel

Länge: 9,64 km

Dauer: ca. 3,5-4 Stunden

Aufgezeichnet: Mai 2016

Hunde dürfen mitgeführt werden.

Bis zum Redaktionsschluss waren die Arbeiten auf der Strecke nicht abgeschlossen. Dadurch könnten sich Änderungen des Streckenverlaufs ergeben. Bitte erkundigen Sie sich diesbezüglich an einem der Infopunkte oder telefonisch. Für den Fall einer Sperrung von Teilen des Weges habe ich Ihnen weiter unten eine sehr schöne Ausweichstrecke beschrieben. Auf der Ausweichstrecke sind Hunde allerdings nicht erlaubt.

Wald und Heidelandschaft, vorwiegend leichte, abwechslungsreiche Strecke, es gibt aber auch sehr feuchte, sumpfige Stellen. Stabile, wasserfeste Schuhe sind notwendig. Rückweg durch das Polleurvenn.

Wir starten am Parkplatz Baraque Michel, gehen 100 m links (südöstlich) und erreichen einen von Hecken gesäumten Pfad, der nach wenigen Metern zur ***Kapelle Fischbach*** führt. Ein Schild beschreibt, dass diese Kapelle der heiligen Mutter der Zuflucht 1830 auf Initiative des Malmedyer Industriellen Toussaint Fischbach erbaut worden sei. Wichtig waren ein Glockenturm und eine Laterne am Giebel. Um in der Heidelandschaft Verirrten den Weg zu weisen, haben die früheren Eigentümer von Baraque Michel, die Familie Schmitz, die Laterne bis 1856 jeden Abend angezündet. Aus demselben Grund wurden regelmäßig die Glocken geläutet. Dadurch wurde vielen Menschen das Leben gerettet.

Hinter der Kapelle führt ein Weg geradeaus in die Heidelandschaft (Wanderung 12) und ein weiterer Weg biegt links ab. Wir wählen den Weg nach links. Links von uns sehen wir zunächst Buchen und dahinter eine Wiese, später gehen wir durch niedrigen Mischwald. Am Wegrand bemerken wir viel Heidekraut und Farn. Bei einer Gabelung halten wir uns rechts und gehen nun bald am Rande der offenen Moor- bzw. Heidelandschaft.

Der Weg macht am Beginn dieses Stücks einen scharfen Knick nach rechts. Nun wandern wir auf einem meist mit Gras bewachsenen Pfad weiter. Rechts von uns können wir weiterhin den Blick auf die Heide- bzw. Moorlandschaft genießen, wohingegen sich links Wald mit vielen Fichten und davor Ebereschen befindet. Auch ist wieder sehr viel Heidekraut zu bewundern, vor allem im Spätsommer, wenn es in Blüte steht.

Der Weg schlängelt sich in südwestliche Richtung und geht nach einer Weile in einen schmalen Waldpfad über. Weiterhin befindet sich rechts die offene Landschaft, unterbrochen von Schonungen mit Jungwuchs. An manchen Stellen sind hohe Fichten zu finden, aber auch Gruppen mit hohen, fast bizarr gewachsenen Buchen. Es ist ein sehr schöner, faszinierender Weg, der immer am Rande der weiten Ebene entlangführt.

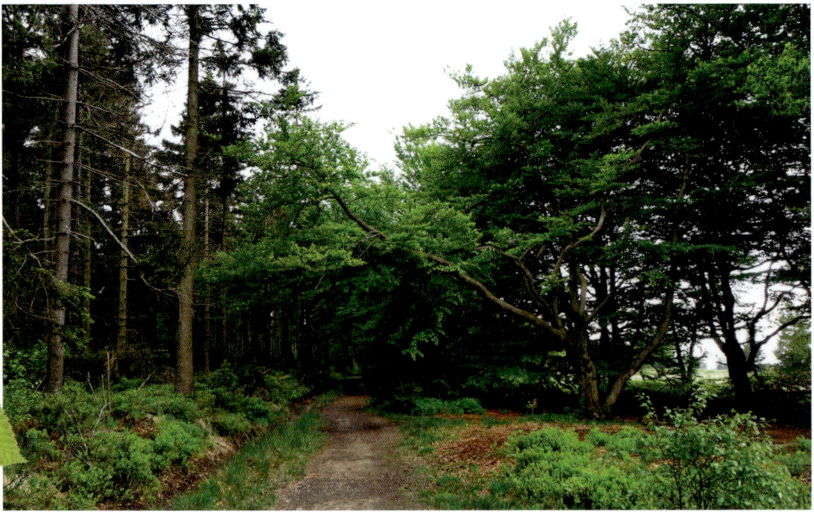

Nach 1,7 km, vom Beginn der Wanderung an gerechnet, treffen wir auf ein Stück Fichtenwald, durch den ein breiter Schotterweg führt. Der Weg macht an dieser Stelle einen Knick nach links. Wir gehen nicht auf einem auch hier befindlichen Grasweg geradeaus weiter, sondern biegen links ab und gehen durch dieses Waldstück mit dem befestigten Schotterweg. Schon nach 250 m trifft unser Waldweg auf einen asphaltierten Weg.

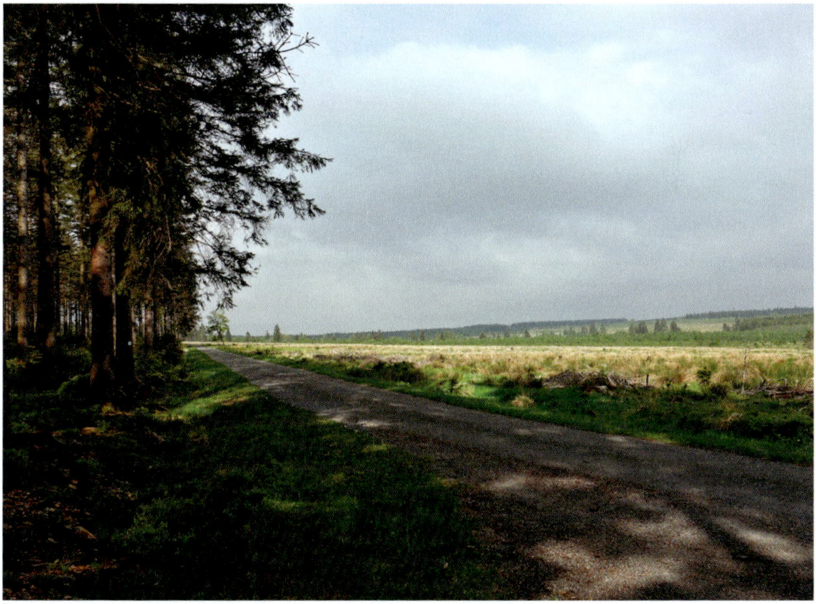

Hier haben wir wieder einen weiten Blick über ein Tal in Richtung Polleurvenn und Neûr Lowé. Wir biegen auf den asphaltierten Weg nach rechts ab. Jetzt befindet sich rechter Hand Wald und links die offene Landschaft. Nach einer Weile sehen wir auf beiden Seiten Bäume, rechts zumeist Fichten und links vereinzelt stehende Birken. Der Weg schlängelt sich, bis wir eine am ***Polleurbach*** stehende Hütte erreichen, hinter der sehr viele Felsen aus Schiefergestein zu sehen sind. Hier ist ein sehr schöner Ort, um eine Rast zu machen. Diese Stelle kennen Sie vielleicht schon von Wanderung 12.

Es lohnt sich, das Leben am Schiefergestein zu betrachten. Es ist faszinierend, auf die Vielfalt des Lebens sowohl im Kleinen als auch auf die teils frei liegenden Wurzeln der da drüber wachsenden Bäume zu achten. Teilweise haben die Wurzeln der Bäume, die sich ans Gestein krallen, bizarre Formen.

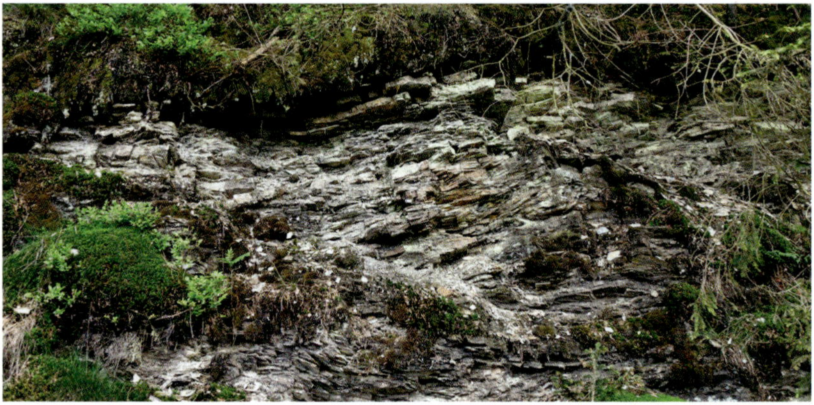

Nach unserer Pause wandern wir auf dem asphaltierten Weg weiter, der uns durch einen lichten Wald führt. Wir folgen ihm, bis wir einen weiteren asphaltierten Weg erreichen. Hier biegen wir links ab. Wir folgen diesem Weg durch verschiedene Waldstücke, bis wir nach 1,5 km, von der Hütte aus gerechnet, auf die N 68 stoßen. Wir sind nun 9 km von Malmedy entfernt. Wir überqueren die Straße und erreichen ***Neûr Lowé***, ein weiteres Vennstück.

Während unserer Wanderung sehen wir dort ein Plakat, mit dessen Hilfe ein Besitzer seinen hier verlorenen Hund sucht. Ich kann nur raten, Hunde in diesem Gebiet immer an der Leine zu halten, denn es ist kaum möglich, in dieser so moorigen, unübersichtlichen und weitläufigen Gegend einen entlaufenen Hund wiederzufinden.

An dieser Stelle entdecken wir auch eine Hinweistafel mit Karte, auf der wir uns vergewissern können, auf dem richtigen Weg zu sein. Nachdem wir die Straße überquert haben, gehen wir auf einem breiten Schotterweg durch offene Heide- bzw. Moorlandschaft. Abgesehen vom vielen Heidekraut und dem überall zu findenden Pfeifengras, findet sich hier auch viel Wollgras.

Falls das Polleurvenn noch gesperrt sein sollte, wenn Sie unterwegs sind, können Sie ab hier den Wegweisern zum ***Naturparkzentrum Botrange*** folgen. Sie gehen einfach geradeaus weiter. Dann folgen Sie den Beschreibungen von Wanderung 14 von Botrange bis nach Baraque Michel. Dies ist auch eine sehr schöne Strecke. Hier darf allerdings in keinem Fall ein Hund mitgeführt werden.

Auf unserer ursprünglichen Strecke gehen wir am Rande des Neûr Lowé weiter und biegen, als der Hauptweg geradeaus nach 900 m, von der N 68 aus gerechnet, das Venn verlässt, nach links auf einen schlammigen, teils mit Gras bewachsenen Pfad am Rande des Venns ab. Nun befindet sich der Wald rechts von uns und links die offene Landschaft.

Nach ein paar Metern finden wir auf der linken Seite ein Schild, welches erklärt, wie die Heidelandschaft, die wir vor uns sehen, durch die Bewirtschaftung des Naturwaldes durch den Menschen entstanden ist. Das Schild hat allerdings schon sehr durch die Natur gelitten. Auf dem folgenden Weg sind viele Felsen zu sehen, meist Quarzitgestein, das in der Heidelandschaft liegt.

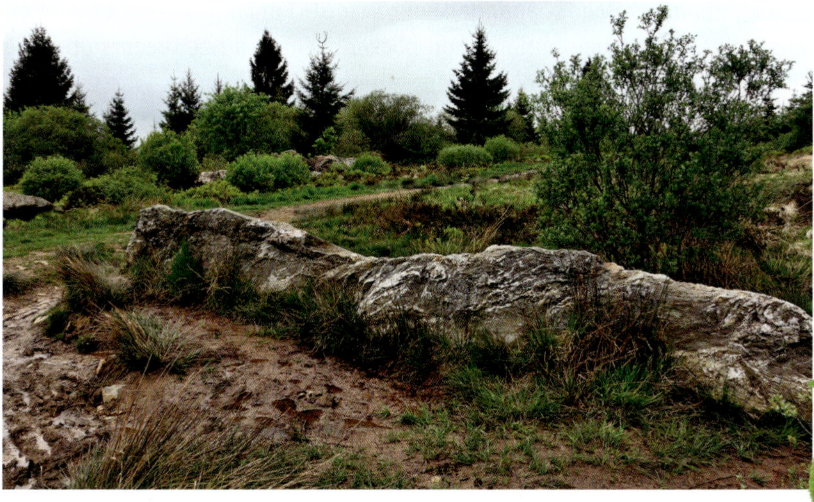

Die Bäume des Waldes werden immer spärlicher und nach einiger Zeit bewundern wir auf beiden Seiten eine faszinierende Heidelandschaft. Der Weg ist teilweise mit Gras bewachsen, an vielen Stellen aber auch schlammig. Nach 600 m treffen wir auf einen schmalen, aber befestigten Schotterpfad, der nach rechts abbiegt und uns weiter durch die Heidelandschaft führt, bis wir nach weiteren 200 m auf ein Waldstück stoßen. Vor dem Waldstück biegen wir links ab und gehen weiter am Rande des Neûr Lowé entlang.

Wir befinden uns nun auf einem breiteren Grasweg, dem wir geradeaus folgen. Unterwegs trifft dieser Weg auf eine kleine Plattform aus Holz und dahinter sehen wir einen Pfad aus Holzstegen, der in nordwestliche Richtung weiter ins Venn führt. Wir gehen diese Stege entlang und haben nun auf beiden Seiten das Neûr Lowé. Teilweise sind die Stege auch unterbrochen und in einem schlechten Zustand.

Achtung: Kurz vor Redaktionsschluss wurde ich informiert, dass nun auch an dieser Stelle gearbeitet wird. Sie könnte etwas anders aussehen und sie wird mit Sicherheit in einem besseren Zustand sein, wenn Sie das Buch in den Händen halten.

Am Ende der Stege biegen wir am Rande des Venns rechts ab. Der hinter uns liegende Weg, den wir teilweise auf Stegen durch das sich auf beiden Seiten befindliche Moor gegangen sind, war 300 m lang. Wir gehen nun an einem Birkenwäldchen entlang und blicken weiterhin nach rechts über die offene Landschaft. Nach einer Weile überqueren wir einen Wassergraben auf einem Steg und wandern weiter durch die Heide.

Nach wiederum 300 m stoßen wir auf einen Grasweg, der, rechts von uns gesehen, an einem Waldrand entlangführt, links sehen wir immer noch die offene Landschaft. Hier biegen wir links ab und folgen dem Weg, bis wir nach 600 m auf eine Straße (N 68) stoßen. Hier sind auch Holzschilder zu sehen. Wir folgen dem Schild Richtung „Naturlehrpfad Polleurvenn". Wir überqueren also die Straße und gehen geradeaus weiter.

Nun genießen wir einen extrem weiten Blick in ein weites Tal. Am Rande des Polleurvenns weist uns ein Schild nach links. (Achtung: Ab hier kann der Weg anders aussehen, als hier beschrieben, da derzeit dort gearbeitet wird. Insbesondere werden teilweise Stege durch Schotterwege ersetzt.) Von Weitem können wir nun schon die Stege des Naturlehrpfades sehen. Wir folgen nun unserem Pfad, bis wir die Stege erreichen.

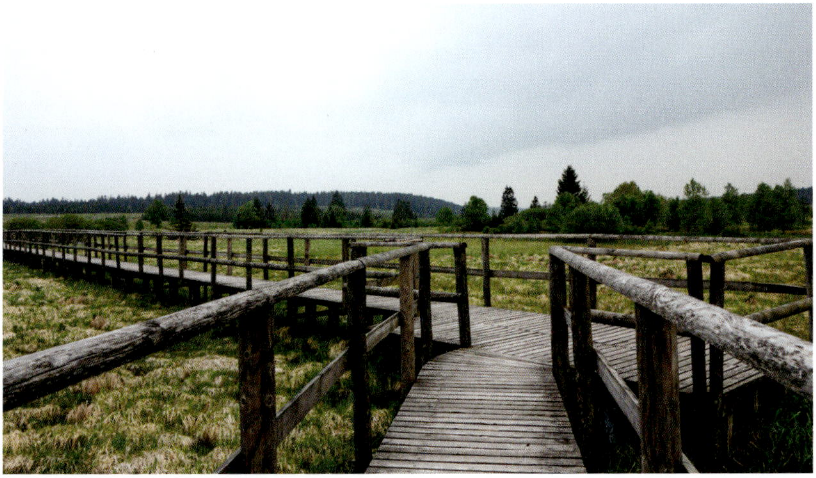

Sie können in zwei Richtungen den Naturlehrpfad begehen. Wir entscheiden uns, rechts abzubiegen und den hier befindlichen Stegen zu folgen. Hier befindet sich ein Flachmoor, worauf auch eine Informationstafel hinweist. Die Stege führen am Ausgang zum ***Restaurant Mont Rigi*** - wo Sie rasten können - und an der Wetterstation der Universität Lüttich vorbei. Bald gelangen wir auf einen Schotterweg, der durch Wiesen führt.

Sobald wir einen breiten Waldweg sehen, der rechts abgeht, folgen wir ihm. Ab hier sind es noch 900 m bis Baraque Michel. Am Ende dieses Weges weist uns ein Holzschild in Richtung unseres Ziels. Da, wo der breite Waldweg endet, gehen wir ca. 20 m nach links und dann wieder nach rechts in den Pfad, aus dem wir am Anfang unserer Wanderung gekommen sind.

Hier werden Sie sicher schon den Lärm der Straße N 68 hören, die an Baraque Michel vorbeiführt. Wir folgen diesem Pfad und sind schon bald wieder an der Kapelle. Von der Kapelle aus gehen wir geradeaus auf die Straße zu, biegen dann nach links ab und sehen schon den Parkplatz von Baraque Michel.

Abkürzung

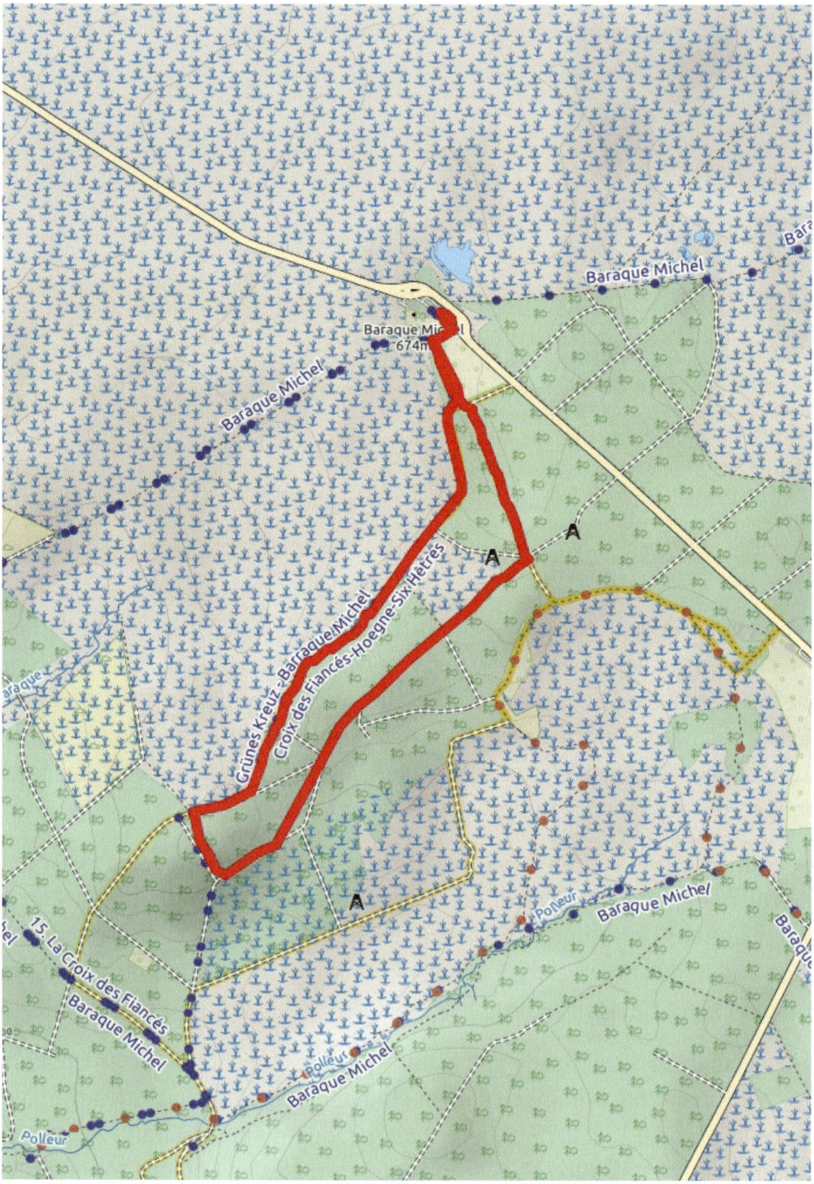
Baraque Michel
Baraque Michel
674m
Baraque Michel
Grünes Kreuz - Baraque Michel
Croix des Fiancés-Hoegne-Six Hêtres
15. La Croix des Fiancés
Baraque Michel
Polleur
Baraque Michel
Polleur
Baraque Michel
Polleur

Länge: 3,84 km

Dauer: 1,5 Stunden

Hunde dürfen mitgeführt werden.

Leichter Spaziergang, aber feuchte Stellen, Heidelandschaft, weites, offenes Tal, Wald. Auch mit Wanderung 11 und 12 kombinierbar.

Sie folgen den Beschreibungen von Wanderung 13, bis Sie nach 1,9 km auf den asphaltierten Weg treffen. Hier biegen Sie links ab und folgen dem Weg 1,2 km. Dann biegen Sie links in einen Waldweg ein und gehen noch 700 m immer geradeaus. Kurz vor Baraque Michel werden Sie die Pfade sehen, auf denen Sie schon beim Hinweg gegangen sind und Sie werden schon die N 68 hören bzw. durch die Bäume sehen, die an Baraque Michel vorbeiführt.

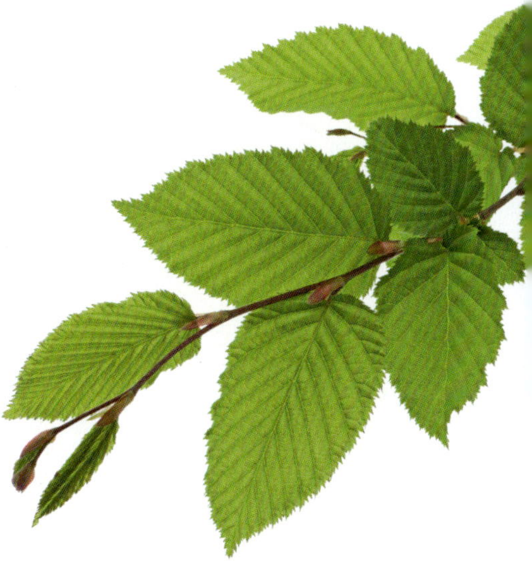

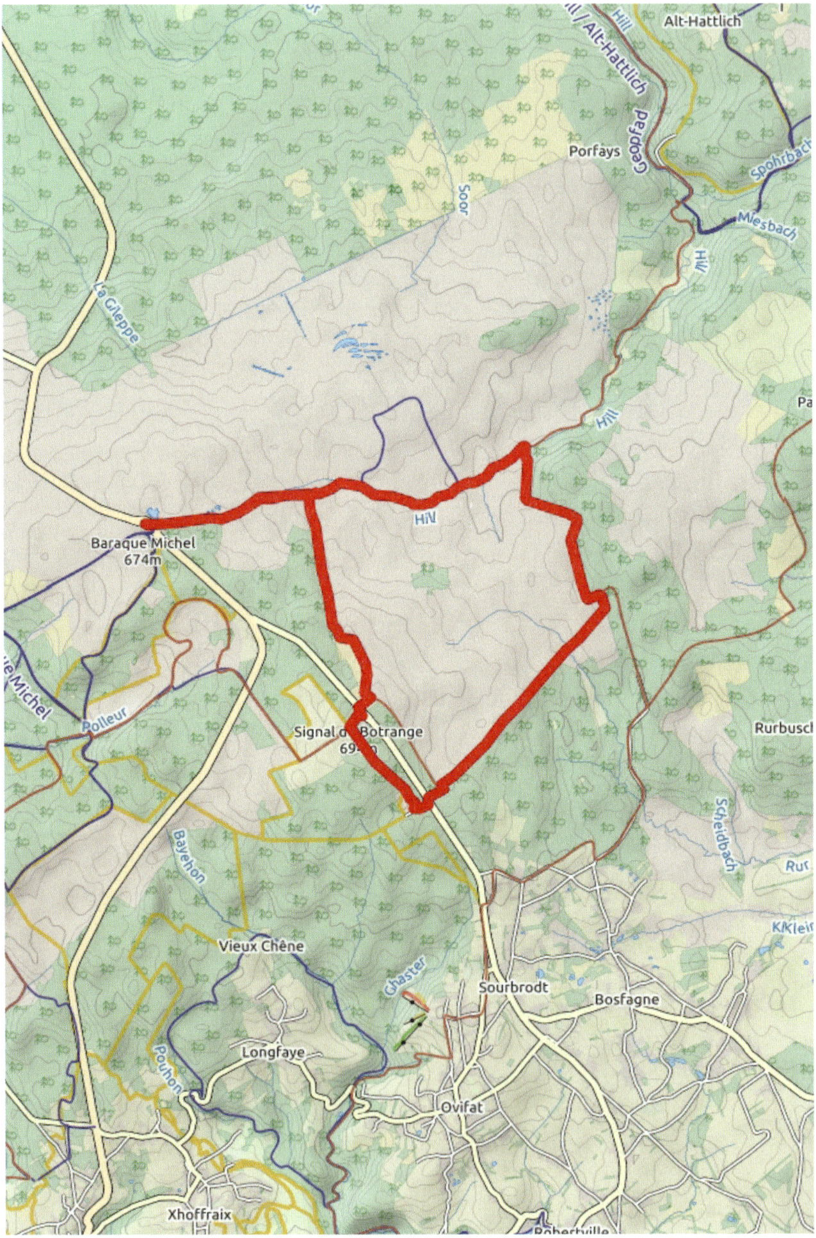
Alt-Hattlich
Porfays
Geopfad
Spohrbach
Miesbach
Soor
La Gileppe
Hill
Baraque Michel
674m
Signal de Botrange
Rurbusch
Polleur
Scheidbach
Bayehon
Vieux Chêne
Chaster
Sourbrodt
Bosfagne
Longfaye
Pouhon
Ovifat
Xhoffraix

WANDERUNG 14: BARAQUE MICHEL – BRÜCKE MARIE-ANNE LIBERT – BOTRANGE

Start und Ziel: Parkplatz Baraque Michel

Länge: 14,9 km

Dauer: 5-6 Stunden

Hunde dürfen nicht mitgeführt werden.

Diese äußerst schöne Runde ist erst seit Spätsommer 2016 wieder begehbar, da die Brücke vorher aus Sicherheitsgründen gesperrt war. Nach dem Großbrand vom 25. April 2011, der sich über eine Fläche von 1.300 ha ausgebreitet und der Stege und Brücken zerstört hatte, musste die Forstverwaltung viele Strecken in der betroffenen Region sperren und konnte sie unter den erschwerten Bedingungen im Moor erst nach und nach reparieren.

Nicht nur die Brücke, auch die vorher zerstörten Stege waren, als ich die Strecke abgegangen bin, auf der Strecke zwischen Baraque Michel und der Brücke wieder in einem guten Zustand.

Bei schönem Wetter ist dies eine meiner Lieblingswanderungen. Bei großer Hitze ist zu bedenken, dass es dort über lange Strecken keinen Schatten gibt. Bei Regen können die Stege rutschig sein. In dem Fall würde ich diese Wanderung nicht empfehlen.

Die Charakteristika der Wanderung sind lange Strecken auf Holzstegen, schmale Pfade, am Bach entlang, am Rande des Wallonischen Venns auf Graswegen, auf Stegen durch das Vennstück Les Wes. Weiter Himmel, immer wieder grandiose Ausblicke, bizarre Formen der verbliebenen Bäume. Diese Wanderung ist besonders geeignet für Menschen, die Höhenwege, gerade Strecken, Ruhe und Weite lieben. Auch das besondere Klima über dem Moor und die würzige Luft sind bemerkenswert.

Teilweise anspruchsvoll, gute Schuhe sind erforderlich.

Wir überqueren die N 68 vor Baraque Michel und gehen durch ein kleines Holztor ins Naturschutzgebiet. Zunächst schlendern wir unter niedrigen Bäumen, wie Ebereschen, einen sehr malerischen Pfad entlang, bis nach 800 m die Stege ins Venn beginnen. Hier gehen wir immer geradeaus. Nach 950 m geht rechts ein weiterer Steg ab, den wir aber ignorieren. Ab hier wandern wir weitere 2,5 km geradeaus, wobei wir die meiste Zeit an der Hill entlanggehen.

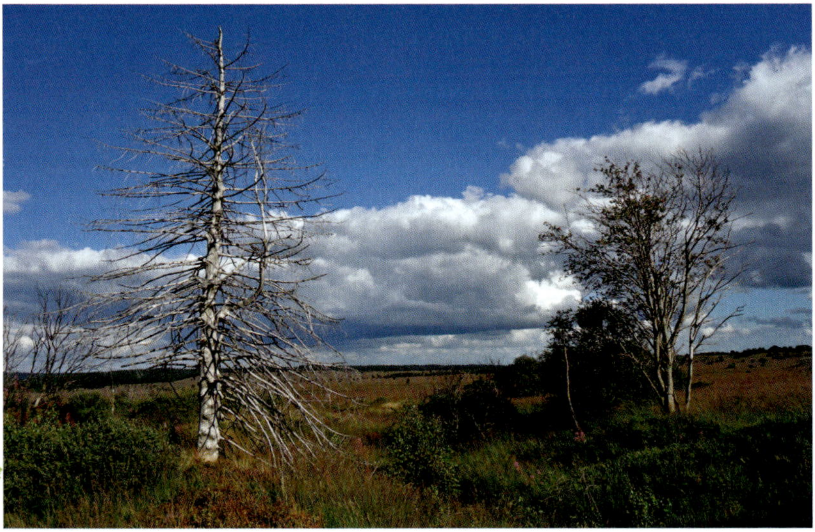

Ausblick am Rande der Hill

Manchmal ist sie unter der Vegetation kaum zu sehen, aber später fließt sie häufig, von Birken gesäumt, rechts neben uns.

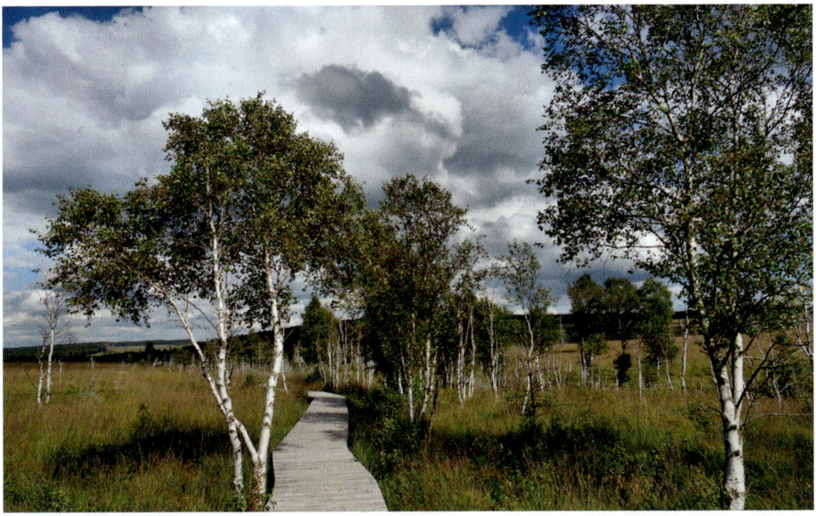

Die Stege sind im Bereich der Hill häufig unterbrochen und wir gehen auf einem schmalen Pfad weiter.

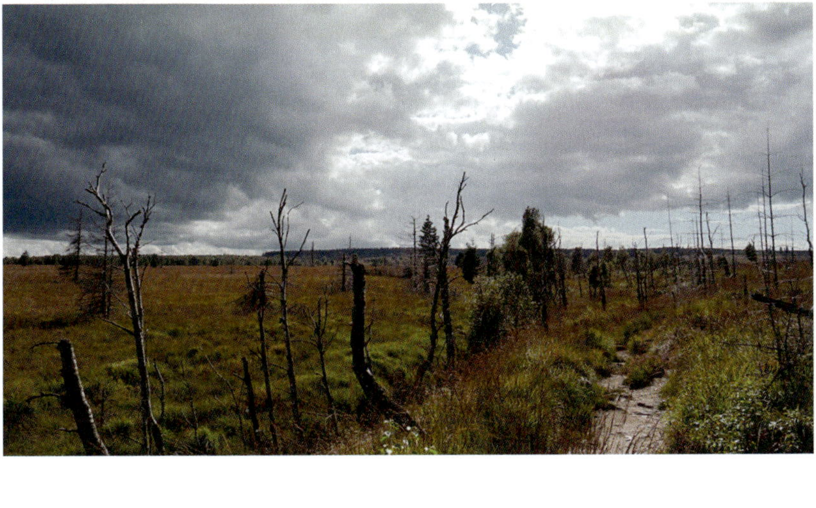

Die letzten 500 m führen direkt am Hillufer entlang und sind sehr steinig. Hier sollte man sehr achtsam sein.

Es ist schwer, die Einzigartigkeit der Natur auf dieser Strecke zu beschreiben. Vielleicht können Ihnen die Fotos einen Eindruck davon vermitteln.

4,2 km vom Ausgangspunkt entfernt treffen wir auf die Brücke Marie-Anne Libert, die nach rechts über die Hill führt.

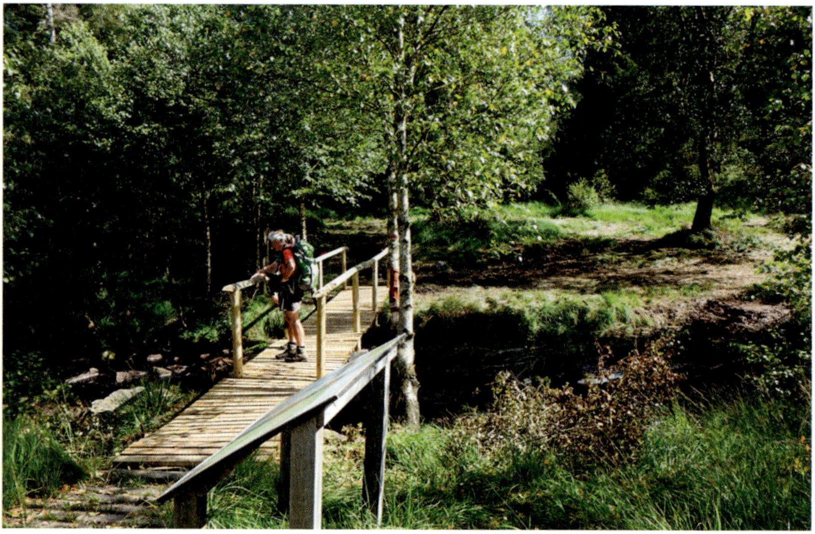

Wir überqueren die Brücke und folgen nun einem Grasweg, der am Rande des Venns entlangführt. Links von uns befindet sich nun Fichtenwald. Wir gehen an mehreren Abzweigungen nach links in den Wald vorbei, bis wir, nachdem wir fast 2 km am Waldrand entlanggegangen sind, auf einen scharfen Knick nach links treffen. Hier gehen wir ca. 20 m nach links. Auch hier ist wieder ein Weg, der in den Wald führt. Wir biegen aber rechts ab und bleiben damit auf dem Wiesenweg am Rande des Venns. Der Weg macht wieder eine Kurve nach rechts und nun geht es 2,5 km geradeaus immer am Rande des Wallonischen Venns entlang.

Am Ende dieses langen, geraden Wegstücks zeigt ein Holzschild nach rechts Richtung Baraque Michel. Hier entlang können Sie auch zurück zum Ausgangspunkt gehen. Wir bauen in unsere Wanderung jedoch noch eine kleine Abwechslung ein und biegen am Ende des Graswegs auf einen breiten Wanderweg links ab und nach wenigen Metern wieder rechts. Dort gehen wir geradeaus, bis wir nach 300 m auf die N 676 treffen, die wir auf einem Zebrastreifen überqueren.

Gegenüber ist die Rue de Botrange. Ein Schild weist uns schon auf das dort befindliche ***Naturparkzentrum*** hin. Wer mag, kann dort eine Rast einlegen, denn wir haben ja noch viele Kilometer zu gehen. Es gibt ein kleines Café, einen Buchladen zum Stöbern, ein Museum und einen Kräutergarten.

Nachdem wir gestärkt das Naturparkzentrum verlassen haben, gehen wir 160 m die Strecke, auf der wir eben gekommen sind, zurück und biegen dann nach links in einen Wanderweg ein. Am Beginn des Weges ist ein markanter Felsblock zu sehen. Wir gehen nun auf einem lichten Waldweg, auf dem wir interessante Holzskulpturen in den Bäumen bestaunen können.

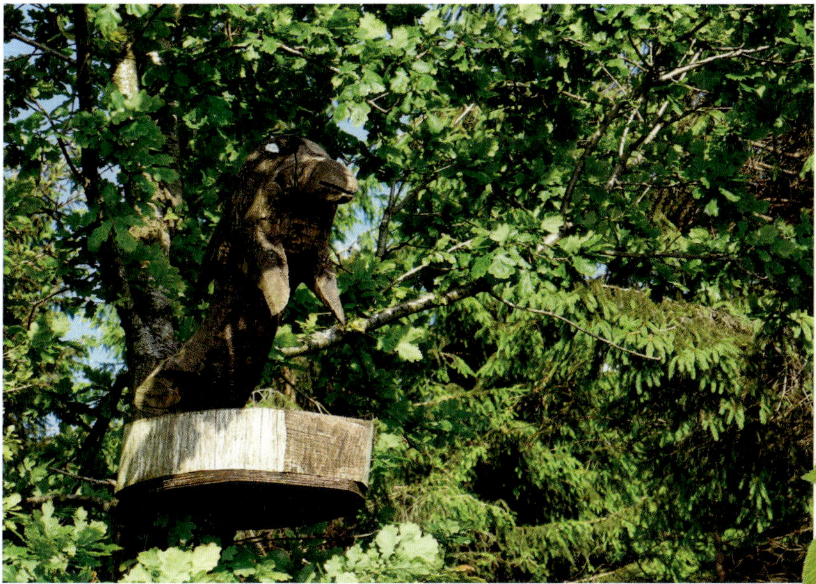

Nach 1 km führt ein Weg nach rechts zum ***Signal de Botrange***, dem wir folgen. Auch hier gibt es ein Informationszentrum und eine Gastronomie. Sie können hier den höchsten Punkt des Venns (700 m) „besteigen" und Gedenkstätten besichtigen.

Vor ***Signal de Botrange*** überqueren wir wieder die N 676 und gehen geradeaus zu einer Aussichtsplattform. Hier biegen wir links ab und wandern auf einem Pfad durch Wiesen und Heidelandschaft, bis wir auf Stege treffen.

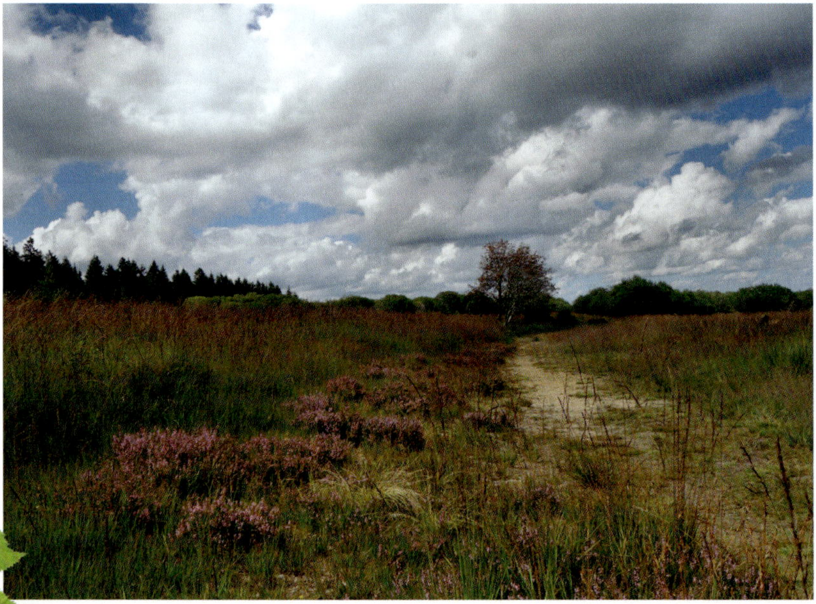

Hier gehen wir weiter geradeaus. Links sehen wir vereinzelte Bäume und Jungwuchs, der durch Zäune geschützt ist und rechts wieder die grandiose Weite des Venns.

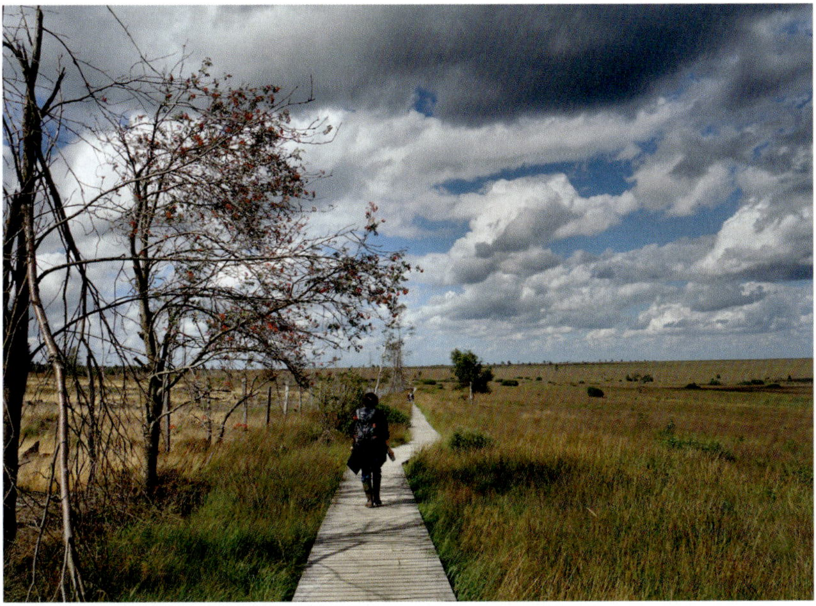

Ungefähr 2,2 km, nachdem wir die Plattform verlassen haben, treffen wir auf die Stege, über die wir schon auf dem Hinweg gegangen sind. Hier biegen wir links ab. Nun wandern wir noch 1,8 km geradeaus, zunächst über die Stege, dann den am Anfang beschriebenen Pfad entlang, bis wir wieder Baraque Michel erreichen.

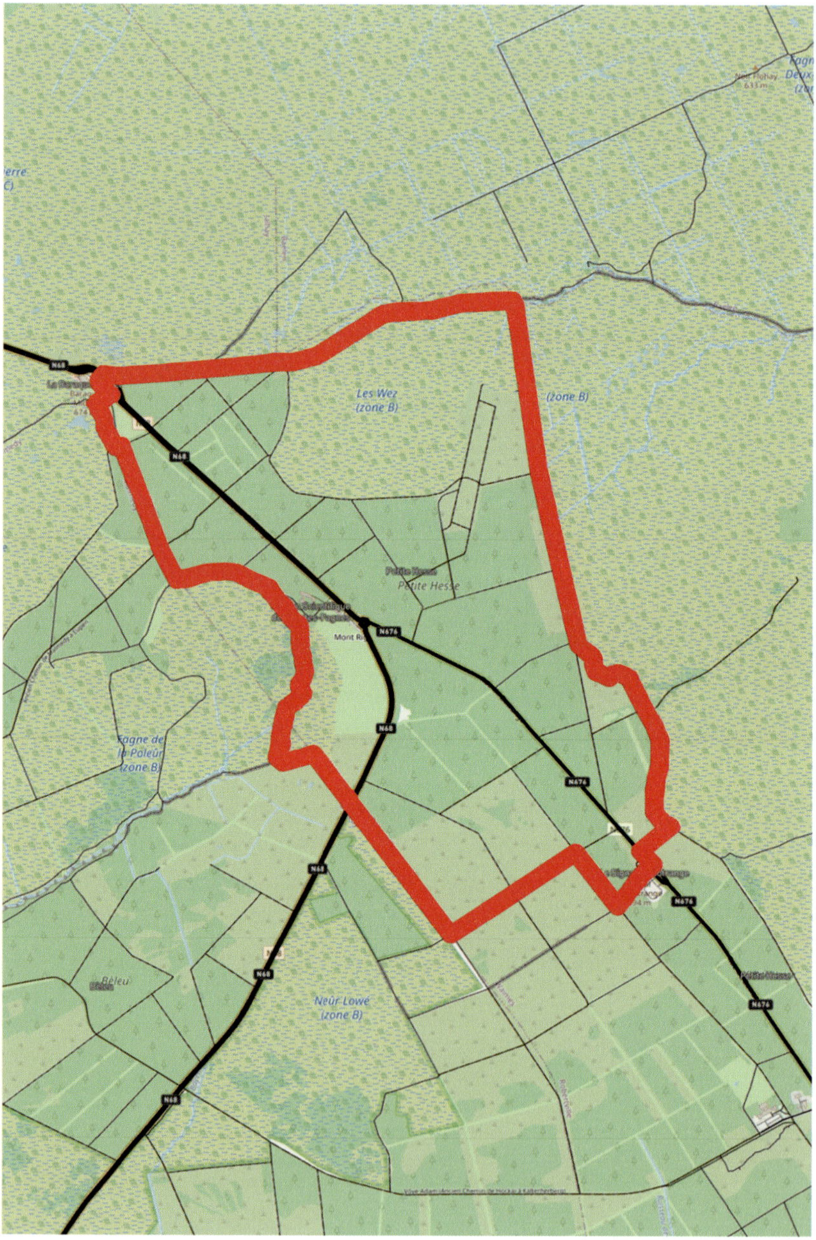
N68
Les Wez
(zone B)
(zone B)
Petite Hesse
N676
Fagne de
la Poleûr
(zone B)
Bèleu
Neûr Lowé
(zone B)

WANDERUNG 15: BARAQUE MICHEL – SIGNAL DE BOTRANGE – BARAQUE MICHEL

Startpunkt: Parkplatz Baraque Michel

Länge: 8,3 km

Dauer: ca. 2,5 Stunden

Hunde können nicht mitgeführt werden.

Abwechslungsreiche Wanderung, Stege durch das Wallonische Venn und das Polleur Venn, Pfade an Bäumen entlang, Heide, auch Schotterwege. Grenzsteine und Gedenkstätte bei Signal de Botrange.

Markiert ist die Wanderung durch ein blaues Rechteck, allerdings in die entgegengesetzte Richtung.

Wir starten bei Baraque Michel, überqueren die Straße „Rue de Botrange", gehen durch ein kleines Tor, an dem sich auch eine Informationstafel befindet und wandern auf einem sehr schönen Pfad unter niedrigen Bäumen wie z. B. Ebereschen. Rechter Hand befindet sich ein Waldstück und linker Hand können wir schon einen weiten Blick über das Venn genießen.

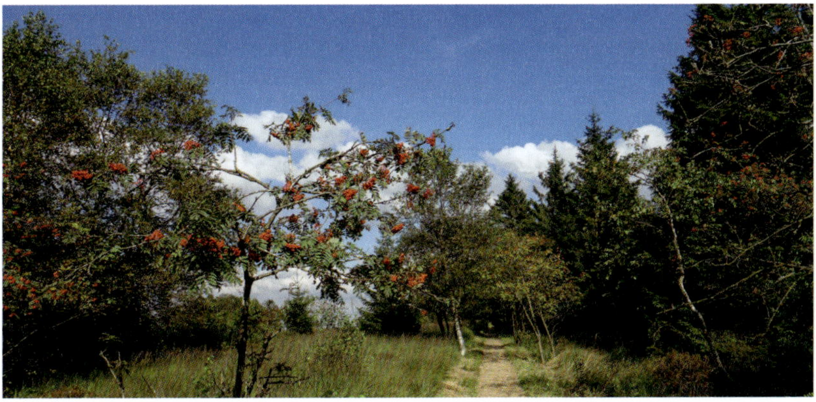

Nach 800 Meter erreichen wir einen Steg, der uns in das Venn hineinführt. Nun haben wir einen wunderbaren, extrem weiten Blick über das Wallonische Venn. Nachdem wir weitere 910 Meter gegangen sind, sehen wir einen weiteren Steg, der nach rechts abbiegt und dem wir folgen.

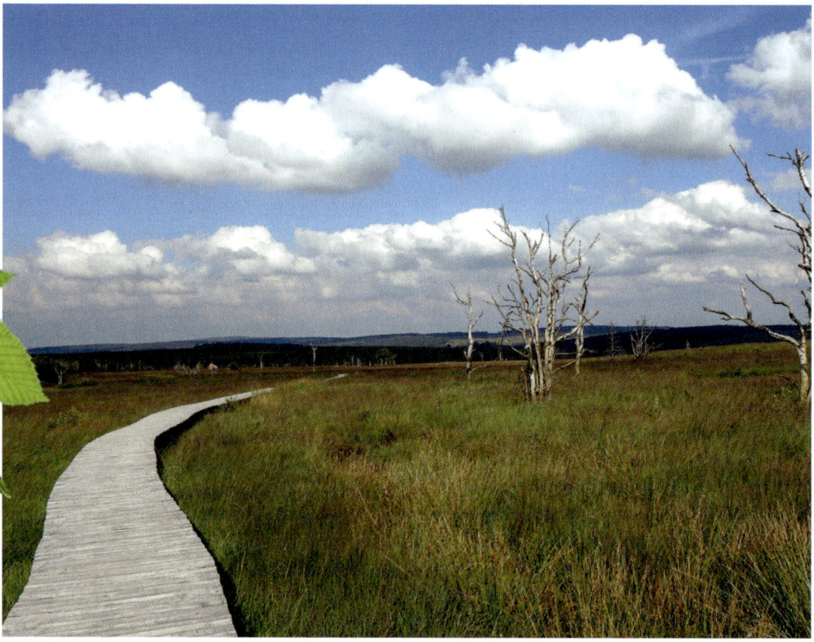

Zunächst wandern wir auf dem Steg weiter durch das Venn und sehen bald auf der rechten Seite Bäume, die allerdings unter der Dürre 2022 sehr gelitten haben. Linker Hand können wir immer noch die Vennlandschaft genießen. Seien Sie nicht irritiert, wenn der Steg teilweise durch Schotterwege ersetzt wurde, da im Venn sehr viel gearbeitet wird und dies häufig geschieht. Nachdem Sie den Steg (möglicherweise Schotter) nach ungefähr 1,4 km verlassen haben, biegt Ihr Weg scharf nach links ab. Nach nur einem kurzen Stück macht der Weg eine Biegung nach rechts. Sie wandern auf einem häufig grasbewachsenen Pfad und können linker Hand weiter den Blick auf das Venn genießen und haben rechter Hand eine Art Heidelandschaft.

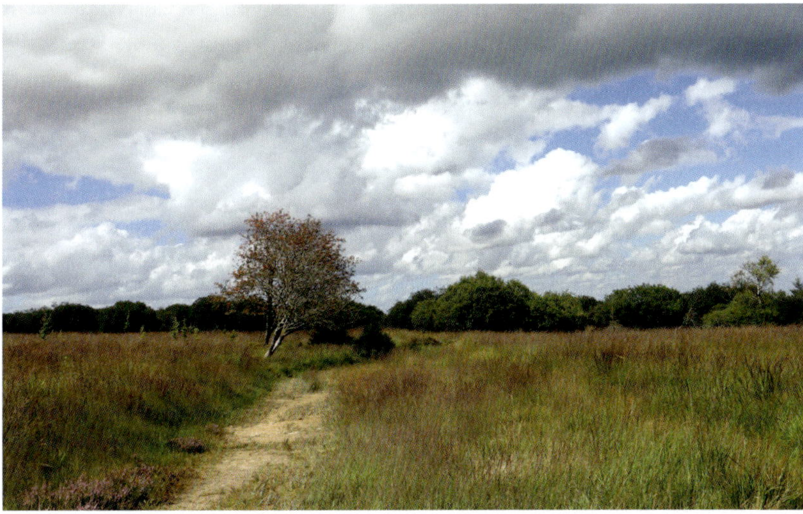

2,3 Kilometer von der Abbiegung ihres Steges im wallonischen Venn entfernt erreichen Sie eine Aussichtsplattform mit wiederum einem extrem weiten Blick über die Landschaft.

Von der Aussichtsplattform aus gehen Sie in Richtung der von dort aus schon sichtbaren „Rue de Botrange", überqueren diese und laufen auf die Gebäude von „Signal de Botrange" zu. Hier befinden sich ein Informationszentrum, eine Gastronomie, ein Aussichtsturm und der aufgeschüttete „Baltia-Hügel", der angelegt wurde, um Belgiens höchsten Punkt auf 700 m Höhe zu vergrößern. Weiterhin werden Sie einige Informationstafeln vorfinden, auf denen auf geschichtliche Hintergründe an diesem Ort eingegangen wird.

Um „Signal de Botrange" zu verlassen, gehen Sie 30 Meter durch ein kleines Waldstück und erreichen einen breiten Weg. Hier biegen Sie nach rechts ab und biegen schon nach weiteren 30 Meter nach links ab. Sie wandern nun durch Graslandschaft, etwas sumpfiges Gebiet, aber auch Waldstücke. Nach weiteren 600 Metern biegen Sie wiederum auf einen breiten Weg nach rechts ab. Der Weg führt sie vorwiegend an Bäumen entlang. Nach 650 Metern überqueren Sie die „Route de la Baraque Michel" und erreichen nach weiteren 230 Meter den Rand des „Polleur Venns". Der Weg macht für einige Meter einen Knick nach links und nun erreichen Sie die Stege, die das „Polleur Venn" umrunden. Hier biegen Sie rechts ab und der Steg führt Sie durch die Vennlandschaft, aber auch Bäume, Sträucher und die typische Vennvegetation.

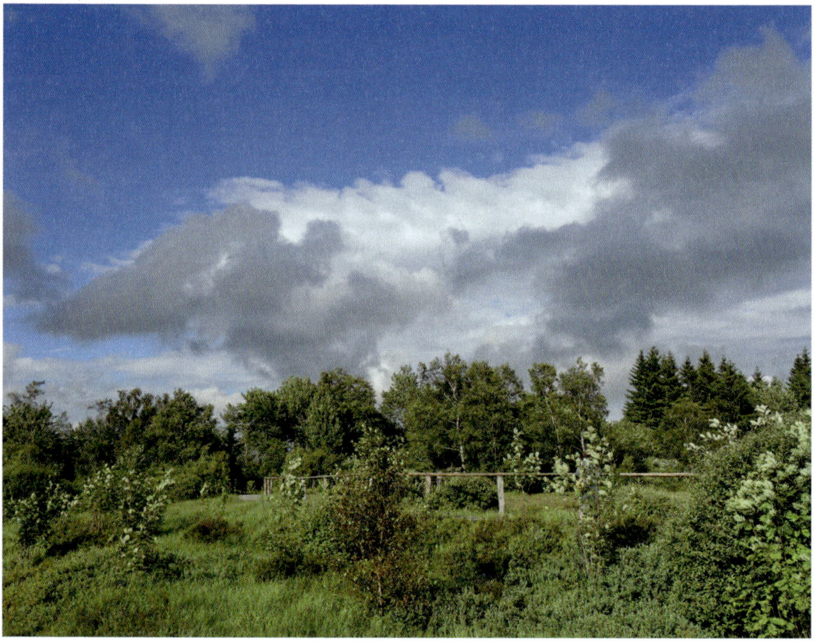

Nach ungefähr 600 Metern können Sie, wenn Sie mögen, den Weg verlassen und nach rechts abbiegen, um im neu ausgebauten Hotel-Restaurant „Le Mont Rigi" einzukehren. Seit der Fertigstellung der ersten Ausgabe meines Buches hat der Betreiber gewechselt, das Angebot ist aber in meinen Augen unverändert gut geblieben.

Wenn Sie die Wanderung fortsetzen gehen Sie wieder auf den Weg, der das „Polleur Venn" umrundet. Wir laufen nun häufig auf Schotter. Leider sind viele Stege, die in der ersten Ausgabe noch dort waren und auch einige Informationstafeln entfernt worden. 1,15 Kilometer nachdem wir das Polleur

Venn betreten haben, sehen wir einen bewaldeten breiten Weg, der nach rechts abbiegt. Wir folgen diesem Weg 850 Meter. Ab hier ist unser Weg auch mit einem grünen Rechteck markiert. Gegen Ende des Weges verengt er sich zu einem schmaleren Pfad, der durch Bäume und Büsche hindurchführt. Die grüne Markierung führt Sie bis zur Fischbachkapelle, von der aus Sie schon den Parkplatz und linker Hand auch das Gebäude von „Baraque Michel" sehen können, in dem sich auch eine beliebte Gastronomie befindet.

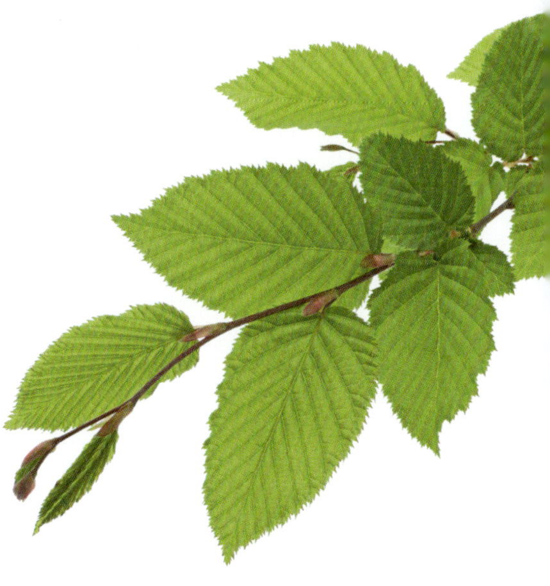

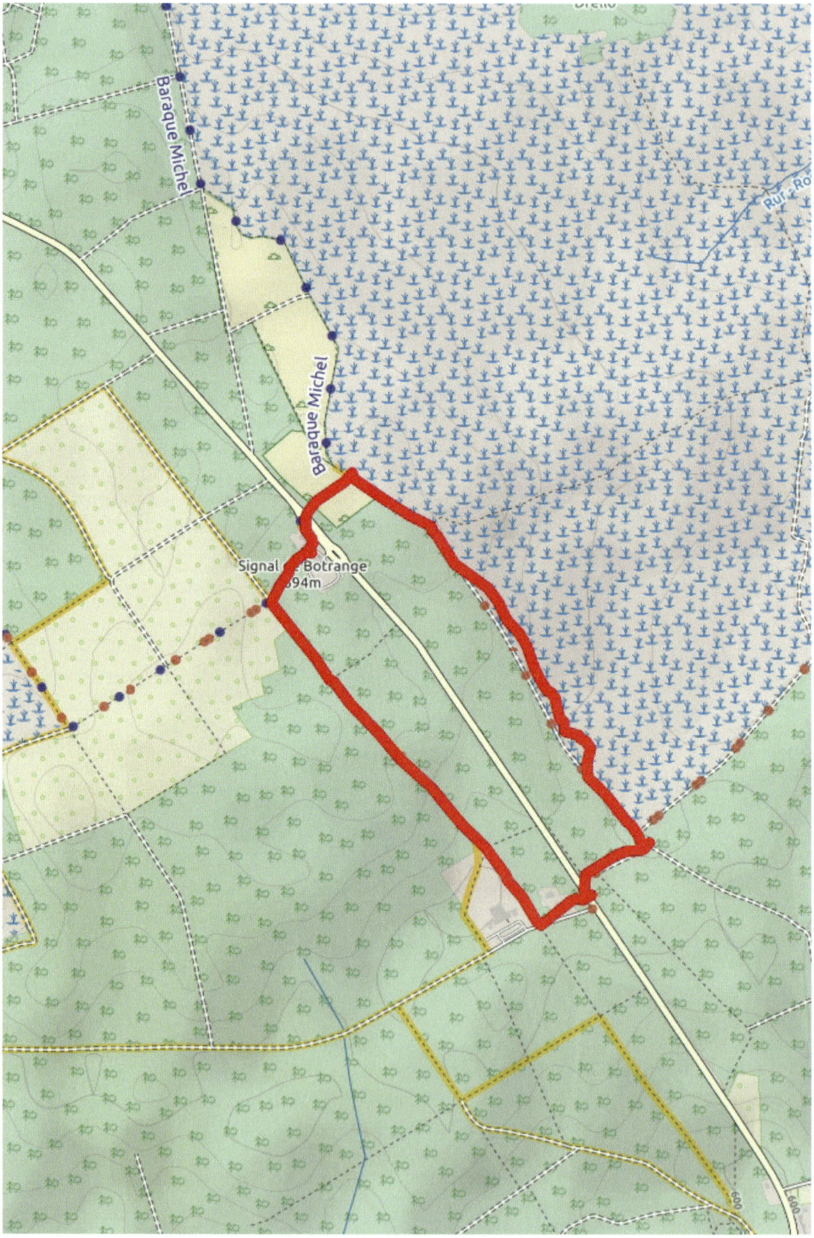
Baraque Michel
Baraque Michel
Signal
Botrange

WANDERUNG 16: VON SIGNAL DE BOTRANGE ZUM NATURPARKZENTRUM BOTRANGE

Start und Ziel: Parkplatz Signal de Botrange

Länge: 3,17 km

Dauer: ca. 1-1,5 Stunden

Hunde dürfen mitgeführt werden.

Sehr gemütliche Wanderung. Trotz der kurzen Strecke bekommt man einen guten Eindruck von der Landschaft des Hohen Venns. Sehr einfach zu gehen. Gut mit einem Museumsbesuch im Naturparkzentrum Botrange kombinierbar. Auch bei Schnee begehbar.

Wir parken auf dem großen Parkplatz bei Signal de Botrange, überqueren die N 676 und gehen auf das Wallonische Venn zu. Schon bald sehen wir eine Plattform, von der aus man einen weiten Blick über das Venn hat. Hier haben 2011 die Waldbrände gewütet und von dort aus habe ich ein paar Tage nach Ausbruch des Brandes noch die letzten Löscharbeiten per Hubschrauber beobachten können.

Von der Plattform aus gehen wir nun nach rechts (wenn wir mit dem Gesicht zur Plattform stehen) in südöstlicher Richtung am Rande des Venns weiter. Wir gehen an einem rechts von uns befindlichen Fichtenwald entlang und genießen linker Hand weiterhin die Aussicht über das Venn.

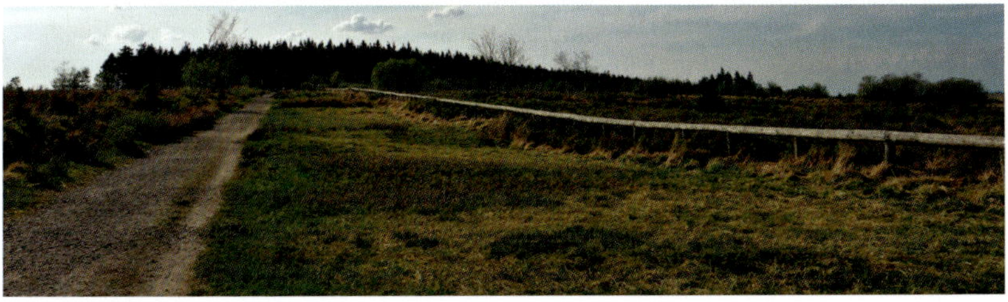

Weg entlang des Wallonischen Venns

Wir blicken hier auf eine ***C-Zone***, d. h., es ist nur mit einem speziell ausgebildeten Naturführer erlaubt, diesen Teil des Venns zu betreten. Dies macht nicht nur aus Naturschutzgründen Sinn, sondern es ist wirklich gefährlich, sich hier zu verirren.

Am Wegrand sind je nach Jahreszeit typische Vennpflanzen, wie Wollgras und Vennveilchen, zu sehen. Unter den Fichten finden wir viel Heidekraut. Ein Schild informiert uns darüber, dass wir uns in einem Wasserschutzgebiet befinden.

Nach etwa 1,3 km erreichen wir eine Stelle, an der links ein breiter Grasweg am Rande des Venns Richtung Norden abgeht (hier kommt man bei Wanderung 14 auf dem Rückweg vorbei). Wir gehen aber geradeaus und finden kurz hinter der Abbiegung eine Informationstafel mit Karte. Hier geht ein breiter Waldweg rechts ab, dem wir folgen. Nach etwa 300 m führt er zur N 676, die wir auf einem Zebrastreifen überqueren können. Auf der gegenüberliegenden Straße weist ein Schild in Richtung ***Naturparkzentrum Botrange***.

Wer mag, kann hier eine Pause einlegen, den Kräutergarten begutachten, im kleinen, aber sehr netten Buchladen stöbern, das Museum besuchen oder sich im kleinen Restaurant mit Außenterrasse eine Erfrischung gönnen.

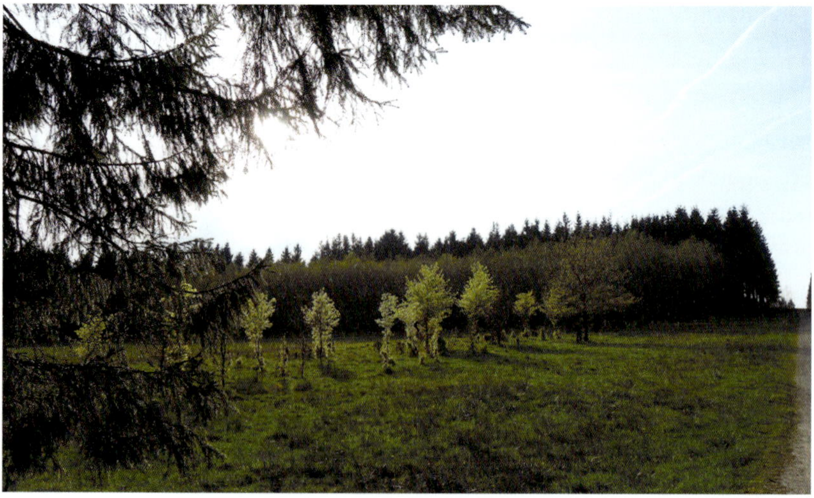

So gestärkt, machen wir uns auf den Rückweg. Wenn wir aus dem Naturparkzentrum herauskommen, gehen wir nach links, also in die Richtung, aus der wir gerade kamen. Schon nach 160 m geht ein Wanderweg links ab. Am Anfang dieses Weges ist ein auffallender Fels zu sehen. Wir folgen nun diesem Weg durch eine lichte Waldlandschaft.

In den Bäumen am Wegrand sind immer wieder Werke eines Holzkünstlers zu sehen. Die Werke integrieren sich perfekt in die Landschaft.

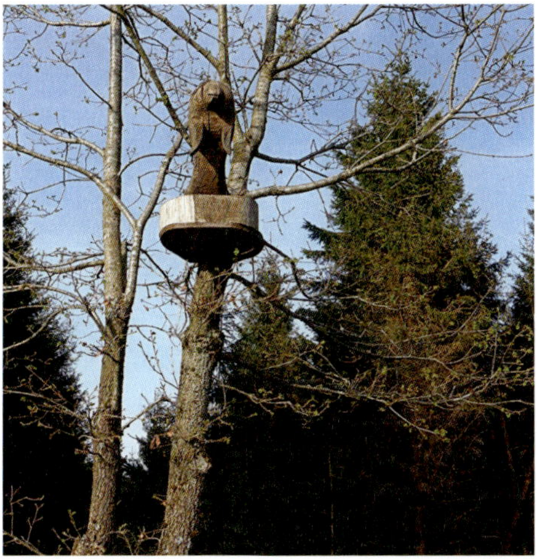

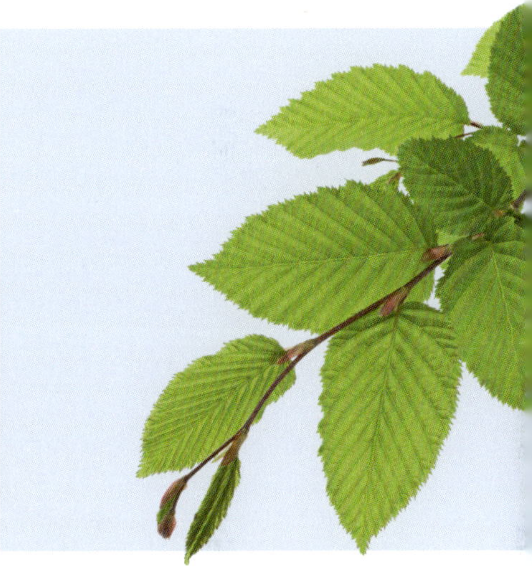

Der bequem zu gehende Weg führt an vielen Wiesen und Waldstücken vorbei und nach 1 km sehen wir auf der linken Seite eine offene Landschaft, durch die ein Steg führt. Rechter Hand befindet sich ein weiterer Weg, wobei ein Holzschild besagt, dass es hier Richtung ***Signal de Botrange*** geht, wo unsere Wanderung endet. Wir biegen hier rechts ab und stoßen auf eine Gedenkstätte, die an die jüngere Geschichte in dieser Region erinnert und auf den sogenannten *Baltia-Hügel*. Wenn Sie mögen, können Sie auf seine aufgeschüttete und begehbare Spitze klettern und so mit 700 m den höchsten Punkt Belgiens besteigen.

Direkt dahinter sehen wir schon die Gebäude von ***Signal de Botrange*** und unseren Parkplatz.

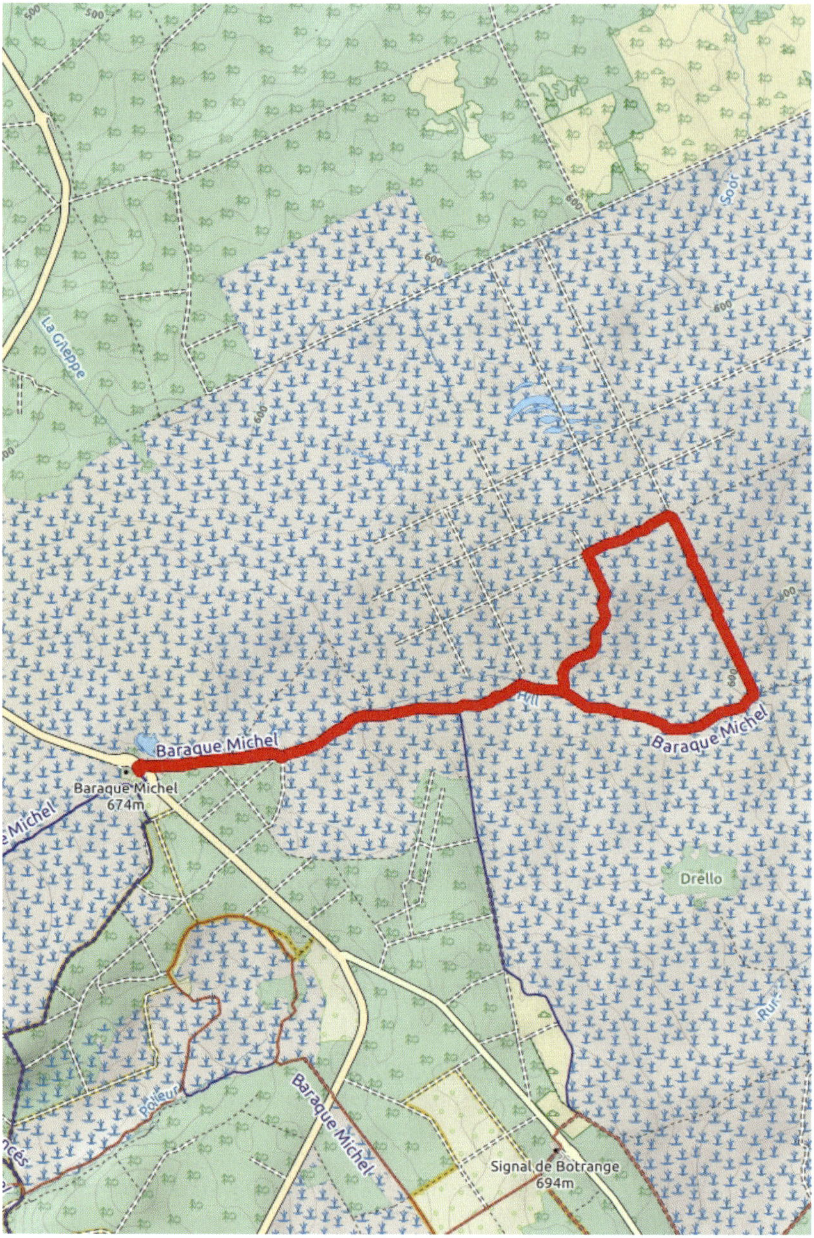
La Gileppe
Baraque Michel
Baraque Michel
674m
Baraque Michel
Drello
Baraque Michel
Signal de Botrange
694m

WANDERUNG 17:
KLEINE RUNDE VON BARAQUE MICHEL ZU NOIR FLOHAY

Start und Ziel: Parkplatz Baraque Michel

Länge: 7,95 km

Dauer: ca. 2,5-3,5 Stunden

Hunde dürfen nicht mitgeführt werden.

Feste Schuhe sind notwendig. Bei Nässe oder Schnee nicht zu empfehlen. Es gibt keinen Schatten.

Stege, teilweise entlang der Hill, schmale Pfade, lange Wege durch hohes Gras, grandiose Aussichten, extreme Stille, Weite.

Bei entsprechendem Wetter eine meiner Lieblingswanderungen.

Diese Wanderung beginnt wie Wanderung 14: Wir überqueren die N 68 und gehen durch ein kleines Holztor ins Naturschutzgebiet. Hier empfängt uns zunächst ein sehr malerischer Pfad, der nach 800 m auf die Stege ins Wallonische Venn führt. Ab hier gehen wir auf einem breiten Steg geradeaus und sehen nach 950 m einen weiteren Steg, der rechts abgeht. Wir bleiben aber auf unserem Weg und gehen geradeaus weiter.

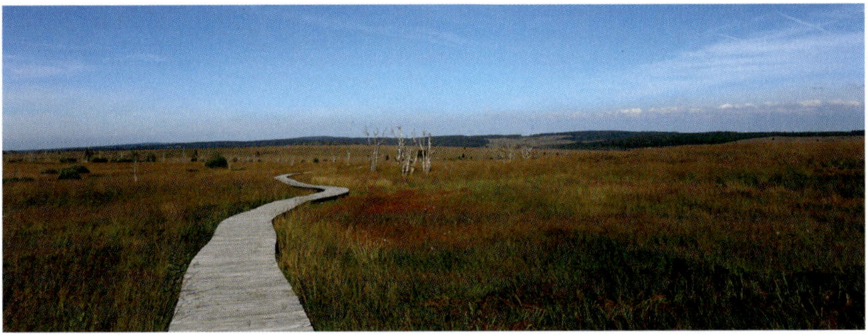

Die Stege führen bald an der Hill entlang, was unsere Strecke noch interessanter macht. Manchmal sind die Stege auch unterbrochen und wir bewegen uns achtsam auf einem sehr schmalen, steinigen Weg.

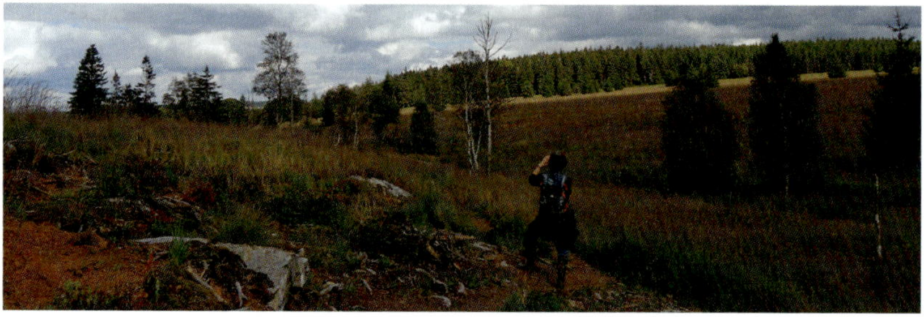

Der Weg ist an dieser Stelle kaum zu erkennen.

Ungefähr 1,6 km, nachdem wir an dem rechts abbiegenden Steg vorbeigekommen sind, führt ein sehr unauffälliger und sehr schmaler Pfad durch hohes Gras nach links leicht bergauf.

Wir folgen diesem Pfad 1 km. Dann sehen wir eine Holzschranke, auf der steht, dass dahinter eine ***C-Zone*** beginnt, welche nur mit einem entsprechend ausgebildeten Naturführer betreten werden darf. Vor der Schranke biegen wir links ab.

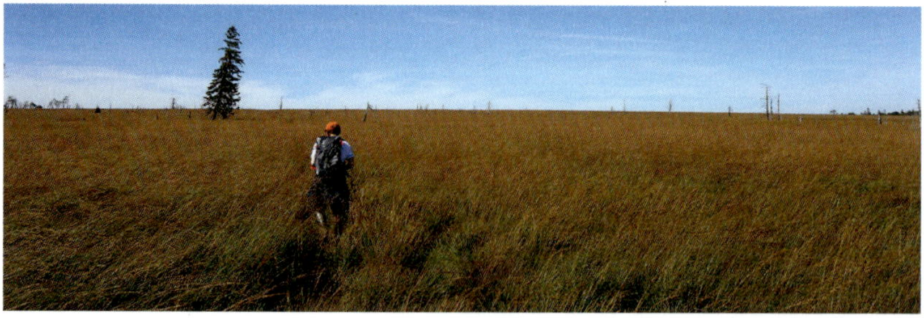

Nun gehen wir weiterhin auf einem schmalen Pfad durch hohes Gras geradeaus, wobei wir an sehr skurrilen Baumformationen vorbeikommen. Diese Stelle nennt sich ***Noir Flohay*** und ist auch unter ***Geisterwald*** bekannt.

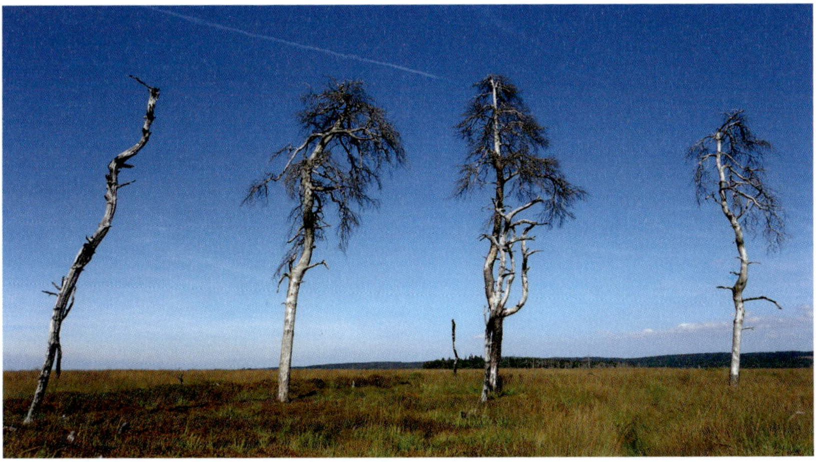

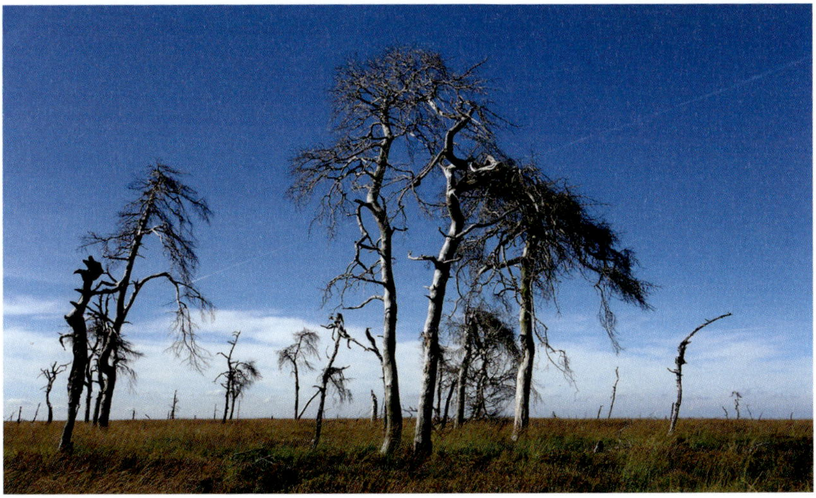

Nach 440 m macht der Weg einen Knick nach links, dem wir folgen, und wir wandern nun in kleinen Kurven bergab, bis wir wieder unseren Weg entlang der Hill erreicht haben. Hier biegen wir rechts ab und gehen 2,37 km immer geradeaus auf den uns nun schon bekannten Stegen und Pfaden bis zurück nach ***Baraque Michel***.

5.3 WANDERUNGEN IM BEREICH WESERTALSPERRE UND BESUCHERZENTRUM WESERTALSPERRE

Die Wanderungen 18, 19 und 20 starten an der Wesertalsperre. Die Wanderung 21 liegt östlich davon. Den Startpunkt dort habe ich mit der Wanderung separat beschrieben.

Die Adresse des Besucherzentrums Wesertalsperre ist:
Langesthal 164, B-4700 Eupen
» www.eupener-talsperre.be
Tel. 00 32 (0) 87 74 31 61.

Hinter dem Besucherzentrum liegt ein großer Parkplatz, von dem aus die o. g. Wanderungen starten.

Die Bauzeit der Wesertalsperre dauerte – unterbrochen durch den Zweiten Weltkrieg – von 1936 bis 1950. Sie ist das wichtigste Trinkwasserreservoir Belgiens.

Zuflüsse sind der Getzbach, teilweise die Hill und die Weser.

Die Vielzahl der Quellen der Weser liegt im Venngebiet in der Nähe von Konzen, einem Eifeldorf an der belgisch-deutschen Grenze. In vielen Rinnsalen durchfließt sie das Steinleyvenn. Schließlich vereinigen sich diese Rinnsale zur Weser. Sie nimmt in Eupen-Unterstadt die Hill auf und fließt nach fast 70 km in die Ourthe.

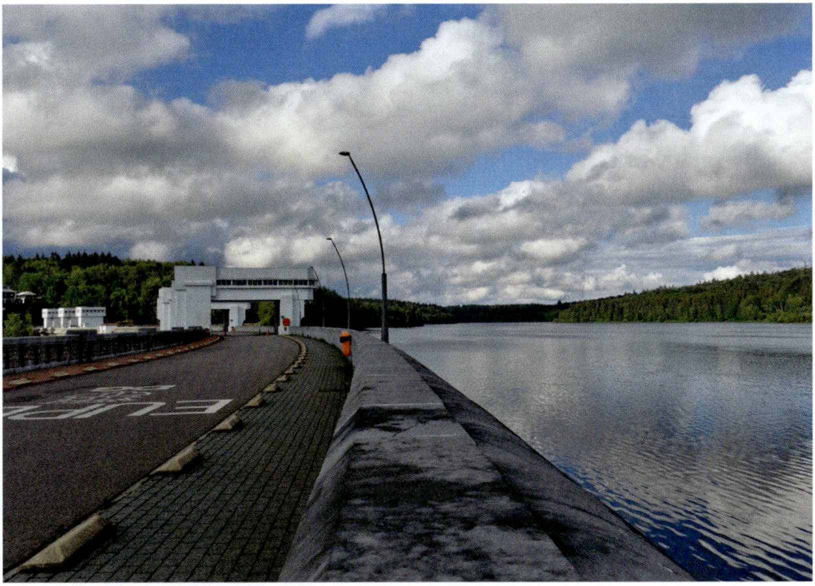

Die Staumauer der Wesertalsperre

Ein Wasserlehrpfad, bestehend aus vier Informationstafeln, mit Blick auf den See, erklärt sehr anschaulich, kindgerecht und dabei durchaus anspruchsvoll, was in dieser Talsperre geschieht. Der Wasserkreislauf wird erklärt, die Bedeutung des pH-Werts für das Leben im Wasser und noch vieles mehr. Angelehnt ist die Aufmachung der Schilder an die des „Walderlebnispfades", den ich Ihnen in Wanderung 19 vorstelle, in der der Fuchs „Foxy" als Comicfigur die Kinder durch verschiedene Themen begleitet.

Es können auch Führungen durch die Talsperre unter der Telefonnummer 00 32 (0) 87 55 34 50 (Tourist Info Eupen) gebucht werden. Wie auf den meisten Schildern im Wandergebiet werden auch hier die Informationen dreisprachig vermittelt. Häufig werden Sie aber sogar viersprachige Schilder finden (Französisch, Flämisch, Deutsch und Englisch).

Das Besucherzentrum der Talsperre befindet sich auf einer Anhöhe, sodass man von der Terrasse aus einen herrlichen Blick auf das Wasser und die Staumauer hat.

Gerade für Familien mit Kindern ist dies ein schöner Ausflugsort. Dort befindet sich ein riesiger Spielplatz, der für Kinder ab zwei Jahren geeignet ist.

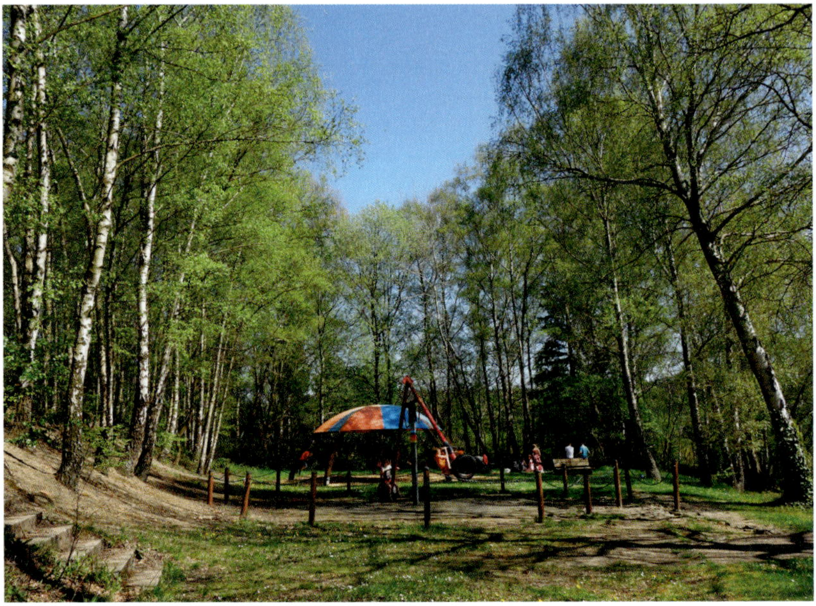

Man bekommt dort sehr guten Kaffee und Kuchen, aber auch andere leckere Gerichte. Die Taverne hat 80 Sitzplätze mit Blick auf den See und für Veranstaltungen und Familienfeste können noch weitere Räume gebucht werden.

Es gibt hier auch eine Kletterwand, die ich aber, da ich selbst nicht klettere, nicht beurteilen kann. Da die Anlage sehr großzügig angelegt ist, hat man auch bei viel Betrieb nicht das Gefühl von Massentourismus. Bei meinen häufigen Besuchen herrschte immer eine angenehme und fröhliche Atmosphäre. In den Räumen der Taverne liegt sehr viel Informationsmaterial über die Region aus.

Von hier aus kann man auch weitere, sehr lange Wanderungen unternehmen. Da die Gegend gut beschildert ist und es hier keine Schwierigkeiten, wie z. B. Moorgebiete, gibt, habe ich nur die Wanderung „Rund um den See" und die beiden Wanderungen 18 und 19 beschrieben, die am besten zu einem Familienausflug passen.

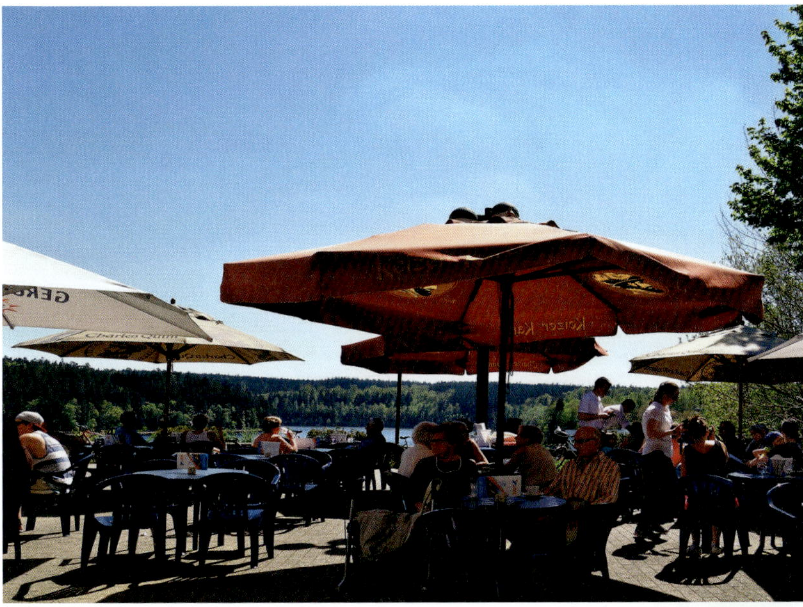

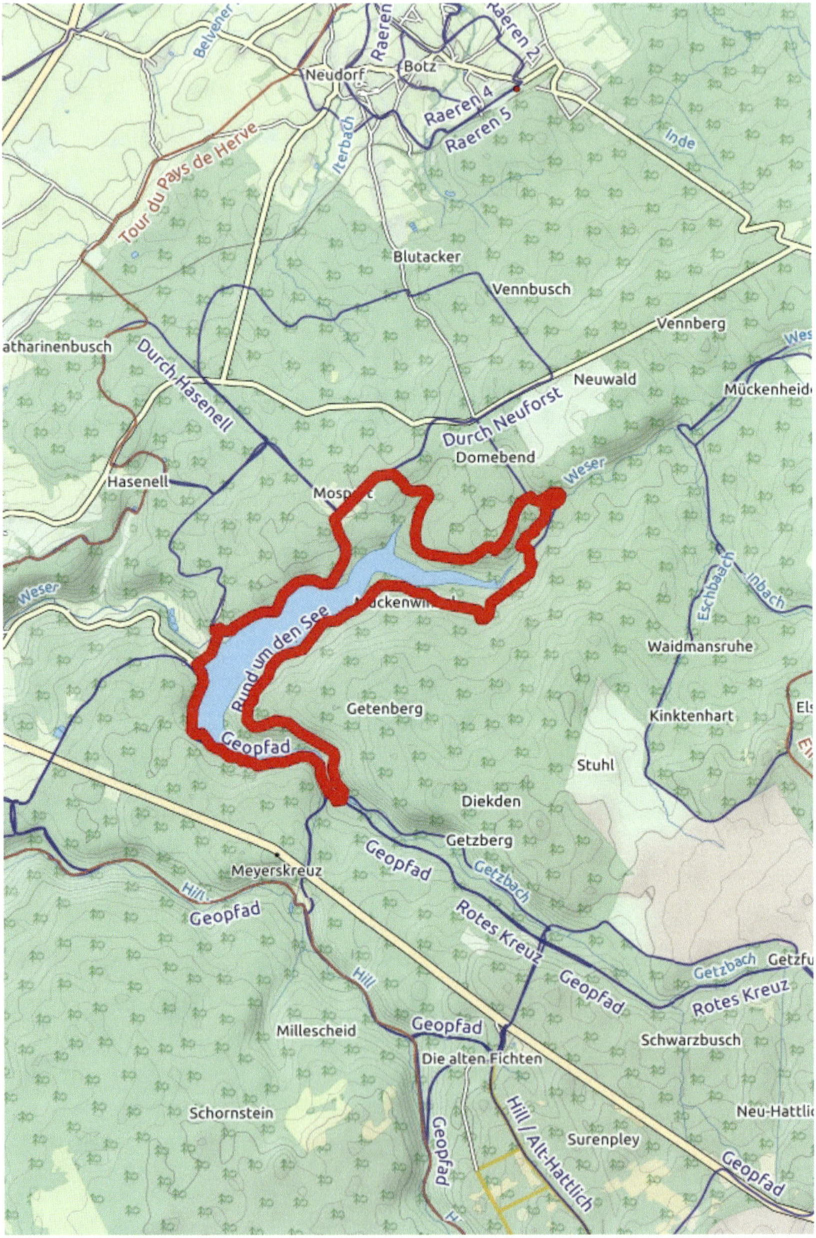
Neudorf
Botz
Raeren
Raeren 2
Raeren 4
Raeren 5
Iterbach
Inde
Tour du Pays de Herve
Blutacker
Vennbusch
Vennberg
atharinenbusch
Durch Hasenell
Neuwald
Mückenheid
Durch Neuforst
Domebend
Weser
Hasenell
Rund um den See
Eschbach
Inbach
Waidmansruhe
Getenberg
Kinktenhart
Geopfad
Stuhl
Diekden
Getzberg
Meyerskreuz
Getzbach
Rotes Kreuz
Hill
Schwarzbusch
Millescheid
Die alten Fichten
Schornstein
Neu-Hattlic
Surenpley
Hill / Alt-Hattlich

WANDERUNG 18:
RUND UM DIE WESERTALSPERRE

Start und Ziel: Parkplatz Wesertalsperre

Länge: 15 km

Dauer: ca. 5-6 Stunden

Hunde dürfen mitgeführt werden.

Am Ufer der Wesertalsperre entlang, davon 4 km mit Blick auf das Wasser, viele Schotter- und Asphaltwege durch Fichtenwald, Pfad an der Weser entlang, vorwiegend leichter Weg, bei Hitze (Schatten) und bei Schnee besonders gut geeignet. Im Winter ist die Talsperre gelegentlich vereist, was ganz besonders reizvolle Effekte bietet. Im Sommer sind keine besondere Trittsicherheit oder besondere Schuhe notwendig.

Dieser Rundweg ist gut ausgeschildert. Wir parken auf dem großen Parkplatz hinter dem Restaurant der Wesertalsperre, gehen wieder zurück zur Staumauer und wandern nun auf einem breiten, asphaltierten Weg in nordöstliche Richtung (wenn Sie mit dem Gesicht zur Staumauer stehen, dann nach links). Zunächst geht es 1,4 km auf einem asphaltierten Weg direkt am Ufer entlang, der einen schönen Blick auf das Wasser bietet.

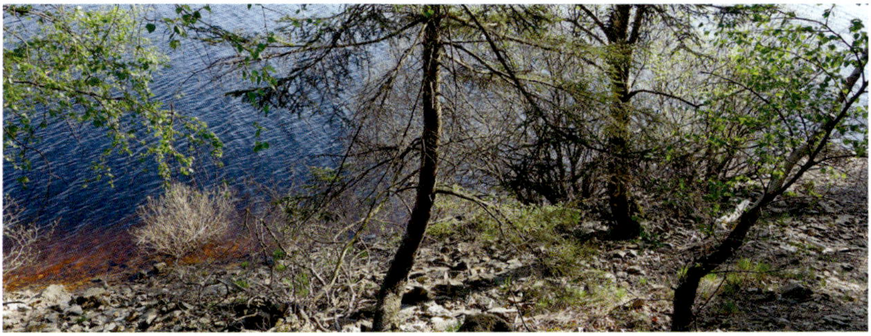

Rechts neben dem asphaltierten Weg befindet sich auch einen Pfad, den Sie benutzen können.

Nach den ersten 1,4 km führt unser Weg durch einen Fichtenwald bergauf, bis wir das ***Forsthaus Mospert*** erreichen. Hier gehen wir geradeaus (halten uns rechts) und folgen dem Schild „Rund um den See". Ungefähr 600 m hinter dem Forsthaus biegen wir rechts auf einen breiten Waldweg ein. Auch diese Abzweigung ist ausgeschildert. Nun wandern wir durch verschiedene Waldstücke. Wir folgen dabei zwar dem Ufer der Wesertalsperre, können aber wegen der Bäume nur selten einen Blick auf das Wasser erhaschen.

Wer sehr gut zu Fuß ist, kann nach etwa zwei weiteren Kilometern einer Wegmarkierung (rotes Rechteck mit weißem Streifen) folgen und rechts einen steilen Abhang hinabklettern, einen schmalen Waldweg und eine Brücke über die Weser überqueren und dann auf der gegenüberliegenden Seite sehr viele Holzstufen hinaufsteigen, die an einer Forsthütte enden. Dort biegen Sie rechts ab.

Wenn wir dem auf der Trackaufzeichnung gezeigten Weg folgen, bleiben wir auf unserem Hauptweg, bis wir auf einen asphaltierten Waldweg stoßen. Dort biegen wir rechts ab, bis wir eine Brücke über die Weser erreichen (3,35 km vom Forsthaus entfernt). Hier gibt es eine Schutzhütte, eine Informationstafel und eine Sitzgruppe aus Holz am Ufer der Weser.

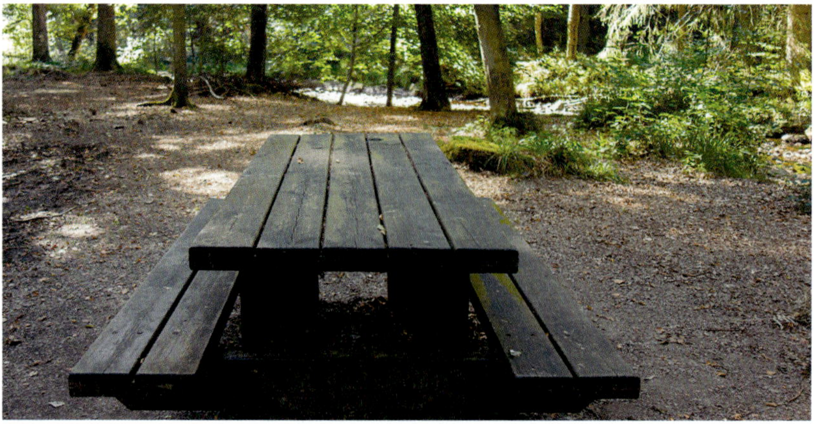

Ein Schild weist uns wieder die Richtung rund um den See auf einen weiteren asphaltierten Weg, der rechts abbiegt.

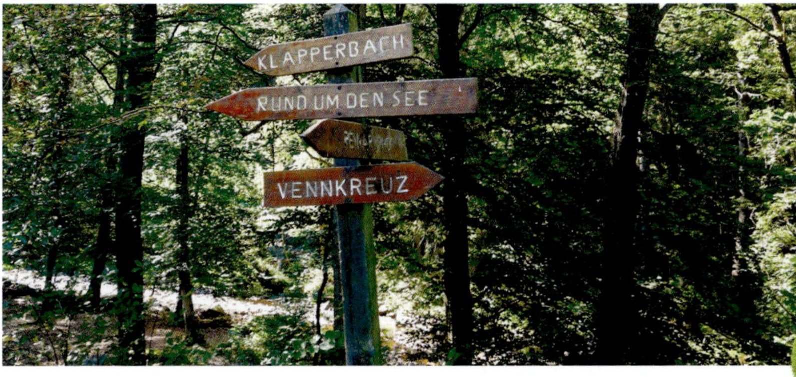

Ich finde es landschaftlich schöner, einem Weg zu folgen, der zwischen den beiden asphaltierten Wegen direkt an der Weser entlangführt. Dies ist ein Pfad, der mal sehr schmal und mal etwas breiter wird. Es sind breite, alte und teils verwitterte Betonbrücken über die Weser zu finden und auch Stellen, an den das Wasser sehr gestaut ist.

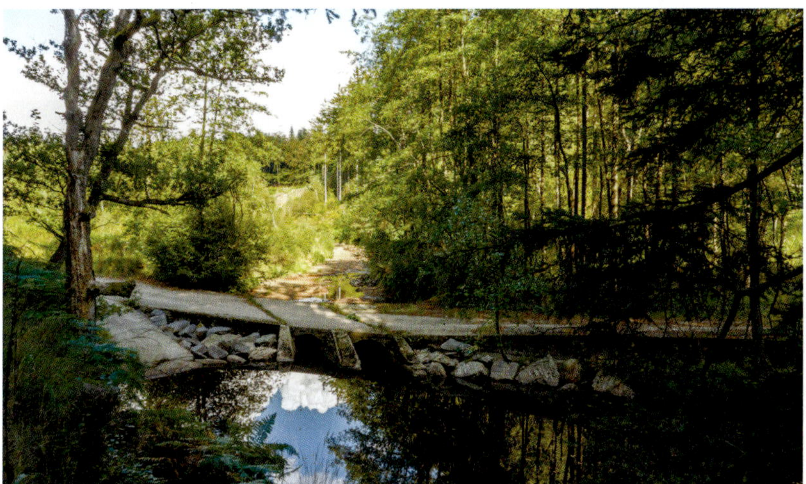

Hier habe ich auch schon Bauten von Bibern gesehen. Nach einer Weile werden Sie rechter Hand die Stelle sehen, an der unsere sportlichen Mitwanderer den Abhang hinabgestiegen sind und Sie werden links die gegenüberliegende Brücke sehen, hinter der die Holztreppen sind. Falls Sie mit einem Hund unterwegs sind, würde ich Ihnen nicht raten, über diese Brücke zu gehen, weil sie sehr wenig gesichert hoch über das Flussbett führt. Entweder, Sie steigen die Treppen hinauf und biegen dann rechts ab, oder Sie gehen wieder zum Rastplatz zurück und folgen dem asphaltierten Weg rund um den See.

Wenn Sie nicht so gut zu Fuß sind oder nicht so stabile Schuhe tragen, bleiben Sie einfach auf dem asphaltierten Weg und folgen dem Schild „Rund um den See". An der Forsthütte werden Sie nach 700 m die sportlicheren Mitwanderer wiedertreffen.

Ab hier ist der folgende Weg mit einem roten Rechteck markiert. Bei Abzweigungen halten Sie sich immer rechts auf dem Hauptweg, denn Sie gehen ja um die Talsperre herum. Wir wandern durch verschiedene Waldstücke, meist Fichtenwald und haben auf dieser Wegstrecke nur selten einen Blick auf den See.

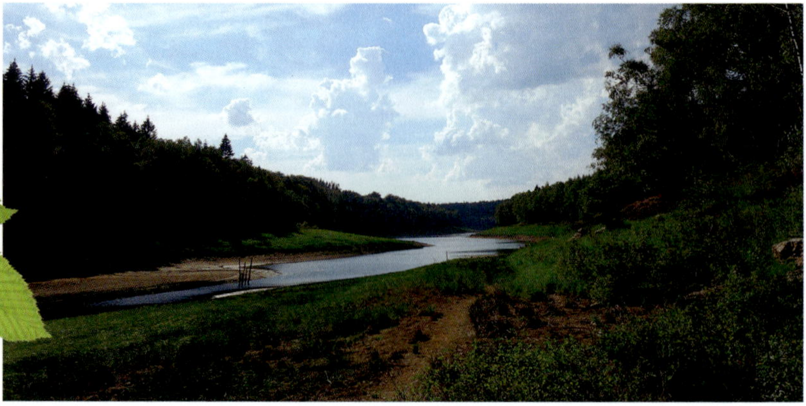

Nach etwa 6 km sehen wir linker Hand große, sehr eindrucksvolle Felsen. Unser nach rechts abbiegender Weg überquert wenig später als eine Brücke den ***Getzbach***. Hinter der Brücke biegen wir wieder rechts ab. Ab hier gehen wir weiter auf einem asphaltierten Weg am Ufer der Talsperre entlang. Nun haben wir bis zum Ende unserer Wanderung ständig einen Blick auf das Wasser.

Nach 2,5 km erreichen wir die Staumauer der Wesertalsperre, die wir entlangwandern. Ungefähr auf der Hälfte des Weges über die Mauer werden Sie interessante Informationstafeln über die Talsperre finden. Am Ende der Staumauer haben Sie den Ausgangspunkt erreicht.

Vor oder nach der Wanderung ist eine Einkehr in das Restaurant der Wesertalsperre zu empfehlen.

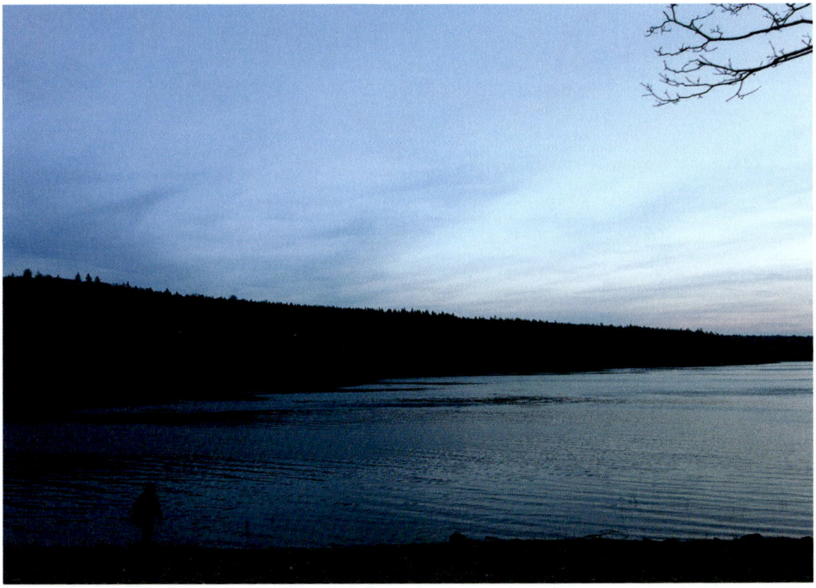

An der Wesertalsperre in der Abenddämmerung

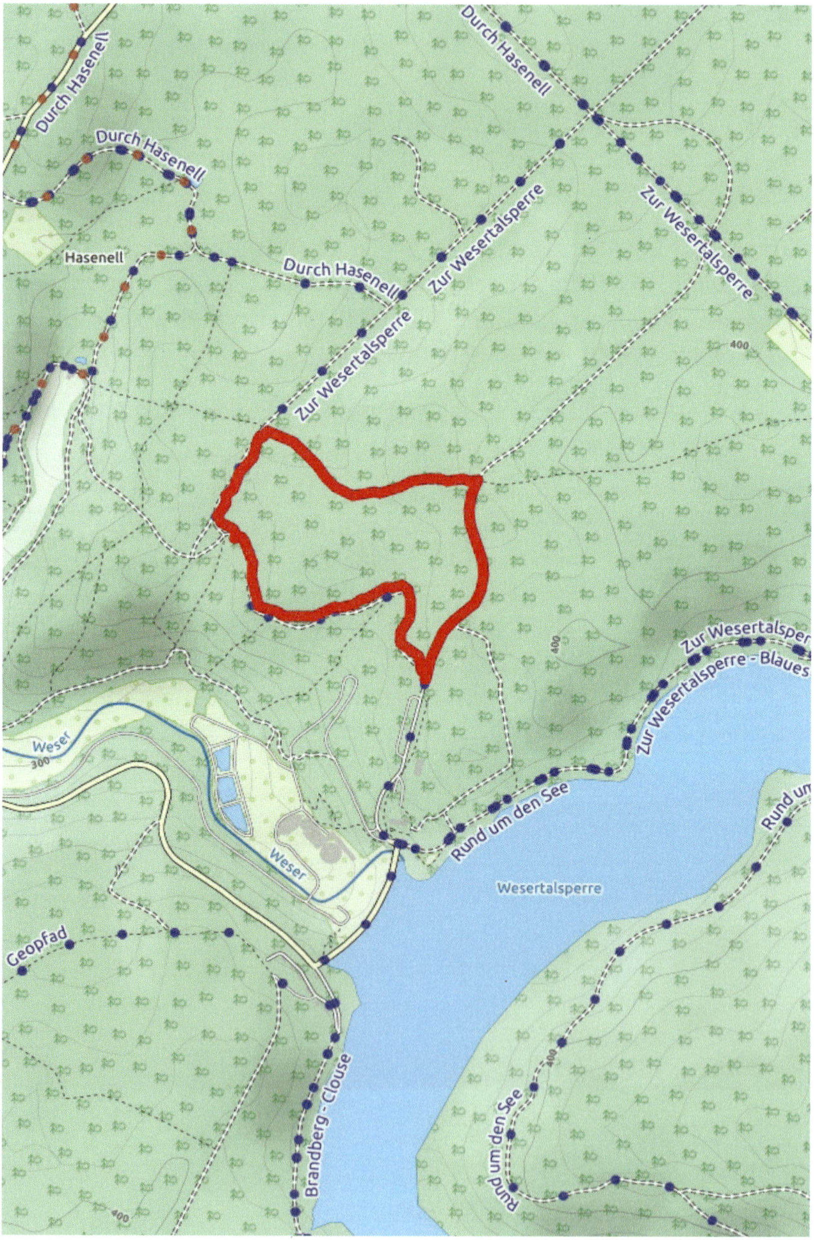
Durch Hasenell
Durch Hasenell
Hasenell
Durch Hasenell
Durch Hasenell
Zur Wesertalsperre
Zur Wesertalsperre
Zur Wesertalsperre
Zur Wesertalsperre
400
400
Zur Wesertalsper
Zur Wesertalsperre - Blaues
Weser
300
Weser
Rund um den See
Wesertalsperre
Rund um
Geopfad
Brandberg - Clouse
Rund um den See
400

WANDERUNG 19: DER „WALDERLEBNISPFAD" AN DER EUPENER TALSPERRE

Start und Ziel: Parkplatz hinter dem Restaurant der Wesertalsperre

Länge: 2,5 km

Dauer: ca. 1,5-2 Stunden

Hunde dürfen mitgeführt werden.

Bei dem „Walderlebnispfad" handelt es sich um ein Projekt der Stadt Eupen, welches in Zusammenarbeit mit dem Forstamt Eupen verwirklicht wurde. Auf einer 2,5 km langen Strecke gibt es neun Stationen, an denen der Wanderer sowohl durch Informationstafeln als auch durch ganz unterschiedliche Geräte über den Wald informiert wird. Das Ganze ist sehr kindgerecht gemacht, die Informationen sind aber auch für den Erwachsenen sehr interessant und anspruchsvoll. Durch das Baumtelefon, die Lauschecke, Ausguckrohre und Weiteres soll insbesondere das Kind angeregt werden, den Wald mit allen Sinnen zu erleben.

Da der Weg an manchen Stellen steinig und sehr uneben ist, sollte man stabile Schuhe tragen. Für einen Kinderwagen ist der Weg meines Erachtens nicht geeignet.

Knotenpunkte: 72 - 33 - 17 - 9 - 72 - 66

Wir starten auf dem großen Parkplatz, der hinter dem Restaurant der Wesertalsperre liegt. Direkt hinter dem Parkplatz weist uns ein Schild auf den Waldlehrpfad hin und „Foxy", eine einen schlauen Fuchs darstellende Comicfigur, unser künftiger Wegbegleiter, stellt sich vor. Schon am Beginn des Wanderweges sehen wir auf der linken Seite ein Schild, welches den Wald als Spiegel der Gesellschaft erläutert. Der Wald wurde im Laufe der Geschichte immer mehr vom Menschen geprägt und verändert.

Vor 1800 gab es in den hiesigen Wäldern vorwiegend Laubbäume und bis 1860 lebten hier Wölfe. Die Menschen durften ihr Vieh im Wald weiden lassen und das, was sie brauchten, z. B. Holz, Streu, Gras und Rinde zum Gerben, aber auch Heilpflanzen, wurde dem Wald entnommen. Diese Themen werden auf den Schildern erklärt und mit Fotos dokumentiert.

Zunächst gehen wir in nördliche Richtung durch Mischwald, bis uns nach etwa 500 m ein auffälliges Schild mit „Foxy" nach links weist.

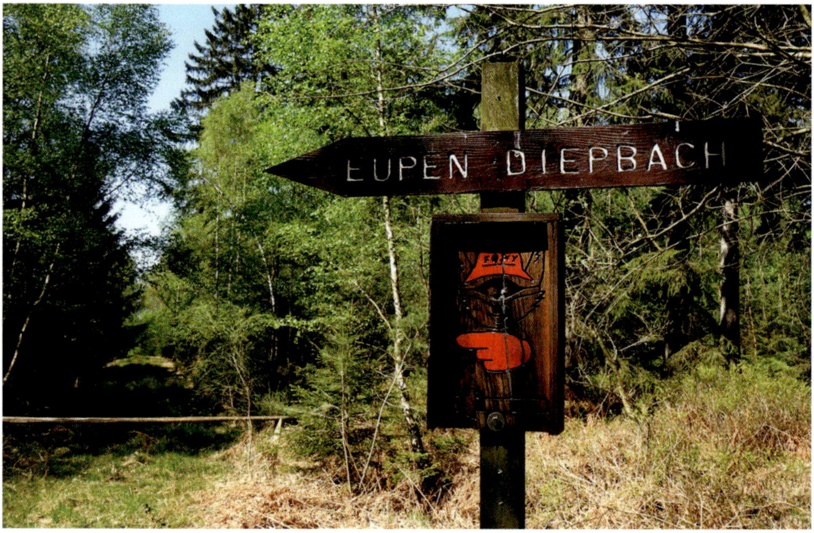

Hier biegen wir auf einen schmalen Waldweg ein. Ein Holzschild weist darauf hin, dass es hier nach Eupen-Diebach geht. Wir folgen diesem, mit niedrigen Bäumen gesäumten Weg. Linker Hand ist ein Graben, in dem je nach Jahreszeit ein kleiner Bach fließt. Schon nach wenigen Metern sehen wir auf der rechten Seite eine weitere Station von „Foxy". Diesmal ist es ein Sandkasten zum Weitspringen und rechts sind Schilder, auf denen die Kinder die Spuren verschiedener Tiere entdecken können und aufgezeigt ist, wie weit diese Tiere springen können. Für die begleitenden Erwachsenen gibt es hier eine Bank.

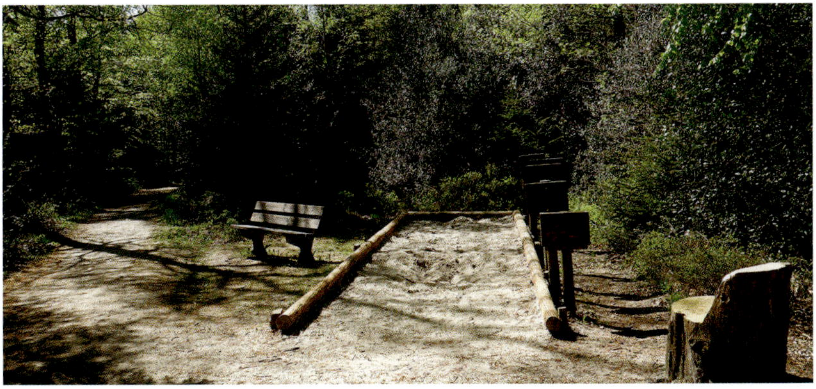

Bald darauf wird ein eher anspruchsvolles Thema beschrieben: Jungwuchspflege und Durchforstung. Hier gibt es interessante Informationen über die Aktivitäten der Förster und man sieht den Wald bald mit anderen Augen.

Der Weg führt nun vorwiegend durch Buchenwald immer stärker bergab, wobei während unserer Wanderung im Mai das frische Grün der Blätter nach dem langen kalten Vorfrühling sehr schön anzusehen ist. Der Graben links neben uns wird immer tiefer. Auf unserem Pfad befinden sich immer mehr Wurzeln und Steine.

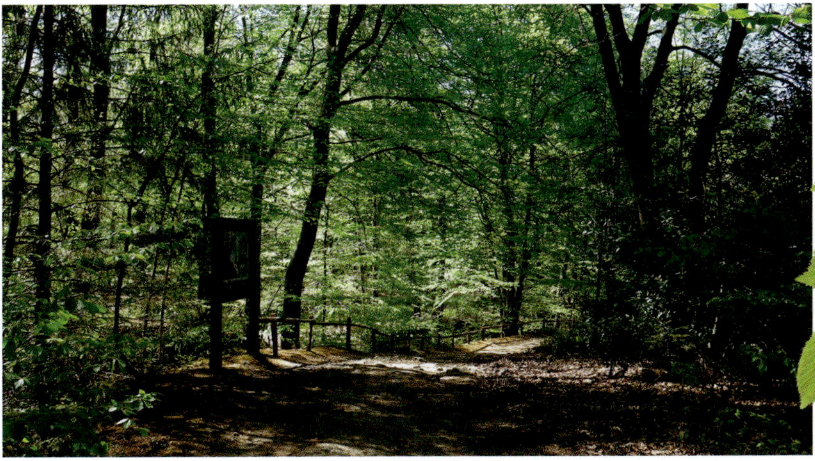

Nach kurzer Zeit weist eine weitere Informationstafel auf das Leben im Waldboden hin. „In einer Hand voll Erde leben mehr Lebewesen, als es Menschen auf unserem Planten gibt", steht dort und es werden viele Einzelheiten dazu erklärt.

600 m nach der ersten Abzweigung stoßen wir auf einen breiten Wanderweg. Wir biegen nach links ab, wobei auch unser Begleiter „Foxy" uns auf einem Schild darauf hinweist, dass wir auf dem richtigen Weg sind.

Das nächste Schild nimmt sich des Themas „von der kleinen Pflanze zum fertigen Baum" an. Hier wird „Nachhaltigkeit" in der Waldpflege erklärt. Vielleicht wussten Sie auch nicht, dass der Begriff „Nachhaltigkeit" ursprünglich aus der Forstwirtschaft stammt.

Wir gehen nun ein Stück weit durch Fichtenwald und werden bald über Monokultur und Mischwald aufgeklärt. An dieser Stelle befinden sich ein Holztisch, Bänke und Balancierstangen für Kinder.

Weiter geht es durch Laub- und Mischwald, bis „Foxy" uns nach 270 m nach links weist. Wir biegen nun wieder in einen schmalen Waldweg ein. Kurz nach der Abbiegung geht rechts ein weiterer Weg ab. Wir folgen ihm aber nicht, sondern gehen weiter geradeaus. Bald entdecken wir rechts ein paar Meter vom Weg entfernt unter hohen Bäumen eine Sitzgruppe. Für die Kinder gibt es eine Lauschecke und Ausguckrohre.

Auf dem weiteren Weg werden wir über den Beruf und die Aufgaben des Försters aufgeklärt und sehen in den Bäumen und im Unterholz die Figuren verschiedener Wildtiere wie Wildschwein, Hirsch und Dachs.

Ganz in der Nähe sind wieder die Kinder gefragt, die auf einer Tafel die Spuren von Hirsch, Reh, Dachs, Marder, Wildschwein und Fuchs zuordnen sollen. Können Sie das auch noch?

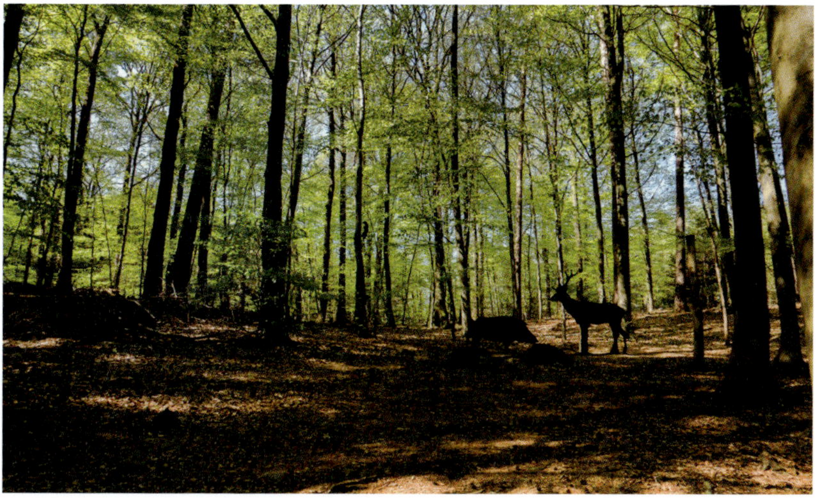

Etwas später werden die „Stockwerke des Waldes" beschrieben. Es wird erklärt, dass im Wald ja nicht nur Bäume wachsen, sondern es gibt eine Wurzelschicht, eine Krautschicht und eine Strauchschicht. Am Boden wachsen Moose, Pilze und weitere Pflanzen. Auf den verschiedenen Schichten leben unterschiedliche Tiere. All das übersieht der häufig unaufmerksame Wanderer, wenn er durch den Wald läuft.

Schließlich stoßen wir auf den breiten Wanderweg, auf dem unsere Wanderung begonnen hat. Es gibt ein letztes Schild von „Foxy" und wir sehen, wenn wir rechts auf den Wanderweg einbiegen, schon bald den Parkplatz der Wesertalsperre.

Nun können Sie sich, wenn Sie mögen, Kaffee und Kuchen im Restaurant der Wesertalsperre gönnen und bei gutem Wetter draußen sitzen und den Blick auf das Wasser der Talsperre genießen. Für die Kinder gibt es einen riesigen Spielplatz, sodass ihnen nicht langweilig werden wird.

Es bietet sich aber auch an, die folgende Wanderung 20 anzuschließen.

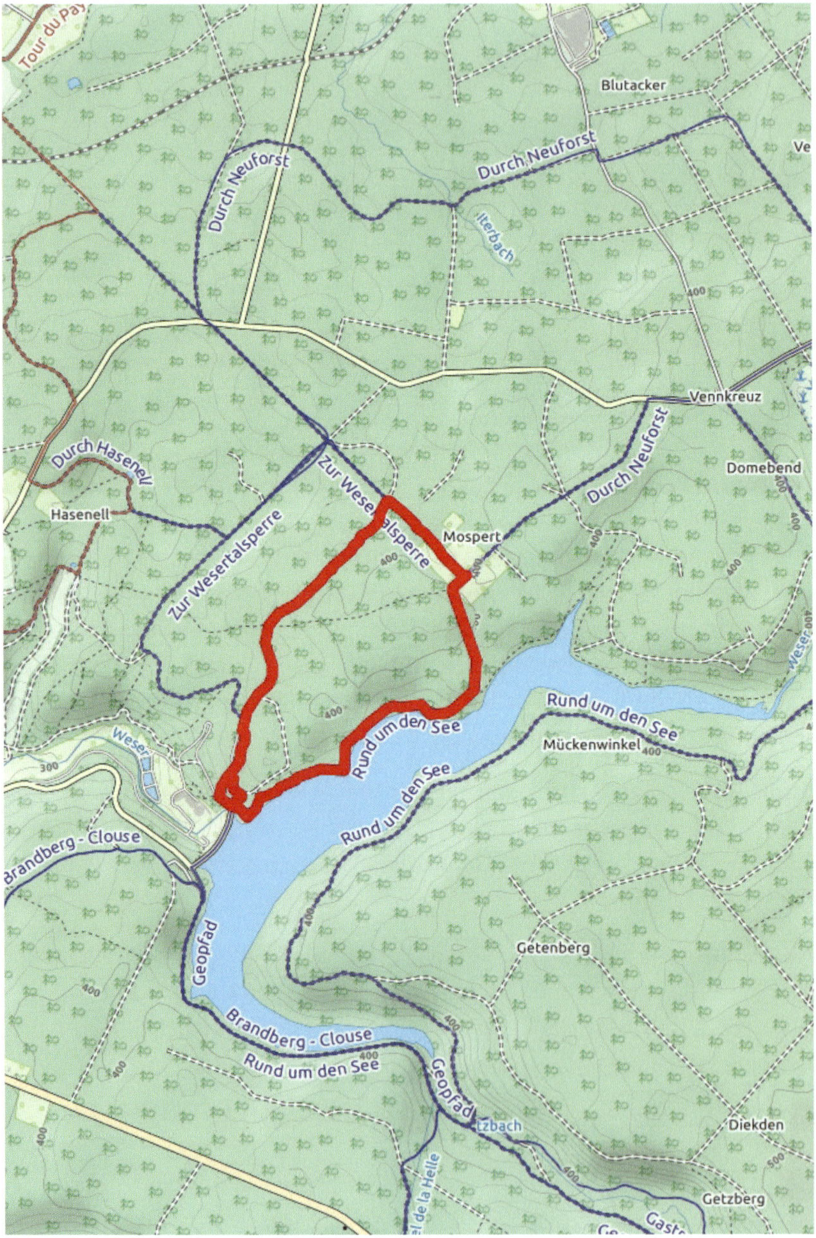
Blutacker
Durch Neuforst
Durch Neuforst
Ilterbach
Vennkreuz
Domebend
Durch Neuforst
Durch Hasenell
Hasenell
Zur Wesertalsperre
Mospert
Weser
Rund um den See
Mückenwinkel
Rund um den See
Rund um den See
Brandberg - Clouse
Geopfad
Brandberg - Clouse
Rund um den See
Geopfad
Getenberg
Diekden
Getzberg

WANDERUNG 20:
LEICHTE FAMILIENWANDERUNG

Start und Ziel: Parkplatz Wesertalsperre

Länge: 5 km

Dauer: ca. 1,5-2,5 Stunden

Hunde dürfen mitgeführt werden.

Ein leichter Spaziergang für die ganze Familie. Auch mit Kinderwagen und für Menschen, die nicht ganz so fit sind, zu bewältigen. Breite Asphalt- oder Schotterwege, am Ufer der Talsperre entlang und durch Wald. Auch gut im Schnee zu gehen.

Eine schöne Joggingrunde.

Knotenpunkte: 72 - 33 - 80 - 6 - 1 - 39 - 66

Wir starten am Parkplatz hinter dem Restaurant der Wesertalsperre und gehen, wie bei Wanderung 19, am Ende des Parkplatzes auf einem breiten, bequem zu gehenden Wanderweg durch einen lichten Mischwald aus Birken, kleinen Fichten, Buchen und später auch Eichen. Schon bald finden wir an einer schönen Stelle an einer Schneise eine Bank und später noch eine Sitzgelegenheit aus Holz, diesmal sogar mit Tisch.

Nach 1,9 km stoßen wir auf einen asphaltierten Weg, der von Kettenis kommend, zum ***Forsthaus Mospert*** führt. Hier biegen wir rechts ab und gehen nun 600 m leicht bergauf, wobei immer wieder Bänke unseren Weg begleiten.

Unterwegs kommen wir an einem abgestorbenen Baum vorbei. Ein Schild erklärt, wie viele Lebensformen sich in diesem scheinbar toten Holz befinden, wie Käfer, Vögel, Bienen, Marder und Gartenschläfer. Leben und Zerfall wird thematisiert, ein Kreislauf, über den man normalerweise nicht so oft nachdenkt.

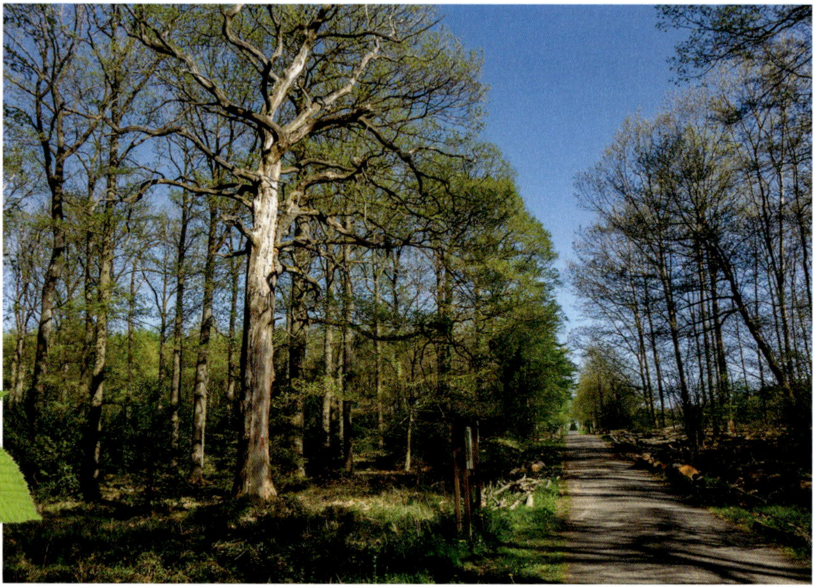

Bald sehen wir auf der rechten Seite die Weiden des Forsthauses. Häufig sind hier Schafe und im Frühjahr Lämmer zu sehen. Hier ist nun kein Wald mehr, sondern wir sehen hier die Grasflächen und den Garten des Forsthauses. Dahinter stoßen wir auf einen weiteren asphaltierten Weg. Ein Holzschild weist nach rechts Richtung Talsperre, wohin wir unterwegs sind. Ab hier geht es nur noch leicht bergab.

Bevor wir dem Weg Richtung Talsperre folgen, lohnt es sich, einen Blick auf eine große Tafel ein paar Meter weiter links von uns auf der gegenüberliegenden Seite des Weges zu werfen. Hier werden die verschiedenen, vorwiegend hier beheimateten Bäume beschrieben, einschließlich der dazugehörenden Blätter und Samen. Das ist eine interessante Auffrischung unseres naturkundlichen Wissens.

Nun wenden wir uns nach rechts und folgen dem asphaltierten Weg, der in einigen leichten Biegungen durch Fichten- und später Mischwald leicht bergab führt. Schon nach 700 m ist auf der linken Seite das blaue Wasser des Sees der Wesertalsperre durch die Bäume auszumachen. Für denjenigen, der trittsicher ist, ist es an einigen Stellen möglich, ganz nah an das Wasser zu gehen. Es gibt hier lauschige Ecken, an denen man sich in einem Urlaubsparadies im Süden wähnen kann. Allerdings gibt es hier viele Steine und steile Abhänge und auch der Naturschutz ist zu beachten, insbesondere, weil es sich bei der Talsperre um ein Trinkwasserreservoir handelt.

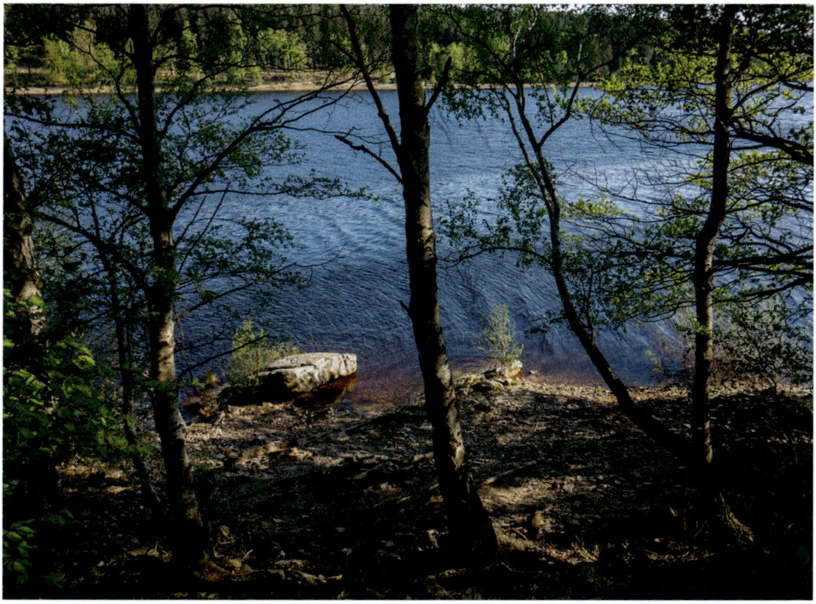

Eine Stelle am Ufer ist auch vom asphaltierten Weg aus gut zu sehen und zu erreichen. Es gibt hier Totholz, Heidekraut, einige Kiefern und natürlich immer wieder die widerstandsfähigen Birken, deren weiße Stämme bei unserer Wanderung vor dem Hintergrund des jungen Grüns der Pflanzen leuchten. Auf dem weiteren Weg gibt es an einer höher gelegenen Stelle mit schönem Blick auf den See wieder einen Tisch mit Sitzbänken, sodass man hier ausgiebig Pause machen, im Schatten sitzen und den schönen Blick aufs Wasser genießen kann.

Nach der Rast sind wir schon fast am Ende des Weges. Rechter Hand beeindrucken hohe Felswände, in deren Ritzen sich allerlei Pflanzen, sogar die Wurzeln einiger Bäume, vor allem wieder der zähen Birken, gegraben haben.

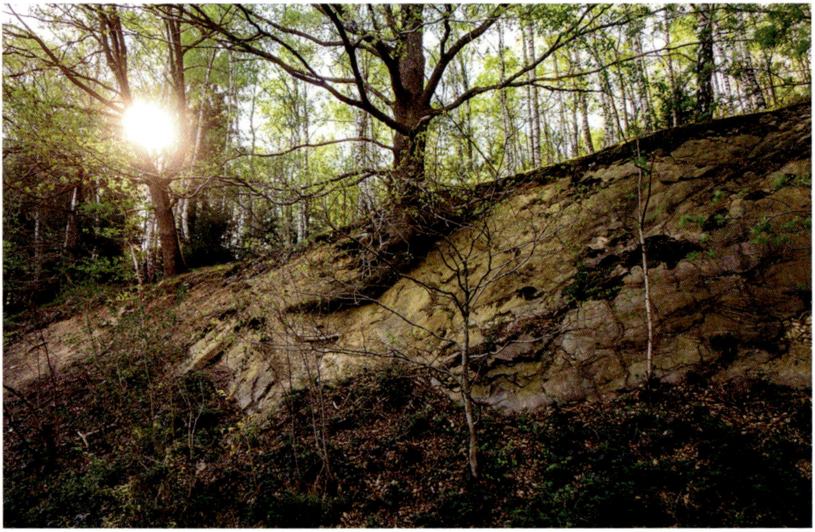

Nun haben wir bald die Bauten der Talsperre vor uns und sehen geradeaus eine Wiese und eine Mauer. Wir gehen an der Mauer, die uns vom Wasser trennt, entlang und treffen bald auf ein Schild des Wasserlehrpfades, welches uns über das Wasser der Wesertalsperre aufklärt. Wussten Sie, dass dort keine Fische leben können und warum das so ist? Das liegt am pH-Wert des Wassers (4,2). Die diesbezüglichen Zusammenhänge werden hier erklärt.

Wir gehen weiter an der Mauer entlang Richtung Staumauer und haben nochmals einen weiten Blick über das Wasser, aber auch auf die imposanten Bauwerke der Talsperre.

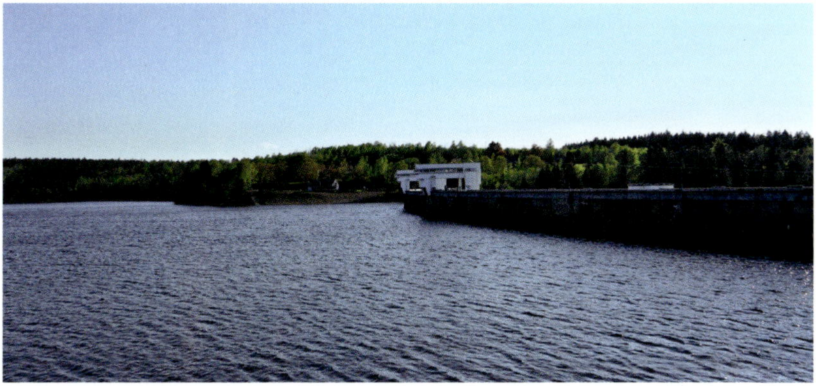

Die Staumauer ist auf der rechten Seite so tief, dass man kaum hinunterzusehen wagt.

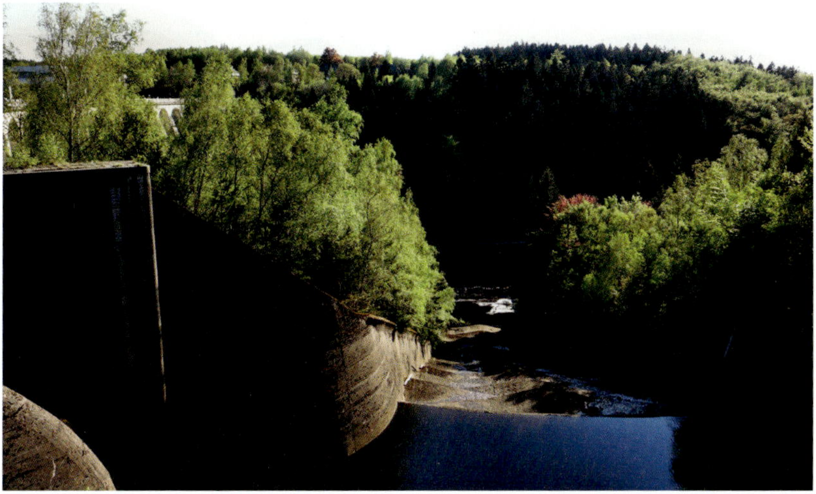

Gegenüber der Staumauer liegt das Restaurant der Wesertalsperre. Wir können über eine lange Steintreppe dort hinaufgelangen oder wir folgen der Straße auf einem Gehweg links an dem Restaurant vorbei und haben bald unseren Parkplatz oder das Restaurant erreicht.

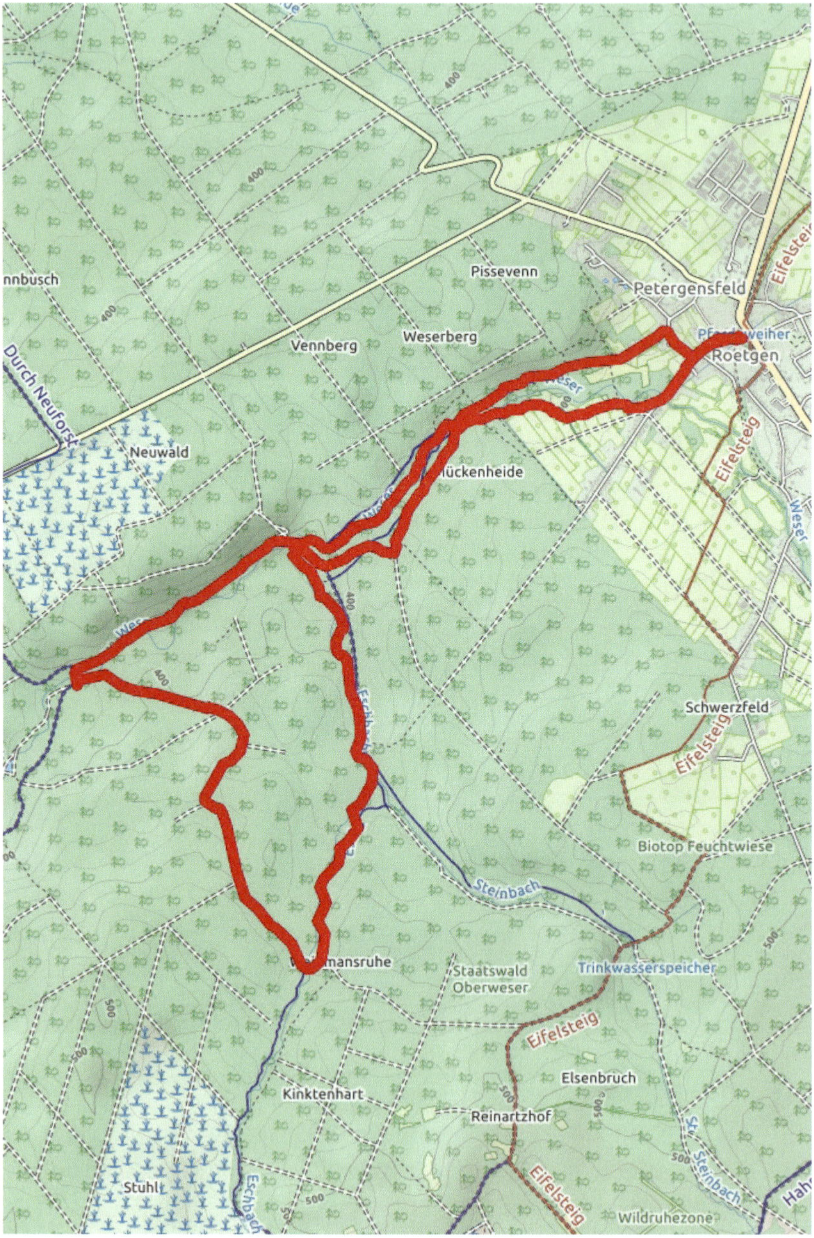
nnbusch
Pissevenn
Petergensfeld
Roetgen
Vennberg
Weserberg
Durch Neuforst
Neuwald
Weser
Eifelsteig
Schwerzfeld
Biotop Feuchtwiese
Steinbach
Trinkwasserspeicher
Staatswald
Oberweser
Elsenbruch
Kinktenhart
Reinartzhof
Stuhl
Eschbach
Wildruhezone

WANDERUNG 21:
ENTLANG WESER UND ESCHBACH

Start und Ziel: Roetgen, Wanderparkplatz Weserbrücke (Beschreibung s. u.)

Länge: 12,3 km

Dauer: ca. 4,5-5,5 Stunden

Hunde dürfen mitgeführt werden, allerdings gibt es eine für Hunde möglicherweise schwierige Brücke.

Schmale Pfade entlang Weser und Eschbach, 2,5 km auf Asphaltweg durch Wald, sehr malerische Strecken, urwüchsige Landschaften, interessante Gesteine.

Wir starten in Roetgen, Bundesstr. 18a, an der Wanderraststation Roetgen.

Tel. 0049(0)2471132276
» www.cafe-wanderbar.de

Hier kann man sich vor oder nach der Wanderung mit netten Kleinigkeiten stärken. Es gibt manche interessanten Biospezialitäten. Man findet hier Informationsmaterial, einen gemütlichen separaten Raum, in dem man arbeiten oder Mitgebrachtes verzehren kann, eine Terrasse und einen Spielplatz.

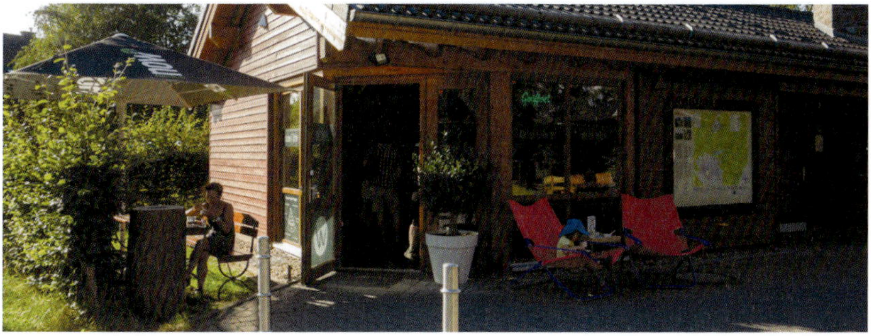

Stärkung vor der Wanderung

Die Station ist sowohl mit dem Auto als auch mit dem Bus gut erreichbar. Die Bushaltestelle liegt praktisch davor. Hier fahren die Linien 722 TEC und die AVV, Linien SB 63/66/68. Die Haltestelle heißt „Wanderstation/Bf" Fahrplanauskunft: 0 18 06 / 60 70 85.

Wir beginnen die Wanderung, indem wir die ***Mühlenstraße***, die links an der Wanderstation vorbeiführt, 600 m geradeaus gehen und uns auch nicht von Nebenstraßen irritieren lassen. Hinter einer kleinen Brücke sehen wir auf der rechten Seite den Wanderparkplatz Weserbrücke. Dort steht eine Informationstafel, neben der ein Weg entlangführt, den wir nehmen.

Wir wandern zunächst einen Wiesenweg entlang, der teilweise von Hecken, Büschen und Bäumen gesäumt ist.

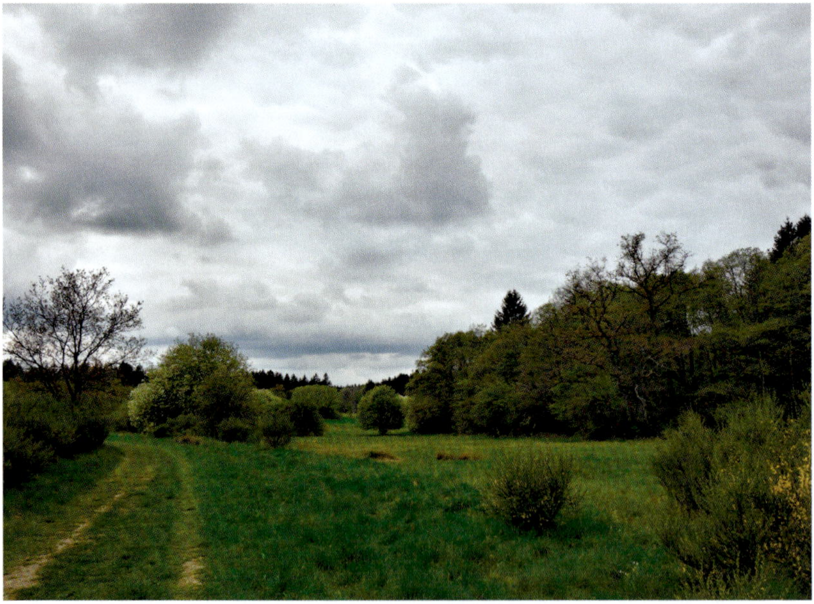

Im Mai sind viele Blüten an Bäumen und Sträuchern zu sehen.

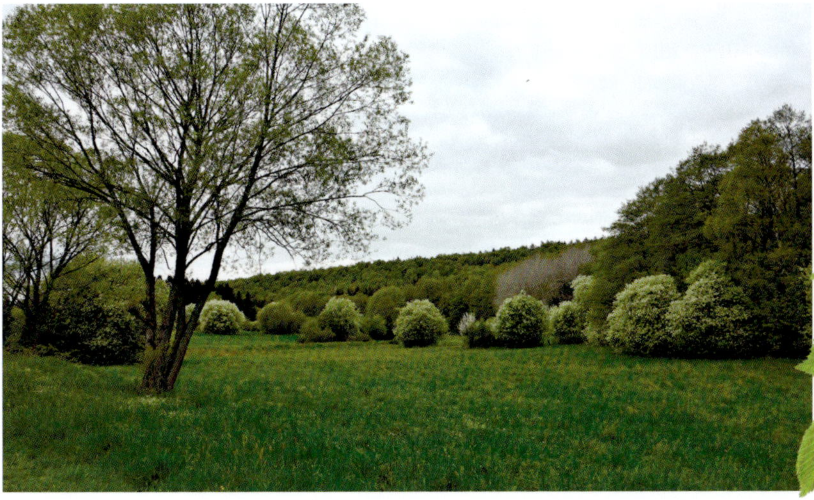

Der Weg macht einige Biegungen und wir gehen durch eine wunderschöne, offene Graslandschaft. Nach einer Weile verengt sich der Weg zu einem Trampelpfad, der in einen buschigen, lichten Wald hineinführt. Die Natur hier wird immer uriger. Hier gibt es eine große Pflanzenvielfalt, junge Ebereschen und Ahorn, abgestorbene Fichten, Moose, Flechten, junge Buchen, wenige Nadelbäume, Farn, Ginster und vieles mehr. Rechts neben uns fließt ein Nebenarm der Weser. Über ein weiteres Rinnsal gehen wir auf einer kleinen Holzbrücke. Nun wird der Pfad an vielen Stellen noch schmaler und es finden sich viele Wurzeln.

Schließlich stoßen wir auf einen asphaltierten Weg, auf den wir links abbiegen. Schräg gegenüber ist eine Bank am Wasser und ein kleiner Pfad zu sehen, den wir aber ignorieren. Schon nach wenigen hundert Metern, aber insgesamt 2,8 km vom Startpunkt *WanderBar* entfernt, geht ein sehr breiter Schotterweg rechts ab. Leider gibt es hier außer einem Zeichen der Velo Tours kein Hinweisschild. Der Weg führt zunächst geradeaus in den Wald und weiter an die Weser heran, die aber erst nach einer Weile zu sehen ist.

Schließlich treffen wir auf eine Kreuzung verschiedener Wanderwege. Wir sind jetzt insgesamt fast 3 km gegangen. Am Wegrand gegenüber stehen Holzschilder. Auf unserem Rückweg werden wir an dieser Stelle wieder vorbeikommen und diesmal dem Schild „Petergensfeld" folgen.

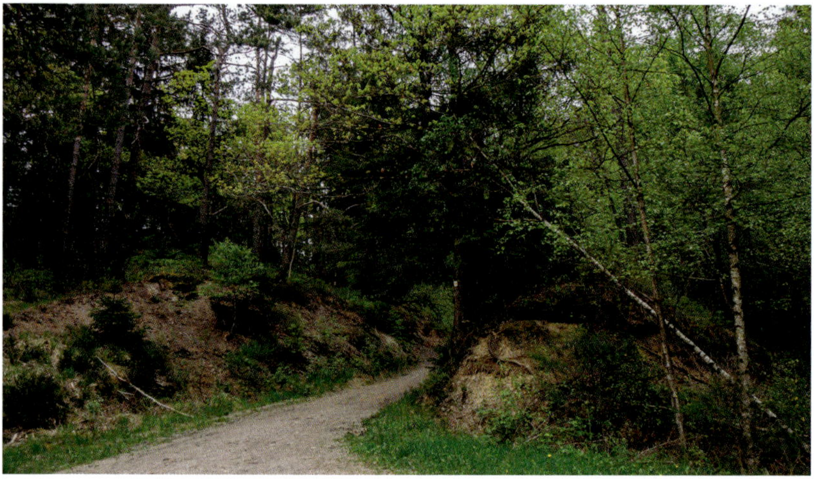

Hier kreuzen sich die Wege.

Wenn wir hier rechts abbiegen, Richtung Petergensfeld, sind wir in ungefähr drei weiteren Kilometern wieder an unserem Ausgangspunkt. Auch dann haben wir eine sehr schöne kleine Wanderung von insgesamt 6 km gemacht. Die Wegbeschreibung des letzten Teilstücks finden Sie weiter unten.

Bei der hier beschriebenen Route biegen wir nach ungefähr 5 m direkt wieder nach links ab in einen Pfad, der nun entlang des ***Eschbachs*** führt. Es ist eine auffällige Stelle, da das an dieser Stelle sehr breite und flache Bachbett voller Steine ist. Direkt am Anfang befindet sich zwar keine Bank, aber es ist eine Stelle, an der man direkt am Wasser sehr schön eine Rast abhalten kann. Wenn Kinder dabei sind, können sie hier gefahrlos in dem sehr seichten Wasser spielen.

Wir gehen nun weiter auf einem mit sehr vielen Wurzeln durchzogenen Waldpfad am rechts von uns liegenden Bach entlang.

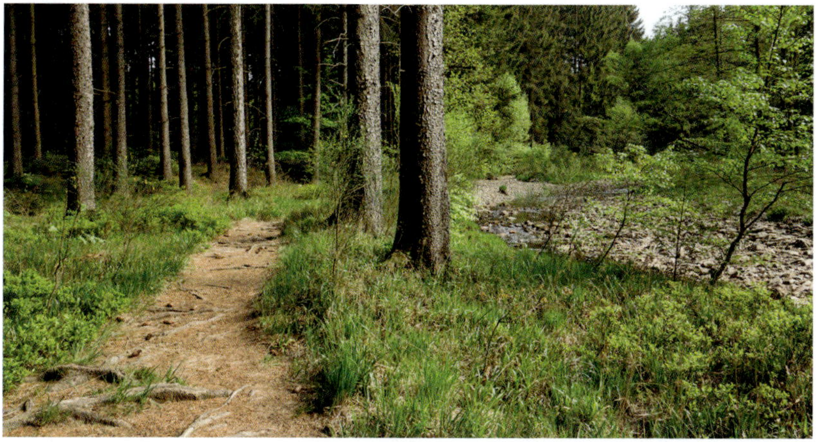

Auch hier hat die Natur sehr viel Überraschendes zu bieten, insbesondere für den, der ein Auge für Details hat. In diesem zunächst sehr langsam fließenden Bach sind immer wieder sehr ungewöhnliche Gesteinsformationen zu sehen.

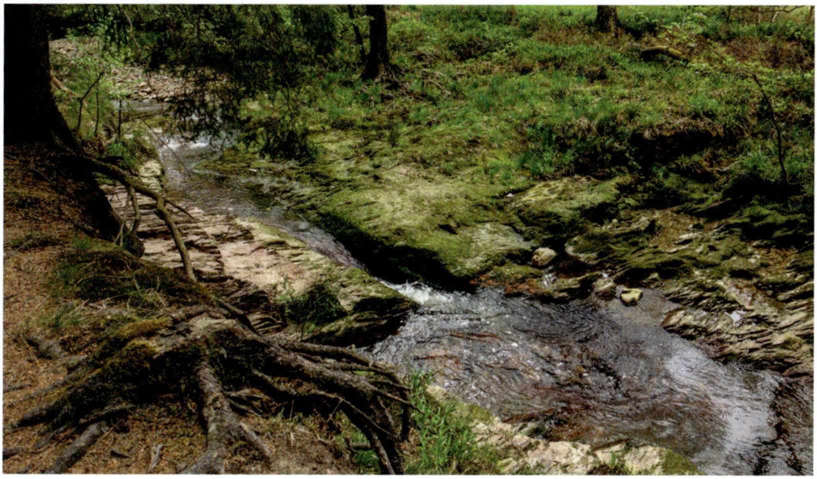

Auch die Vegetation mit den hohen Wurzeln der Bäume ist teilweise sehr bizarr. Hier hat man wirklich das Gefühl, in der wilden Natur zu sein. Man muss sich auf dem weiteren Weg beim Gehen sehr konzentrieren, um nicht über Wurzeln oder Steine zu stolpern. Allerdings, der Weg ist an keiner Stelle wirklich gefährlich.

Nach etwa 1,3 km taucht ein wunderschöner Rastplatz auf. Hier gibt es inmitten des Waldes einen Holztisch mit Holzbänken. Dahinter ist eine Holzbrücke zu sehen, über die wir gleich gehen müssen, um den ***Steinbach*** zu überqueren, der auch hier entlangfließt. Wir genießen nun das von allen Seiten zu hörende Plätschern des Wassers und die sehr urige Natur. Der Eschbach und der Steinbach sind Vennbäche. Der Eschbach entspringt im Kutenhartvenn und der Steinbach im Steinleyvenn. Der Steinbach mündet in den Eschbach, der wiederum in die Weser fließt.

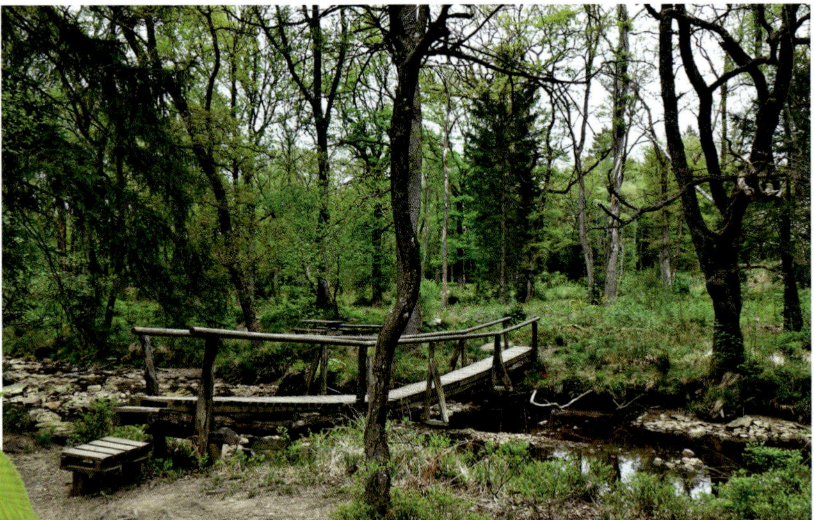

Nach unserer Rast überqueren wir die Brücke und gehen auf schmalen Pfaden entlang des Eschbachs weiter. Unterwegs entdecken wir neben uns eine große Ameisenstraße und versuchen, die emsigen Ameisen möglichst nicht stören. Auf einem anderen Wegstück ist der Waldboden mit Bulten und Schlenken durchzogen.

Unterwegs folgen wir einem Pfad, der etwas weiter vom Bach entfernt parallel zu unserem Weg verläuft, da er leichter zu bewältigen ist, als der immer schmaler, verwurzelter und steiniger werdende Weg direkt am Wasser. Wir treffen aber bald wieder auf den eigentlichen Pfad.

Nach insgesamt 2,5 km auf diesen Pfaden am Wasser entlang und 1,14 km hinter der Brücke sehen wir einen asphaltierten Weg, an dem auch eine Informationstafel steht. Hier biegen wir rechts ab. Wenn Sie schon Wanderung 1 gemacht haben, werden Sie diese Stelle wiedererkennen. Hier waren Sie, als Sie von Kutenhart aus am Eschbach entlang in Richtung Reinartzhof gegangen sind. Nun wandern wir aber in die andere Richtung, denn wir wollen ja wieder nach Roetgen.

Unser asphaltierter Weg überquert hier den Eschbach. Kurz hinter der Brücke sehen wir auf der linken Seite des Weges den „Eingang" in den weiteren Weg entlang des Eschbachs. Wir bleiben aber auf unserem asphaltierten Weg, was nach der anstrengenden letzten Etappe eher angenehm ist.

Wir folgen dem asphaltierten Weg 2,5 km. Der Weg verläuft durch verschiedene Waldstücke. Auffallend ist ein größerer Baumbestand aus Eichen auf der rechten Seite des Weges. Es finden sich auch Birken, Buchen, Lärchen und Ahorn.

An mehreren Stellen befinden sich rechts oder links unseres Weges Schneisen, die manchmal wie Wanderwege aussehen können. Auch geht ungefähr in der Mitte dieser Teilstrecke ein Wanderweg links ab, den wir ignorieren. An dieser Stelle befindet sich ein Schild, welches weiter geradeaus Richtung ***Vennkreuz*** weist, die Richtung, in die wir zunächst müssen, sodass wir diesem Schild folgen. Unser Weg macht nun einige Biegungen. Wir kommen an einem Kreuz, vielen Veilchen und riesigen Ameisenhügeln vorbei.

Endlich stoßen wir auf eine Stelle, wo sich mehrere asphaltierte Wanderwege kreuzen. Hier gibt es eine Informationstafel mit Karte und eine Schutzhütte. Direkt dahinter am Ufer der Weser steht ein Holztisch mit

Holzbänken. Falls Sie schon die Wanderung 18 gemacht haben, werden Sie diese Stelle wiedererkennen. Hier können wir eine letzte Rast einlegen und uns über den weiteren Weg orientieren, wobei uns nicht nur die Karte, sondern auch Holzschilder helfen.

Wir folgen zunächst dem Schild Richtung ***Vennkreuz*** und gehen, von unserem ursprünglichen Weg aus gesehen, rechts über eine Brücke, die über die Weser führt. Direkt hinter der Brücke biegen wir aber schon wieder nach rechts ab, denn wir wollen nun nicht weiter Richtung Vennkreuz gehen, sondern nach ***Roetgen-Petergensfeld***.

An dieser Stelle weist kein Schild in diese Richtung, aber wenn Sie nun rechts von sich die Weser haben, während Sie zunächst durch einen Fichtenwald auf einem breiten, aber nun nicht mehr asphaltierten Waldweg gehen, dann sind Sie auf dem richtigen Weg.

Während wir weiter an der Weser entlangwandern, die mal mehr, mal weniger gut auszumachen ist, entdecken wir auf der linken Seite des Weges zunehmend interessante Gesteine. Hier gibt es extrem auffälliges Schiefergestein, welches in allen Farben schimmert. Nach einer Weile kommen wir an die Stelle, an der wir schon auf dem Hinweg waren und von wo aus wir dann entlang des Steinbachs weitergewandert sind. Die weitere Wegbeschreibung gilt auch für den Rückweg, wenn wir uns für die Abkürzung entschieden haben (s. o.).

Holzschilder helfen uns bei der Orientierung. Wir müssen Richtung ***Petergensfeld*** gehen, was auch auf einem Schild steht. Wir wandern nun geradeaus weiter und halten uns dabei links, wenn wir nicht auf demselben Weg zurückgehen wollen, auf dem wir gekommen sind. Der Weg wird ab hier schmaler und die Vegetation verändert sich. Sie wird niedriger, wilder, weiterhin sind große Felder mit Schiefer zu sehen.

Später gibt es auch wieder Waldstücke mit hohen Fichten, von denen viele umgestürzt sind. Man kann hier deutlich die flachen Wurzeln der Fichten sehen, die dafür verantwortlich sind, dass sie leicht umstürzen. Falls Sie einmal im Wald von einem Sturm überrascht werden sollten, versuchen Sie, möglichst dem Bereich der Fichten zu entkommen.

Nach einiger Zeit verlässt unser Pfad den Fichtenwald und verläuft durch hohes Gras. Hier befinden sich viele Laubbäume und Büsche. Der Weg wirkt verwunschen, ist aber gleichzeitig bei gutem Wetter lichtdurchflutet. An manchen Stellen muss man sich beim Gehen besonders konzentrieren, weil der Weg dort direkt am Wasser entlangführt, man auf Steinen gehen muss und aufpassen muss, dass man dort nicht ausrutscht. Es gibt hier aber keine steile Böschung. Es ist nicht wirklich gefährlich, aber trittsicher sollte man an diesen Stellen schon sein.

Schließlich sehen wir rechter Hand eine Bank am Ufer des Bachs und stoßen auf den asphaltierten Weg, den wir schon am Anfang unserer Wanderung ein Stück weit gegangen waren. Hier biegen wir nun in die entgegengesetzte Richtung ab, also nach links. Nun haben wir es nicht mehr weit bis zu unserem Ausgangspunkt. Der Wald endet bald und wir sehen auf der linken Seite eine Weide, auf der häufig Rinder grasen. Rechts fällt das Haus eines Schützenvereins auf. Wir befinden uns hier in der ***Wesertalstraße***.

Nachdem wir ein kurzes Stück weitergegangen sind, kreuzt eine weitere Straße, die ***Spanisch*** heißt. Hier biegen wir rechts ab, bis wir auf die ***Mühlenstraße*** stoßen, die wir vom Beginn der Wanderung her kennen. Dort biegen wir links ab und sehen schon nach kurzer Zeit unseren Ausgangspunkt.

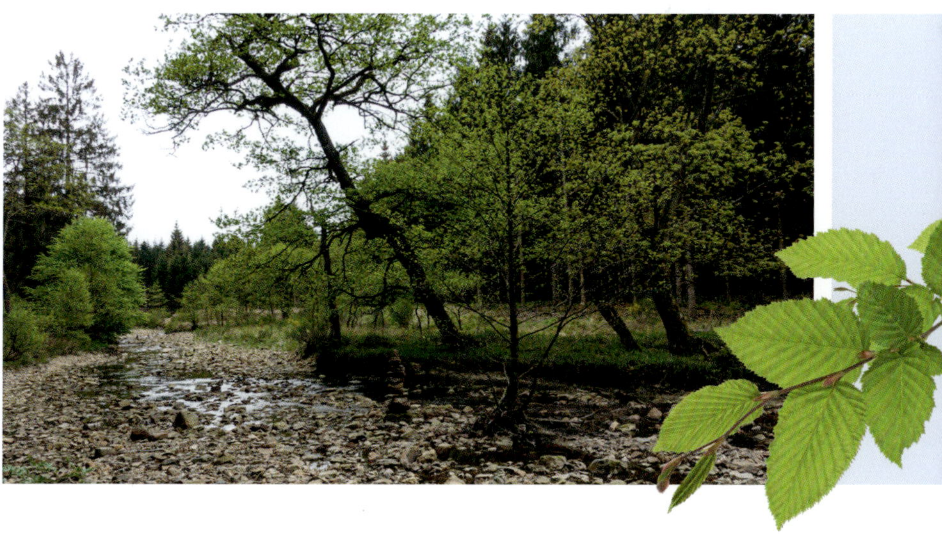

5.4 ZU FUSS VON AACHEN INS HOHE VENN ALS QR-CODE

Nicht jeder hat ein Fahrzeug oder Lust, mit dem Auto oder Bus in die Natur zu fahren. Daher habe ich noch vier Strecken ausgearbeitet, die Sie zu Fuss bis nach Baraque Michel führen. Bitte beachten Sie, dass sich die Gegebenheiten in diesem Wandergebiet durch Überschwemmungen, Dürre usw. schnell ändern, worauf ich ja auch schon weiter oben hingewiesen habe.

Auf langen Strecken im Hohen Venn selbst gibt es wenig oder je nach Weg gar keine Einkehrmöglichkeiten. Deshalb ist es wichtig, entsprechend ausreichenden Proviant mitzunehmen. Verlassen Sie sich gerade auch bei diesen Streckenwanderungen nicht auf die im Internet angegebenen Öffnungszeiten, sondern fragen Sie bei längeren Strecken lieber nochmals telefonisch nach.

Ich habe mich bemüht, möglichst naturnahe, landschaftlich schöne Strecken auszuwählen, auf denen es aber, so weit möglich, dennoch Einkehrmöglichkeiten gibt. Das war auf der Strecke zwischen Hauset und Eupen-Kettenis gar nicht so einfach, sodass es sich nicht vermeiden ließ, manchmal die Wanderung entlang einiger ruhiger Dorfstraßen zu führen.

In Aachen habe ich als Startpunkt das ziemlich bekannte Waldstadion gewählt. Sie können auch von einem beliebigen anderen Startpunkt (z. B. Hangeweiher) aus durch den Aachener Wald wandern und erst dann meinen Beschreibungen folgen, wenn Sie das Waldcafé „Kukuk" (s. u.) erreicht haben.

Wanderung 2 ist auch für Wanderer gut geeignet, die einen Ausflug mit dem Bus machen möchten. Sie fahren mit dem Bus (Linie 14, s. u.) bis Haltestelle „Libermé" in Kettenis, machen im Anschluss an die Wanderung noch einen kleinen Bummel durch Eupen und fahren von Eupen-Oberstadt aus mit der Linie 14 wieder nach Aachen.

Es gibt auch die Möglichkeit, direkt von Kettenis aus über die Wesertalsperre nach Monschau-Mützenich zu gehen (Kombination Wanderung 14 (bis Wesertalsperre) und 15 (ab Wesertalsperre)). Übrigens treffen Sie in Mützenich auf den bekannten Fernwanderweg „Eifelsteig".

Man kann auch von Eupen aus an der Hill entlang ins Venn wandern. Dieser eigentlich sehr schöne Weg hatte, als ich ihn erkundete, doch einige gefährliche Stellen, weshalb ich mich gegen ihn entschieden habe.

Für denjenigen, der nur einen Teil der Strecken zu Fuß gehen möchte, habe ich an verschiedenen Stellen auf Busverbindungen hingewiesen.

Und nun wünsche ich Ihnen viel Freude bei den Touren.

Sie finden außerdem weitere Touren als kostenlosen Download unter:

https://download.m-m-sports.com/extras/Streifzuege_Hohes_Venn/Zusatzmaterial.pdf

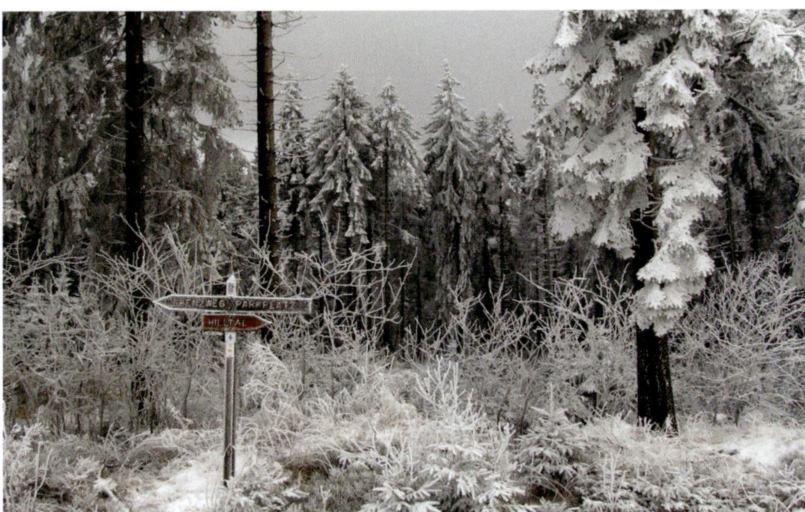

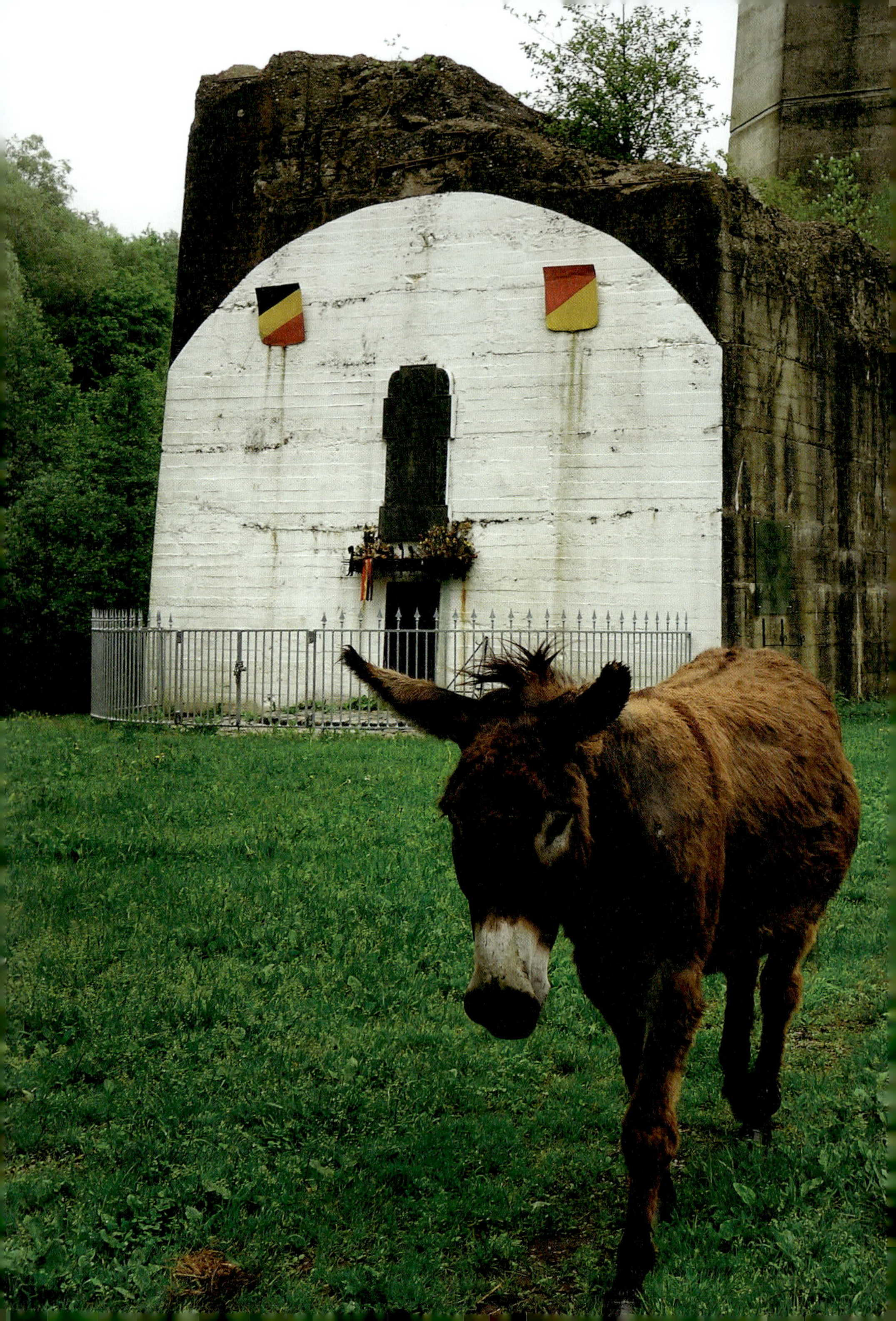

6 Tipps für die Entdeckung eigener Touren

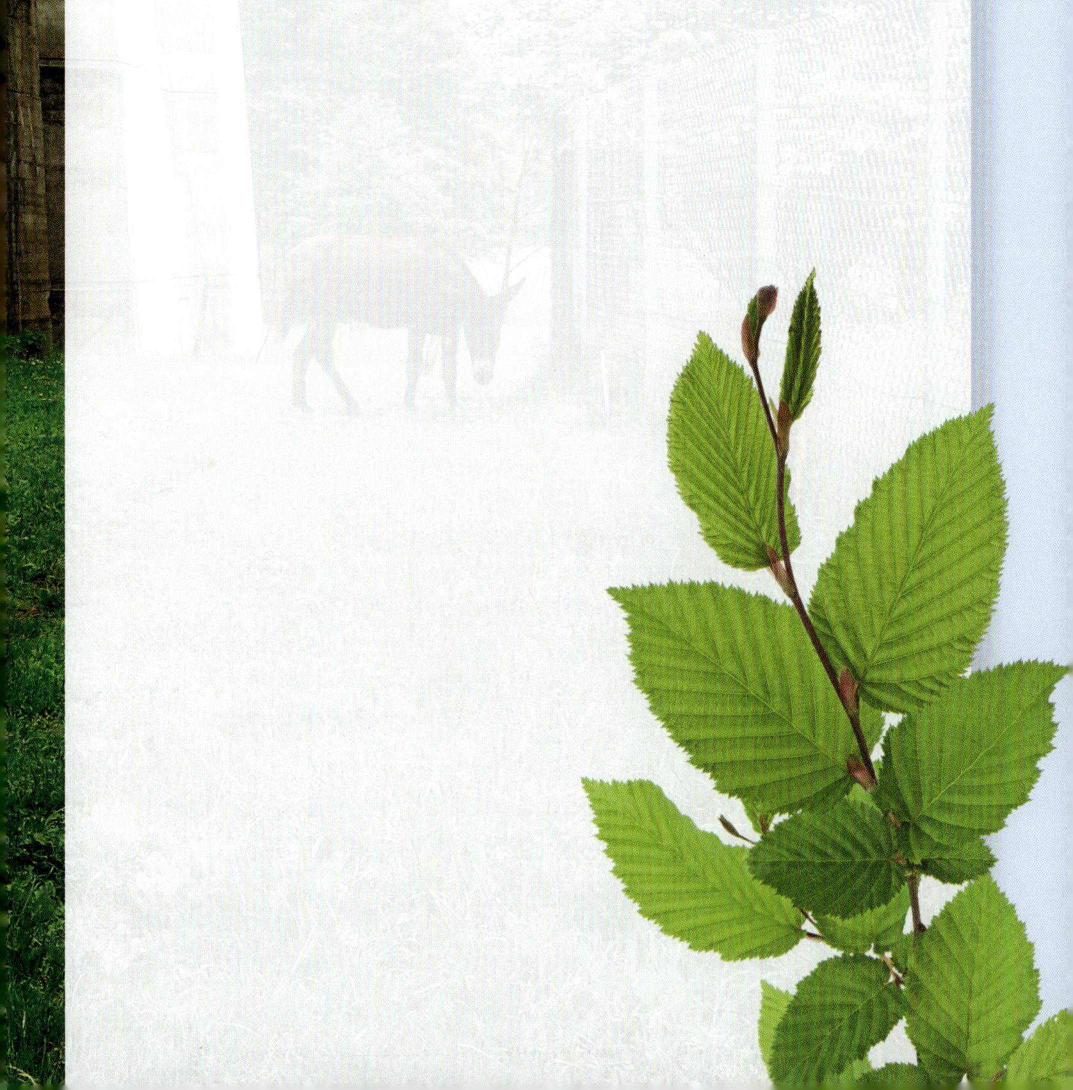

6 TIPPS FÜR DIE ENTDECKUNG EIGENER TOUREN

Als ich vor circa 25 Jahren nach Belgien gezogen bin, gab es kaum etwas, was mir mehr Spaß gemacht hat, als mit Proviant, meiner damaligen Hündin Lucy und einer Wanderkarte bewaffnet, die Gegend zu erkunden, insbesondere auch Routen, die für spätere Wanderritte geeignet waren. Dieses Hobby intensivierte sich noch im Laufe meiner Ausbildung zur Naturführerin. Auf meinen Wanderungen habe ich so manche Überraschungen erlebt. Natürlich habe ich mich einige Male verlaufen, aber das machte die Sache oft nur noch interessanter. Meine Stuten freuten sich schon, wenn meine Wanderreitfreundin kam und wir uns auf unsere Touren vorbereiteten. Die Pferde sind mittlerweile für Wanderritte zu alt geworden, aber mir macht es Spaß, das Hohe Venn weiter zu erkunden, wo es immer neue Gegenden zu entdecken gibt.

In dem vorliegenden Wanderführer konnte ich naturgemäß nur einen Einblick in die Gegenden des Venns geben. Ich habe mich auf die zentralen Bereiche konzentriert, also das, was man sozusagen gesehen haben „muss", wenn man das Hohe Venn kennenlernen will. Aber natürlich gibt es noch sehr viel mehr Möglichkeiten. Gerade auch, wenn Sie in der Gegend um Baraque Michel und Botrange unterwegs sind, werden Sie immer wieder Anknüpfungspunkte für neue Wege finden, die teilweise an die hier vorgestellten Wanderungen anschließen. Im Venn wird derzeit intensiv daran gearbeitet, neue Routen zu eröffnen bzw. neu zu markieren. In den Natur- und Informationszentren werden Sie aktuelle Informationen und Kartenmaterial bekommen. Es gibt auch immer wieder Aktionen und Touren zu bestimmten Themen. Auch hierzu gibt es aktuelle Informationen in den Zentren.

Jeder hat seinen eigenen Stil, sich neue Wege zu erarbeiten. Ich persönlich erweitere gerne den Radius von dem Gebiet aus, welches ich schon kenne, so nach dem Motto: Was kommt hinter dem Horizont?

Natürlich nehme ich eine Karte mit, erst neuerdings ein GPS-Gerät. Selbstverständlich ist auch ein Handy dabei, aber, wie schon gesagt, man kann sich nicht darauf verlassen, dass überall Empfang ist. Bei ganz neuen Wegen gehe ich nicht alleine und sorge dafür, dass ich genügend Zeit bis zum Einbruch der Dunkelheit habe. Ich laufe zwar nach Karte, lasse mich dann aber gerne von dem überraschen, was auf mich zukommt.

Dabei habe ich schon wunderschöne Ecken entdeckt. Da es in fremdem Gelände kaum abzusehen ist, wie lange man für eine bestimmte Strecke braucht, z. B. kommt man entlang von Bächen oft nur sehr langsam voran oder die Strecke ist so schön, dass man viel sehen und genießen, vielleicht auch fotografieren will, macht es mir nichts aus, eine neue Strecke zunächst nur ein paar Kilometer hin und dann wieder zurück zu gehen. Aber es gibt natürlich auch viele andere Vorgehensweisen.

Es muss nicht immer die Reise in die Ferne sein. Suchen Sie sich Ihre eigenen Lieblingstouren und Lieblingsplätze. Bringen Sie durch Wandern sowohl Entspannung als auch ein bisschen Abenteuer in Ihren Alltag. Ich hoffe, dass ich Ihnen mit diesem Buch einige Anregungen dazu gegeben habe.

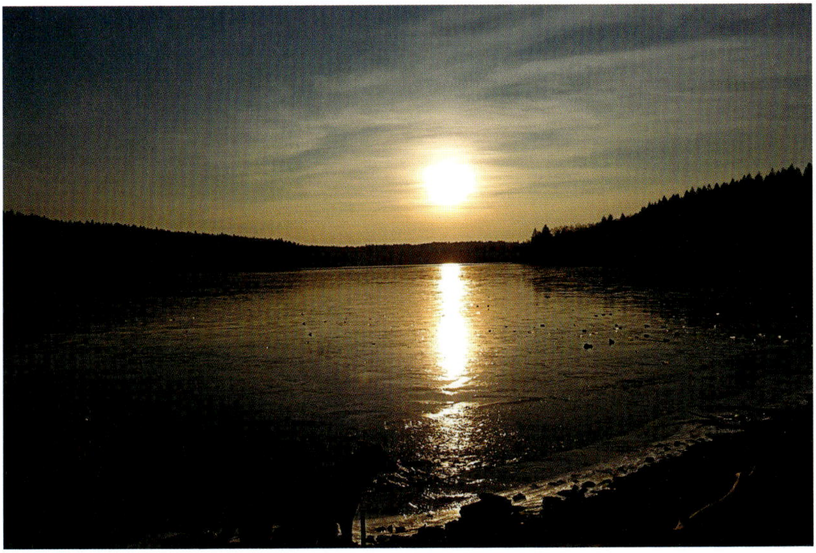

ANHANG

1 LITERATUR- UND QUELLENVERZEICHNIS

Adolph, F. & Diesterweg, W. (1990). *Die preußischen Rheinprovinzen.* Duisburg: Mercator-Verlag.

Arbeitskreis Forstliche Landespflege in der Arbeitsgemeinschaft Forsteinrichtungen (1993). *Biotoppflege im Wald.* Greven: Kilda Verlag.

Baedeker, (2008). *Belgien.* Allianz Reiseführer. Ostfildern: Karl Baedeker Verlag.

Bellmann, H. (1999). *Der neue Kosmos-Insektenführer.* Stuttgart: Kosmos Verlag.

Biologische Station im Kreis Düren e.V. (2006). *Die Palsen der Eifel.*

De Moor, P. & Decretion, J. (1998). *Magisches Hohes Venn.* Eupen: Grenz-Echo Verlag.

Döll, E. & Hillinger M. (2014). *Das Zen des glücklichen Wanderns: Schritt für Schritt zu sich kommen.* Bielefeld: Theseus-Verlag.

Eisenreich, W., Handel, A. & Zimmer, U. (2008). *Der BLV Naturführer für unterwegs.* München: BLV-Verlag.

Förderverein Nationalpark Eifel. (2006). Schriftenreihe Bd. 1: *Tier- und Pflanzenwelt im Nationalpark Eifel.* Köln: Bachem-Verlag.

Förderverein Nationalpark Eifel (2007). Schriftenreihe Bd. 2: *Moose und Flechten im Nationalpark Eifel.* Köln: Bachem-Verlag.

Hammer, S. (2006). *Hohes Venn und Monschauer Land.* Aachen: Meyer & Meyer.

Houben, A. & Mirkes, D. (1992). *Die Eifel.* Köln: Bachem-Verlag.

Luhr, J. F. (2004). *Die Erde.* Starnberg: Dorling Kindersley Verlag.

Metz, G. (2004). *Unterwegs im Hohen Venn.* Eupen: Grenz-Echo Verlag.

Metz, G. (2005). *Hohes Venn und Umgebung.* Eupen: Grenz-Echo Verlag.

Minderjahn, R. (2014). *Eupen - Unterwegs in der Hauptstadt des deutschsprachigen Belgiens.* Eupen: Grenz-Echo-Verlag.

Müller, R. M. (2002). *Der Krieg, der nicht sterben wollte. Monschau 1945.* München: Universitas Verlag.

Synder, G. (2011). *Lektionen der Wildnis.* Berlin: Matthes & Seitz.

Stichmann-Marny (Hrsg.). (2008). *Der Kosmos Tier- und Pflanzenführer.* Stuttgart: Kosmos Verlag.

Straaß, V. (2006). *Das große BLV-Naturbuch.* München: BLV.

Taffein, C. & Decleer, M. (1997). *Das Hohe Venn.* Eupen: Grenz-Echo Verlag.

Trees, W. (2002). *Schmuggler, Zöllner und die Kaffeepanzer - Die wilden Nachkriegsjahre an der deutschen Westgrenze.* Aachen: Triangel-Verlag.

Wendt, C. (2008). *Herrlich ist es, übers Moor zu gehen.* Aachen: Meyer & Meyer.

Wohlleben, P. (2015). *Das geheime Leben der Bäume.* München: Ludwig Verlag.

Weitere:

Naturzentrum Haus Ternell. *Der Geopfad.* Broschüre und Informationstafeln.

Seminarunterlagen des Naturführerkurses im Naturzentrum Ternell 2008/9.

Naturparkzentrum Botrange. Dauerausstellung „Fania".

2 INTERNETQUELLEN

http://de.wikipedia.org: Wikipedia, freie Enzyklopädie, 2016
Quartär
Hohes Venn
Mützenich (Monschau)
Monschau
Deutschsprachige Gemeinschaft Belgiens
Eupen
Geschichte Belgiens
Ostbelgien
Baraque Michel
Botrange
Signal de Botrange

Weitere Quellen:

www.ternell.be (2016)
www.hautesfagnes.be (2016)
www.botrange.be (2016)
www.eupen.be (2016)
www.unterstadt-eupen.be (2016)
www.monschau.de (2016)
www.labaraquemichel.be (2016)
www.mont-rigi.be (2016)
www.meteo.be (2016)
alarm.meteo-info.be (2016)
www.unwetterzentrale.de (2016)
www.eupener-talsperre.be (2016)
www.kukukandergrenze.org (2016)
www.nussstoeck.eu (2016)
www.fintz-zurgeul.com (2016)
www.kockartz.be (2016)

www.cafe-wanderbar.de (2016)
www.regenbogen.be (2016)
www.naturprogramm.de (2016)
info@schlossweims.be (2016)
www.chateau-liberme.com (2016)
www.haus-langesthal.be (2016)
www.ambassador-bosten.be (2016)
www.gitesdetapes.be (2016)
www.camping-hertogenwald.be (2016)
www.camping-wesertal.com (2016)
www.belgianrail.be (2016)
www.infotec.be (2016)
www.aseag.de (2016)

Alle Internetadressen wurden am 15.10.2016 überprüft.

Die GPS-Daten zu allen Wanderungen können Sie unter folgendem Link herunterladen:

» http://mmurl.de/venn

BILDNACHWEIS

Cover:	Eva Feldmann & Sannah Inderelst
Umschlaggestaltung:	Sannah Inderelst
Coverfotos & Grafik:	Martina Kasch, Thinkstock, Adobe Stock
Fotos Innenteil:	Martina Kasch
Layout:	Sannah Inderelst
Satz:	www.satzstudio-hilger.de
Lektorat:	Dr. Irmgard Jaeger, Riccardo Rip

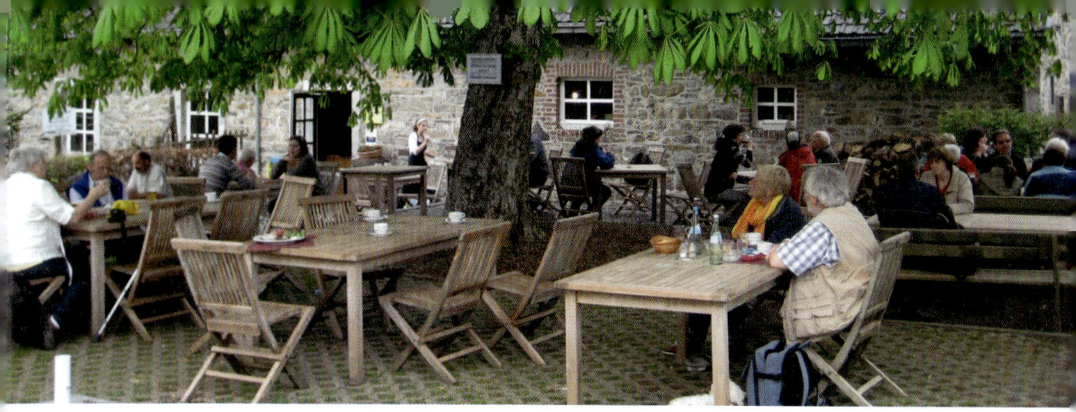

NATURZENTRUM HAUS TERNELL/CRIE EUPEN

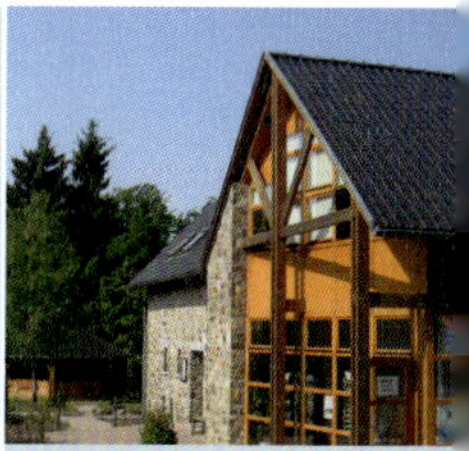

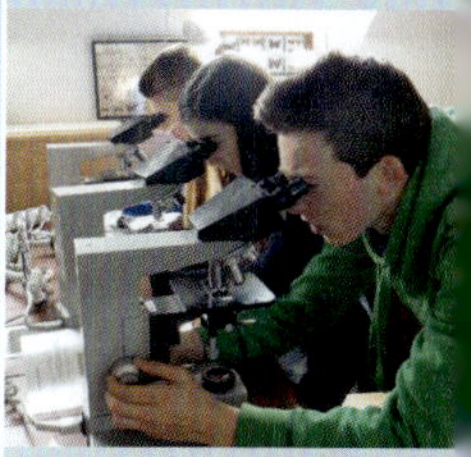

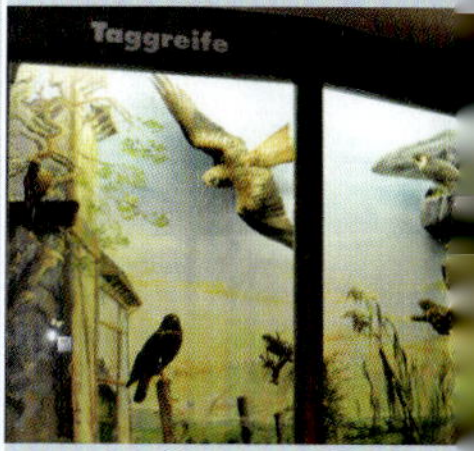

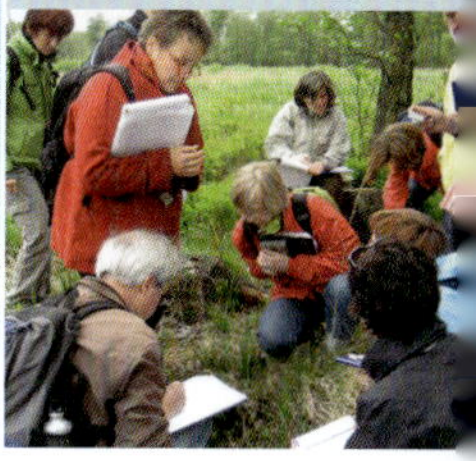

Das Naturzentrum Haus Ternell ist ein Zentrum für Umweltbildung und Nachhaltigkeit. Es liegt idyllisch inmitten des Hertogenwaldes an der Straße, die Eupen mit Monschau verbindet. Durch seine Lage am Rande des deutsch-belgischen Naturparks Hohes Venn – Eifel und seine unmittelbare Nähe zum größten belgischen Naturreservat Hohes Venn ist es sowohl für die Menschen aus der Euregio als auch für Touristen ein beliebtes Ausflugsziel.

Neben seinen vielfältigen Bildungsangeboten bietet das Naturzentrum zahlreiche geführte Wanderungen durch das Hohe Venn, bei denen diplomierte Naturführer den Teilnehmern das Naturschutzgebiet mit seinen zahlreichen Facetten näher bringen.

Naturzentrum Haus Ternell/CRIE Eupen

Ternell 2-3, B-4700 Eupen

Tel.: +32 (0)87/55.23.13

Fax: +32 (0)87/55.81.60

E-Mail: haus.ternell@skynet.be

Internet: www.ternell.be

Öffnungszeiten des Empfangs und des Museums:

Mo.-Fr.: 10 Uhr bis 12 Uhr und 13 Uhr bis 17 Uhr

Sa., So. und an Feiertagen: 10 Uhr bis 17 Uhr

Öffnungszeiten des Café-Restaurants:

Di.-Do.: 11 – 18 Uhr, Fr.: 11 – 20 Uhr, Sa. – So.: 10 – 20 Uhr, Montag: Ruhetag.